MICHAEL JÜRGS

Der kleine Frieden im Großen Krieg

Westfront 1914:
*Als Deutsche, Franzosen und Briten
gemeinsam Weihnachten feierten*

Pantheon

Der Verlag behält sich die Verwertung der urheberrechtlich geschützten Inhalte dieses Werkes für Zwecke des Text- und Data-Minings nach § 44 b UrhG ausdrücklich vor. Jegliche unbefugte Nutzung ist hiermit ausgeschlossen.

Penguin Random House Verlagsgruppe FSC® N001967

2. Auflage
Copyright © 2003 der deutschsprachigen Ausgabe
by C.Bertelsmann Verlag, München
Copyright © dieser Ausgabe 2018 by Pantheon Verlag
in der Penguin Random House Verlagsgruppe GmbH,
Neumarkter Straße 28, 81673 München
Umschlaggestaltung: Büro Jorge Schmidt, München
Umschlagabbildung: © Getty Images/Universal History Archive
Satz: Uhl + Massopust, Aalen
Druck und Bindung: CPI books GmbH, Leck
Printed in the EU
ISBN 978-3-570-55385-5

www.pantheon-verlag.de

INHALT

Kapitel eins 7
»Stille Nacht« statt »Wacht am Rhein« • »We not shoot, you not shoot« • Tannenbäume auf Schützengräben • Niemandsland zwischen Mutterland und Vaterland • Todesacker Flandern • Ein alter Mann und das Meer • Die Wut des Gefreiten Hitler • Der Tenor im Wald • Die Sehnsucht der Soldaten • Tabak für Tee, Pfeifen für Plumpudding • Die schwarze Kladde des deutschen Leutnants

Kapitel zwei 99
Friseur am Stacheldraht • Kleine Flucht nach vorn • Jagd auf Hasen, Fasane und eine einsame Sau • »Der Herr sei unser Hirte« • Gräber zwischen den Gräben • Die Koalition der Unwilligen • Ein Fotograf namens Turner • Fußball der Nationen • Liebesbriefe nach England • Wo bleibt Gott? • Rückkehr der Spatzen • Die Generäle schlafen schlecht

Kapitel drei 185
Der Aufstand der Sachsen • Der Zorn der Offiziere • Die Mythen vom Sterben • Die Lügen der Propaganda • Die Regeln der Zensur • Krieg macht wahnsinnig • Schlagzeilen in England, Totschweigen in Deutschland • Eine Monstranz im Kohlenkeller • Per Flaschenpost nach Brüssel

Kapitel vier 251
Ein Gaukler aus Dingsda • Die Hunde des Krieges • Der Teufel wird ausgetrickst • Drohung mit Standgerichten • Tanz um

die Krater • Kampfpause und Kampf um die Presse • Die Poeten des Todes • Krieg findet wieder statt • Das Glockenspiel von Messines

Anhang 340

Nachgetragen 340
Dank 343
Quellen 344
Bibliografie (Auswahl) 346
Personenregister 348
Bildnachweis 351

Armer kleiner Gott der Liebe, in dieser Nacht geboren, wie kannst du nur die Menschen lieben? Aus dem Kriegstagebuch des französischen Leutnants Maurice Laurentin

1

ANFANGS IST ES NUR EINER, DER »STILLE NACHT, HEILIGE NACHT« vor sich hin singt. Leise klingt die Weise von Christi Geburt, verloren schwebt sie in der toten Landschaft Flanderns. Doch dann brandet Gesang wie eine Welle übers Feld, »um Schulterwehr und Schulterwehr und von der ganzen langen dunklen Linie der Schützengräben klang es empor: ›Schlafe in himmlischer Ruh'‹«. Diesseits des Feldes, hundert Meter entfernt, in den Stellungen der Briten, bleibt es ruhig. Die deutschen Soldaten aber sind in Stimmung, Lied um Lied ertönt ein Konzert aus »Tausenden von Männerkehlen rechts und links«, bis denen nach »Es ist ein Ros entsprungen« die Luft ausgeht. Als der letzte Ton verklungen ist, warten die drüben noch eine Minute, dann beginnen sie zu klatschen und »*Good, old Fritz*« zu rufen, und: »*Encore, encore*«, »*More, more*«. Zugabe, Zugabe.

Die derart hoch gelobten Fritzens antworten mit »*Merry Christmas, Englishmen*« und »*We not shoot, you not shoot*«, und was sie da rufen, das meinen sie ernst. Sie stellen auf den Spitzen ihrer Brustwehren, die fast einen Meter über den Rand der Gräben ragen, Kerzen auf und zünden sie an. Bald flackern die, aufgereihten Perlen gleich, durch die Finsternis. Wie das Rampenlicht eines Theaters habe es ausgesehen, wird ein englischer Soldat seinen Eltern schreiben, *like the footlights of a theatre*.

Die Bühne für die Inszenierung ist damit ausgeleuchtet, die Generalprobe für ein Stück gelungen, das an den nächsten Tagen an der Westfront gegeben wird. Hier und dort und überall von der Nordsee bis zur Schweizer Grenze. Der Intendant oben in seiner himmlischen Loge hatte für Flandern beste äußere Bedingungen geschaffen. Nach Einbruch der Dunkelheit an diesem 24. Dezember 1914 – und dunkel ist es bereits gegen sechzehn Uhr – verzog sich der Wind. Klarer Sternenhimmel »grüßte uns von der Wohnung des Allmächtigen herab«, und der Vollmond »verlieh der weiten, schönen flandrischen Rembrandtlandschaft durch sein mildes Licht das Gepräge wohltuenden Friedens«.

Beides hilft jetzt, der Mond und die Kerzen. Jede verdächtige Bewegung im Niemandsland wäre sichtbar. Ehre sei Gott in der Höhe, Friede den Menschen auf Erden, verkündet das Evangelium für diesen Tag. Aber in offenbar gewordener Abwesenheit eines Höheren auf Erden beschließen Deutsche und Briten spontan, Franzosen und Belgier zögernd, an Weihnachten, ohne auf Gottes Segen zu warten, nicht aufeinander zu schießen. Einen solchen Frieden von unten gab es noch nie in der Geschichte eines Krieges. Es hat niemals wieder einen gegeben. Diese – aus heutiger Perspektive betrachtet – große Weihnachtsgeschichte besteht aus vielen kleinen Geschichten.

Man muss sie alle erzählen. Nur dann wirkt das Wunder.

Zunächst verwirren die Lichter den Gegner. Sie trauen dem Frieden nicht. Mal wieder so ein gemeiner Trick der Hunnen? Wieder so eine hinterlistige Täuschung? Frisch ist die Erinnerung an jenen Tag vor ein paar Wochen, als sich ein Trupp Deutscher in Sichtweite der Engländer auf den Boden warf und die Waffen von sich streckte. Daraufhin senkten die Briten ihrerseits die Waffen und gingen auf die Männer zu. Plötzlich tauchten hinter den scheinbar Kriegsmüden aus dem Unterstand Soldaten auf, Pickelhauben festgezurrt, Gewehr angelegt, Mord im Blick. Preußen. Sie wurden ihrem Ruf gerecht, gna-

denlos zu sein. Dutzende von Tommys lagen innerhalb weniger Augenblicke tot vor den Stacheldrahtverhauen.

Ein Kriegszeichner namens Matania stellte nach Angaben des Augenzeugen Sergeant Megarry die Situation nach. Die Londoner Zeitschrift »The Sphere« druckte sie doppelseitig. Niemals würden Engländer so unfair handeln, egal aus welcher Schicht sie stammten, lautete die dazu als Bildunterschrift veröffentlichte Meinung, die sich mit der öffentlichen deckte. Auf Menschen ganz offensichtlich guten Willens zu schießen, weil die eine andere Uniform trügen, weil Krieg herrsche, sei unmenschlich. So was Gemeines passe nicht zum britischen Volkscharakter.

Wenn es derart simpel wäre, dann hätte Captain Bryden McKinnell vom 10th King's (Liverpool Scottish) Regiment ein typischer Deutscher sein müssen. Er machte keinen Hehl aus seiner Überzeugung, und er ließ danach handeln. McKinnell lag auf der Straße von Ypern nach Wijtschate gegenüber den Hunnen, und der Eintrag in seinem Tagebuch vom 14. Januar 1915 lautet: »Alle möglichen Geschichten wurden erzählt über die Begegnung des Feindes mit englischen Truppen zwischen den Schützengräben. Zum Glück haben die Truppen, die unsere direkten Schützengrabenlinien verteidigten, einfach abgewartet, bis die Deutschen aus ihren Gräben herauskamen, und es ihnen dann gegeben, schnelles Feuer; das hat all diesem Blödsinn der gegenseitigen kleinen Freundschaftsdienste ein Ende gesetzt.«

McKinnells Chronik gehört zu den Dokumenten von Augenzeugen und Zeitgenossen über die Schlachtfelder im Norden Belgiens, die in einem ganz besonderen Museum gesammelt sind, »In Flanders Fields Museum« heißt es und ist in Ieper in der Tuchhalle am Großen Marktplatz untergebracht. Ieper ist der heute gebräuchliche flämische Name für Ypern. Weil England in den Kämpfen um die Stadt zwischen 1914 und 1918 so große Verluste zu beklagen hat, weil hier mehr Briten gefallen sind als irgendwo sonst auf den *Killing Fields* Europas, hat die Stadt, die sie unter ihrem französischen Namen Ypres kennen, für Engländer eine symbolische Bedeutung.

Vier Schlachten fanden statt, bis Ypres in Trümmern lag. Die Deutschen hatten sie nur einen einzigen Tag lang besetzt, im Oktober 1914, beim ersten Gefecht um Ypern. Sie wurde in den Jahren, die folgten, von der britischen Armee zu Tode verteidigt, um den Vormarsch der deutschen Verbände an die Kanalhäfen zu verhindern, wo die den Nachschub der Engländer blockieren wollten. Die deutsche Artillerie machte aus der damals wohlhabenden kleinen Stadt, seit dem Mittelalter berühmt für ihre Tuchhalle und die Kathedrale St. Martin, eine steinerne Wüste. Am Ende des Großen Krieges, der als Erster Weltkrieg in die Geschichtsbücher einging, stand kein Haus mehr und von der Kathedrale und der Tuchhalle nur noch Reste ihrer Türme. Von denen aus konnte man früher an klaren Tagen die Nordsee sehen.

Für jede Schlacht gibt es Opferzahlen, doch eigentlich waren die Schlachten um Ypern ein ununterbrochenes Schlachten. Zwischen 1914 und 1918 ließen fünfhunderttausend Briten hier ihr Leben, während der dritten Schlacht im Juli 1917 etwa zweihundertfünfzigtausend, ebenso viele Kriegsopfer waren Deutsche, kurz hinter Ypern bei Passendale fielen hunderttausend Engländer. Der damalige englische Schatzkanzler Lloyd George, später Premierminister, über General Douglas Haig, den Befehlshaber des 1. Britischen Korps: »Haig ist es völlig gleichgültig, wie viele Soldaten er verliert, er verschwendet einfach das Leben dieser Jungs.« Wenn er sich nach angeblich großen britischen Siegen die Liste mit den Opfern anschaue, diese schrecklichen Zahlen, dann würde er sich für die Zukunft wünschen, nicht so oft zu siegen.

Im gesamten Großen Krieg verlor das Vereinigte Königreich siebenhundertvierundsechzigtausend Soldaten. Um Ypres kämpften sie gegen die Deutschen buchstäblich bis zum Um-

Der Wirklichkeit nachempfundene Zeichnung aus »The Sphere«. Deutsche Soldaten hatten liegend vorgetäuscht, sich ergeben zu wollen. Engländer legten daraufhin die Waffen nieder. Da tauchten auf den Schützengräben preußische

Schützen auf und mähten die Briten nieder. Typisch sei das für die
»Hinterhältigkeit des Feindes«. Wütend beschimpft ein englischer Offizier die so
heimtückischen Gegner.

fallen. Winston Churchill, da britischer Kriegsminister, schlug deshalb im Januar 1919 vor, die Trümmer von Ypres zum Gedenken an die Gefallenen dem Staat Belgien abzukaufen oder als Geschenk des belgischen Volkes an das britische Volk zu erbitten: »Ich möchte, dass wir die Ruinen von Ypres erwerben... Es gibt auf der ganzen Welt keine heiligere Stätte für die britische Rasse.« Nichts sollte wieder aufgebaut werden, wie es früher war. Ein einziger großer Friedhof müsse aus Ypres werden. Ein Mahnmal für kommende Generationen. Tafeln mit den Namen aller Toten. Blühender Mohn über den Gräbern.

Daraus wurde so konkret nichts. Belgien brauche seine Ruinen nicht, um seines Unglücks zu gedenken, verkündete Minister Joris Helleputte. Nach dem Krieg waren die Anfang 1915 geflüchteten Bewohner von Ypern in ihre bis auf die Grundmauern zerstörte Stadt zurückgekehrt, richteten sich erst in den Ruinen ein, begannen dann mit dem Wiederaufbau. Ihr Denkmal bekamen die Briten in ihrem Ypres dennoch. Reste des Stadttores, durch das die Straße vom Großen Marktplatz nach Menin führte, dienten als Fundament. Mehr war vom Tor nicht mehr übrig nach Kriegsende. Die dazugehörige Brücke über die Kasteelgracht lag gleichfalls in Trümmern.

Das »Menin Gate«, feierlich eröffnet 1927, ein Monument aus hellem Stein, ist mehr Gedenkstätte als Stadttor, mehr römischer Triumphbogen als belgischer Arc de Triomphe. Auf den Wänden sind die Namen von knapp fünfundfünfzigtausend britischen Soldaten eingemeißelt, von denen sich auf Erden keine erkennbaren Spuren finden ließen, die nicht bestattet werden konnten. Es sind längst nicht alle, doch für alle reichte der Platz nicht aus.

Jeden Abend kurz vor zwanzig Uhr ersterben hier alle Geräusche. Dann ruht der Verkehr. Einheimische umfahren das Gate, denn immer um diese Zeit wird es für die Durchfahrt gesperrt. Punkt zwanzig Uhr treten Hornisten unter die Kuppel und blasen zum letzten Appell. *The Last Post*. Jeden Abend *same procedure*, die knapp zehnminütige Zeremonie findet seit fünfundsiebzig Jahren statt, allerdings nicht unter der deutschen Besatzung im zweiten Krieg, der Ypern traf, zwischen dem 20. Mai 1940 und dem 6. September 1944. Jeden Abend warten nach den Kriegen Geborene unter dem Tor, junge und alte, Einheimische und Touristen, viele Engländer, wenige Deutsche.

An einem dieser Abende steht in der Mitte der Straße ein alter Mann, achtzig vielleicht oder noch mehr, schräg sitzt das Käppi auf dem dünnen Haar, er blickt nach nirgendwo, bis die Töne der Hörner verklungen sind, reckt sich. Dann hebt er die Stimme, laut wie einst als Soldat, der er war im Krieg danach, im zweiten, verspricht den Toten des ersten: »*We will remember them, we will remember them*«, und als Bestätigung murmeln die Umstehenden im Refrain mit: »*Yes, we always will remember them.*«

Er kann sie natürlich auswendig, die vierte Strophe des Gedichts von Laurence Binyon, der »*For the Fallen*«, eine Ballade für die Gefallenen, bereits im September 1914 geschrieben hat. Binyon ist längst tot, sein Werk vergessen, aber diese paar Zeilen sind geblieben, werden an den Gedenktagen an allen Monumenten – und von denen gibt es zu viele in Flandern – von den Überlebenden deklamiert:

> *They shall grow not old, as we that are left grow old:*
> *Age shall not weary them, nor the years condemn.*
> *At the going down of the sun and in the morning*
> *We will remember them.**

Der Mann grüßt die Toten, Hand an der Mütze, geht die wenigen Stufen auf einer der beiden seitlich ins Gemäuer eingelasse-

---

* Sie werden nicht alt, so wie wir, die noch da sind:
Alter wird sie nicht beugen, nicht auf ihnen lasten.
Wenn die Sonne untergeht und des Morgens
Werden wir ihrer gedenken.

nen Treppen hinauf, die wiederum zu Podesten führen, auf denen ewige Lichter flackern. Er legt dort einen Kranz aus roten Mohnblumen nieder. Mohn ist die Blume Flanderns. *We will remember them*, wenn die Sonne untergeht, so wie jetzt, und wenn die Sonne aufgeht, so wie hoffentlich morgen früh. Er salutiert, während alle schweigen, dreht sich um, kommt zurück in die Mitte der Straße und wischt sich eine Träne aus dem Augenwinkel.

Einer wie er, einer für alle, legt jeden Abend einen Kranz nieder. Einer wie er ist jeden Abend da. Die meisten Teilnehmer − Schulklassen, Veteranenverbände, Damenkränzchen − kommen per Fähre über den Ärmelkanal nach Ostende und dann mit dem Bus hierher. Ypres ist *holy ground*, heiliger Grund. Immer noch, über Generationen hinweg.

In der Nähe vom »Menin Gate« passierte das damals für die Leser des »Sphere« gezeichnete blutige Ereignis zwischen den Schützengräben. Es bestätigte alle Vorurteile, die Engländer vom gnadenlosen Charakter der Deutschen hatten. Die wurden angewidert nur noch Barbaren oder Hunnen genannt. Urheber der Assoziation mit den Hunnen ist der deutsche Kaiser, weil er seine Truppen 1900 aufgefordert hatte, den Aufstand des chinesischen Geheimbundes der »Boxer« erbarmungslos niederzuschlagen und wie einst die Hunnen über ihre Gegner herzufallen. Noch heute kommt in englischen Pubs richtige Stimmung auf, wenn es im Fußball gegen die Hunnen geht. Noch heute werden die Deutschen in der englischen Boulevardpresse so beschimpft.

Keiner mag also ausgerechnet den so genannten Hunnen trauen, als die am Heiligen Abend, an Christmas Eve, plötzlich nicht mehr schießen, sondern zu singen beginnen. Trotz ihrer friedlich schimmernden Kerzen. Stellen die vielleicht eine Richtschnur für die deutsche Artillerie dar, damit die sich entsprechend auf die Gräben der Briten einschießen kann? Oder sollen die Tommys neugierig gemacht werden, auf dass sie über ihre Brustwehr schauen und dann eine leichte Beute für deutsche Scharfschützen werden? Die Engländer halten sich bedeckt. Ihr Misstrauen bleibt, obwohl ihnen die Lieder gefallen, obwohl die sanften Melodien sie berühren. Das hat noch nicht einmal was mit den Deutschen zu tun. Sondern mit Musik, der Sprache aller Menschen.

Manche Briten reagieren deshalb auf die an der Front bisher übliche Art. Als an einem anderen Abschnitt so gegen halb fünf Uhr nachmittags eine deutsche Regimentskapelle beginnt, ein paar Weihnachtslieder zu spielen, dirigieren schottische Artillerieoffiziere aus dem Hinterland ihren ganz eigenen Einsatz. Die Granaten schlagen direkt im Orchester ein. »Ihr könnt euch vorstellen, was aus den Musikern geworden ist. Wir haben seitdem nichts mehr von ihnen gehört«, meldete ein Sohn der Mullards seinen Eltern auf die Isle of Wight.

Der Konflikt zwischen dem Vereinigten König- und dem Deutschen Kaiserreich war auch ein Familienzwist. Während der Kieler Woche im Juni 1914, knapp sechs Wochen vor Kriegsausbruch, ließ sich der deutsche Kaiser in der Uniform eines britischen Admirals noch fürs Album fotografieren, stolz darauf, »die Uniform zu tragen, die Lord Nelson getragen hat«. Der Kaiser war nicht nur ehrenhalber Oberst der britischen Dragoner, sondern auch Admiral der Royal Navy, sein Vetter George Offizier im 1. Preußischen Garderegiment. Vier Jahre zuvor hatte Wilhelm II. nach der Beerdigung seines Onkels Edward, König von England, begeistert geschrieben: »England ist meine zweite Heimat«, und schön sei es, ein Mitglied der dortigen Königsfamilie zu sein. Die Marine seiner Verwandten war selbstverständlich zum Segelfest nach Kiel eingeladen worden. Es wurde fröhlich fraternisiert.

Fraternisieren, sich verbrüdern, galt bald darauf als Hochverrat. Der ist stets eine Frage des Datums, und das war in diesem Fall der 28. Juni 1914. An diesem Tag beendete ein Attentäter in Sarajewo das Leben des österreichischen Thronfolgers Franz Ferdinand und das seiner jungen Frau Sophie. Da die serbische

Regierung, zumindest ihr Geheimdienst, in das Attentat verwickelt war, hatte der Doppelmord gewaltige Folgen. Kriegstreiber nützten ihre Chance. Sie suchten schon lange einen guten Anlass, um loszuschlagen. Dieser war gut, doch hätte es den Bellizisten bei Bedarf auch ein anderer sein dürfen. Erst begann ein Krieg der starken Worte, dann am 4. August der tatsächliche.

Zunächst erklärte Österreich-Ungarn, ermutigt von der deutschen Regierung, die ihre Unterstützung zusagte, den Serben den Krieg, woraufhin Serbiens Schutzmacht Russland mobil machte. Das Deutsche Reich reagierte sofort, weil es sich eingekesselt und bedroht fühlte durch Moskau und dessen Verbündeten in Paris. Als Befreiungsschlag wurde deshalb im Gegenzug Russland und Frankreich der Krieg erklärt. Der Schlieffenplan sah im Westen für einen solchen Fall den schnellen Vorstoß Richtung französischer Hauptstadt vor. Das Deutsche Reich forderte deshalb von Belgien in einem auf zwölf Stunden befristeten Ultimatum für seine Truppen ungehinderten Durchmarsch, was die belgische Regierung ablehnte.

Die Deutschen überfielen das neutrale Land und marschierten ein. Sie besetzten nicht nur Belgien, sondern auch große Teile Nordfrankreichs. Jetzt musste England reagieren. Man ließ die Verwandten in Berlin wissen, nach der Verletzung der belgischen Neutralität, nach dem Überfall auf die mit England verbündete Republik Frankreich herrsche Krieg zwischen ihnen. Darüber und warum es hätte anders kommen können, und warum es doch so gekommen ist, wie hier skizziert, gibt es etwa 7039 Bücher.

Jeder intelligente Mensch habe das Entsetzliche kommen sehen, schrieb H.G. Wells, der Autor des Bestsellers »*Krieg der Welten*«, im Rückblick auf den Sommer 1914, aber keiner habe gewusst, wie das Desaster zu vermeiden gewesen wäre. Am wenigsten wohl der deutsche Kaiser, der zum willigen Vollstrecker der Kriegslust seines Generalstabs wurde. Wilhelm II., deutschen Volkes Liebling, da unter seiner Regentschaft das Vaterland blühte, der Wohlstand wuchs, Frieden herrschte, war von den preußischen Machteliten vereinnahmt worden. Sie benutzten den eigentlich nur schwachen und eitlen, eher ängstlichen Monarchen für ihre Zwecke, bis der in imperialer Großmäuligkeit nicht mehr von seiner geschätzten Verwandtschaft, sondern nur noch abschätzig von deren verachtenswerter kleiner Armee sprach, *that contemptible little army*, was umgekehrt deren Kampfgeist anspornte.

Die englischen Berufssoldaten nannten sich fortan *The Old Contemptibles*. Die stolze Selbstbezichtigung war in Wahrheit ein Erfolg der Propagandaabteilung des War Office. Sie hatte so ihr Ziel erreicht, das Expeditionskorps zu motivieren. Die angebliche Beleidigung durch den deutschen Kaiser, dem man jede boshafte Dummheit zutraute, war frei erfunden, war ihm in den Mund gelegt, als Zitat zugeschrieben worden, heizte jedoch in England die Stimmung gegen die Hunnen und ihren arroganten obersten Feldherrn wie gewünscht an.

Vom Wochenende an der Küste zurückkehrende Engländer trafen am 3. August 1914 im Londoner Bahnhof Victoria Station auf Hunderte von Deutschen, die zwar seit Jahren als Taxifahrer, Kellner, Friseure, Kaufleute in England lebten, nun aber dem Ruf ihres Vaterlandes folgten, der sie meist in Form von Telegrammen erreichte, per British Railway zu den Fähren an der Küste und dann in die ehemalige Heimat eilten. Sie ließen ihre Familien zurück, verabschiedeten sich von Nachbarn und Freunden, die einen Tag darauf, als nach dem deutschen Überfall auf Belgien offiziell der Krieg begann, ihre Feinde sein mussten. Eigentlich hatten sie nichts gegeneinander.

Noch wenige Tage vor Kriegsausbruch hatten Hunderttausende in London gegen den Krieg demonstriert. So viele wie in keiner Großstadt Europas, in Berlin und Paris verliefen sich ein paar tausend meist sozialdemokratische oder sozialistische Pazifisten. Sogar zu Beginn des Krieges, den übereinstimmend Engländer wie Deutsche zu beenden dachten, bevor das erste

Laub fiel, spätestens jedoch bis Weihnachten, hatte es differenzierende Beurteilungen gegeben in der Wahrnehmung des Gegners. Der Kaiser der Deutschen und die preußischen Militärs galten als Feind, aber nicht das deutsche Volk. Schiffsreisen nach Hamburg, hin und zurück für fünfundvierzig Shilling, waren noch am 8. August im Angebot der Reisebüros, und noch Tage danach wurde in Zeitungen um Abonnenten für den Musiksommer 1915 in Dresden geworben.

Doch nach wenigen Monaten, Ende 1914, waren Schwarz und Weiß die Modefarben der Saison, Sieg hieß das Gebot der Straße, Kampf lautete der Tenor in der Presse. Die Farbe des Zweifels, das unscheinbare Grau, hatte keine Lobby mehr. Mit abstrusen Folgen. In England beseitigten manche Patrioten ihre Dackel, weil der Dachshund deutschen Ursprungs war, in Deutschland mussten Anstalten für höhere Töchter, die in guter Tradition »Zu den Englischen Fräulein« hießen, ihren Namen ändern.

Nationalisten aller Nationen bejubelten die Nation. Die eigene. Das beginnende Zeitalter der Demokratien wurde vom Zeitgeist an die Wand gepresst. In den wichtigen westeuropäischen Staaten hatten zwar liberale und sozialdemokratische Parteien eine satte Parlamentsmehrheit – in Deutschland lag die SPD weit vor allen anderen politischen Gruppierungen, in England konnten Labour und Liberale die Regierung stellen, in Frankreich waren die Sozialisten an der Macht –, aber ihre Ideale blieben auf der Strecke, als der Krieg begann.

Die Deutschen waren für ihr Image als Europas Barbaren selbst verantwortlich. Viele Vorurteile bestätigten sie täglich. Deutsche Generäle, Industrielle, Politiker, Publizisten und ihr Herrscher sowieso hatten sich in markigen Sprüchen, Deutschland über alles, über alles in der Welt, als Herrenmenschen aufgespielt. Die Sprache aus des Kaisers Aufruf »An das Deutsche Volk« zum Kriegsausbruch war typisch für deutschen Zeitgeist:

»So muss denn das Schwert entscheiden. Mitten im Frieden

überfällt uns der Feind. Darum auf! Zu den Waffen! Jedes Schwanken, jedes Zögern wäre Verrat am Vaterlande. Um Sein oder Nichtsein unseres Reiches handelt es sich, das unsere Väter neu sich gründeten. Um Sein oder Nichtsein deutscher Macht und deutschen Wesens. Wir werden uns wehren bis zum letzten Hauch von Mann und Ross. Und wir werden diesen Kampf bestehen auch gegen eine Welt von Feinden. Noch nie ward Deutschland überwunden, wenn es einig war. Vorwärts mit Gott, der mit uns sein wird, wie er mit den Vätern war.«

Mit Taten zu beginnen, ohne die Folgen zu bedenken, war typisch germanische Wesensart. Diese Art fürchtete nur Gott. An deutschem Wesen sollte die Welt genesen. Der kaiserliche Aufruf hätte auch dreißig Jahre später so verfasst werden können, in Ton und Sprache, in einem anderen Reich, unterschrieben von einem Mann, der jetzt begeistert ebendiesem Ruf zu den Waffen folgte: Adolf Hitler.

Allein gegen alle zu kämpfen »vermochte nur eine Armee wie die deutsche von 1914«, donnerte der Chronist des Leibgrenadierregiments König Friedrich Wilhelm II., und er stand in diesem Getöse wahrlich nicht allein, »in der jeder Mann durch die harte Friedensschule des viel geschmähten preußischen Militarismus gegangen und durch Erziehung, Manneszucht, Drill zum vollwertigen deutschen Soldaten geworden war. Ein Heer wie das deutsche von 1914, getragen vom Geist des in der Liebe zum Vaterland einigen deutschen Volkes, hat die Welt noch nicht gesehen.«

Infolge des spezifisch deutschen Größenwahns war im Deutschen Reich ein so genannter »Hassgesang auf England« zum Gassenhauer geworden, verfasst von einem gewissen Ernst Lissauer. Das Machwerk griffen die Engländer auf. Als schlagender Beweis für deutsches Streben nach Weltherrschaft, als Beleg für arrogantes Preußentum wurde es übersetzt und in verschiedenen britischen Zeitungen zitiert. In normalen Zeiten *nothing to write home about*, nicht der Rede wert, das dumpfe Gestammel eines Dilettanten. Fanatiker gab es schließlich in jedem Land. Die Zeiten aber waren nicht mehr normal, und die Hassreime gegen England eine Art Nationalgedicht geworden. Vorurteile stärkend, Stimmungen prägend, Köpfe vergiftend.

Sogar einen Orden bekam der Schreibtischtäter für seine Verrichtung. Schulkinder in Deutschland mussten seine Verse auswendig lernen, Wilhelm II. ließ sie auf Flugblätter drucken und an die Truppen verteilen:

> *Wir haben nur einen einzigen Feind:*
> *Den ihr alle wisst, den ihr alle wisst,*
> *Er sitzt geduckt hinter der grauen Flut,*
> *Voll Neid, voll Wut, voll Schläue, voll List,*
> *Durch Wasser getrennt, die sind dicker als Blut.*
> *Wir wollen treten in ein Gericht.*
> *Einen Schwur zu schwören, Gesicht in Gesicht.*
> *Einen Schwur von Erz, den verbläst kein Wind.*
> *Einen Schwur für Kind und Kindeskind.*
> *Vernehmt das Wort, sagt nach das Wort,*
> *Es wälze sich durch ganz Deutschland fort:*
> *Wir wollen nicht lassen von unserem Hass,*
> *Wir haben alle nur einen Hass,*
> *Wir lieben vereint, wir hassen vereint,*
> *Wir haben alle nur einen Feind: England...*

Die daraufhin im »Daily Graphic« veröffentlichte Gegenrede hielt das Niveau – »*Down with the Germans, / down with them all... / cut out their tongues, pull out their eyes / down, down with them all...*« – und fand unter den Lesern begeisterte Zustimmung. Vor allem deshalb, weil die einen unmittelbaren Zusammenhang herstellten mit parallel veröffentlichten Geschichten aus den besetzten Gebieten von Belgien und Frankreich. Angeblich hatten deutsche Soldaten beim Vormarsch Babys auf Bajonette gespießt, Frauen die Brüste abgeschnitten, Priester aufgehängt.

Belegbar sind brutale, gnadenlose, verbrecherische Erschießungen von Zivilisten, die der Spionage verdächtigt wurden oder der Anschläge im Hinterland. In Dinant zum Beispiel haben die Deutschen sechshundertundzwölf Männer, Frauen und Kinder erschossen, in Tamines waren es vierhundert Bürger, die mit Maschinengewehren niedergemäht wurden wegen angeblicher Überfälle auf die Besatzer, immer getreu der überall plakatierten Androhung der deutschen Militärverwaltung, bei feindlichen Akten würden auch Unschuldige dran glauben müssen. So verbreiteten sie Schrecken und Angst. Seriöse Historiker schätzen, dass in Belgien von den deutschen Barbaren nach der Besetzung insgesamt fünftausendsechshundert Zivilisten erschossen wurden.

Doch das »Gegengedicht« stieß wenigstens unter zivilisierten Lesern auf Empörung. Es gab Proteste gegen die eines britischen Gentleman unwürdige Aufforderung, dem Feind die Zunge abzuschneiden und die Augen auszureißen. Gerüchte aus Frankreich, dass einige französische Soldaten ihren deutschen Gefangenen tatsächlich die Augen ausgestochen hatten, hielt man allerdings für übertrieben.

Die Masse der Deutschen dagegen sang öffentlich jeden Hassgesang mit, wenn es gegen England ging, jeder Schuss einen Russ' versprach und jeder Stoß einen Franzos'. Sie ist so erzogen worden. Die eigentlichen Schulen dieser Nation waren die Kasernen. Gelehrt wurden dort wilhelminische Klassiker: deutsche Sekundärtugenden wie Disziplin, Opferbereitschaft, Gehorsam, Pflichterfüllung.

Als sich der Krieg immer drohender abzeichnete, als die Generalstäbe immer ungeduldiger mit den Säbeln klirrten, als die Vernunft immer tiefer im Pathos versank, hatten Kriegsgegner vieler Nationen zwar gegen das kommende Desaster protestiert und demonstriert, ihr prominentester Vertreter in England hieß Bertrand Russell. Kaum aber war der Krieg tatsächlich ausgebrochen, priesen auch die Vertreter dieser Internationale nur noch eine Nation. Ihre. Der Kaiser kannte keine Parteien mehr, nur noch Deutsche, und außer Karl Liebknecht stimmten alle Sozialdemokraten den aufgelegten Kriegsanleihen zu.

Die deutlichsten völkischen Signale kamen aus Deutschland. Was an der grundsätzlich anderen Betrachtung des Krieges als des Vaters aller Dinge lag. Für die Deutschen war der ein göttlicher Auftrag, den sie zu erfüllen hatten. Gern koste es ihr Leben. Nicht nur adlige Generäle, nicht nur preußische Junker, nicht nur bürgerliche Politiker, auch bekannte Dichter – wie man noch lesen wird –, Männer Gottes, protestantische Hofprediger und rechtskatholische Domherren, dröhnten in diesem Sinne und segneten zu gegebenem Anlass die Waffen. Und es machten Männer mit, von denen man es nicht erwartet hätte, die einen Ruf zu verlieren hatten.

Dreiundneunzig Literaten, Künstler, Wissenschaftler unterschrieben ein Manifest für den Krieg, darunter Max Planck, Max Reinhardt, Wilhelm Röntgen, das unter dem Titel »Aufruf an die Kulturwelt« am 14. August veröffentlicht wurde. Abgesehen davon, dass die Deutschen selbstverständlich unschuldig seien am Krieg, weil bekannt friedlich und allen voran ihr Kaiser, ein »Schirmherr des Weltfriedens«, abgesehen davon, dass es »schmachvoll... sei, Mongolen und Neger auf die weiße Rasse zu hetzen«, zeigte sich bei den angeblichen Geistesgrößen eine Art von Geistesverwirrung, ein pseudointellektueller Größenwahn, der in dem Versprechen gipfelte: »Glaubt uns! Glaubt, dass wir diesen Kampf zu Ende kämpfen werden als ein Kulturvolk, dem das Vermächtnis eines Goethe, eines Beethoven, eines Kant ebenso heilig ist wie sein Herd und seine Scholle. Dafür stehen wir euch ein mit unseren Namen und unserer Ehre.« Nach dem Krieg nannte der französische Ministerpräsident Georges Clemenceau dieses Manifest »das größte Verbrechen der Deutschen, ein schlimmeres noch als alle, die wir kennen«.

Ein einziger berühmter Wissenschaftler unterschrieb nicht

und setzte stattdessen seine Unterschrift unter ein Antimanifest, eines für Frieden, »Manifest an die Europäer« genannt. Albert Einstein. Er war gerade zum Professor am renommierten Kaiser-Wilhelm-Institut in Berlin berufen worden, und natürlich drohten sie ihm dort Repressionen an, falls er seine Meinung weiterhin so öffentlich verbreite, aber das ließ ihn kalt. »Mein Pazifismus ist ein instinktives Gefühl, das mich beherrscht, das nichts zu tun hat mit irgendeiner Theorie, sondern mit meinem tiefsten Widerwillen gegen jede Art von Grausamkeit und Hass.«

Später präzisierte er, er sei nicht nur ein einfacher, sondern auch ein militanter Pazifist: »Ist es nicht besser, für eine Sache zu sterben, an die man glaubt, wie an den Frieden, als für eine Sache zu leiden, an die man nicht glaubt, wie an den Krieg?« Niemals seien die Massen an sich kriegslüstern, solange sie »nicht durch Propaganda vergiftet werden«. Ein Jammer, dass die Völker Europas mit so falschen Zielen erzogen wurden, die den Krieg verherrlichten.

Für die Briten war der Große Krieg eine Art Fußballmatch auf fremdem Boden. Je weiter entfernt das Spielfeld, desto größer der Reiz, bei diesem ultimativen Kick dabei zu sein. In der Schlacht würde es halt am Ende Sieger und Besiegte geben, Verluste gehörten nun mal zum Kampf. Diese von sportlichen Kriterien geprägte Einschätzung teilten Ober- und Unterklasse. Aber es galten bestimmte Regeln, und an die sollten sich gefälligst alle halten. Franzosen und Belgier, die unfreiwilligen Mitspieler, waren unmittelbar betroffen, und für sie war der Krieg kein Auswärtsspiel. Sie waren überfallen worden, und nun verteidigten sie ihre Heimat, ihre Familien, ihr Land.

Im britischen Parlament und in der Öffentlichkeit herrschte erst nach dem deutschen Überfall auf Belgien weitgehend Einigkeit darüber, dass man sich aufgrund vertraglicher Verpflichtungen in der Entente Cordiale im Konflikt engagieren müsse. Davor gab es nicht einmal im Kabinett eine Mehrheit für Krieg.

Die Stimme der Pazifisten war verstummt. »*We must fight, honour demands it*«, Kampf als Ehrensache. Ohnedies wäre es für viele eine selbstverständliche Pflicht gewesen, die mit England verbündeten Franzosen, die unterdrückten Belgier, ja: das ganze europäische Festland vor dem preußischen Militarismus zu retten. Denn sollte der siegen, dann würde selbst ihre *splendid isolation* gefährdet, selbst die Insel Britannien nicht mehr sicher vor den deutschen Eroberern sein. Solche Pläne aber gab es in Wirklichkeit nicht.

Englands Premierminister Herbert Henry Asquith erhob das Engagement gar zum Inbegriff des Fair Play, weil es für »Menschen unseres Blutes und unserer Geschichte« nicht denkbar sei, einfach daneben zu stehen, »während ein großer brutaler Kerl sich daranmacht, ein Opfer, das ihn nicht provoziert hat, zu verprügeln und zu Boden zu trampeln«. Außerdem gelte es, stand in den Leitartikeln, wesentliche Prinzipien wie Freiheit, Menschenrechte, Demokratie, Selbstbestimmung zu bewahren. All das, was den Deutschen nicht als Wert galt.

Verdrängt wurde dabei allerdings, dass zum Beispiel Selbstbestimmung in britischen Kolonien nicht mal einer Rede wert war. Wer dennoch eine entsprechende hielt, wurde von den Kolonialherren als Aufrührer verurteilt. Dass zum Beispiel Menschenrechte in der britischen Berufsarmee damals nur für Offiziere galten, von denen viele mit ihren Soldaten umgingen wie mit Leibeigenen, die sie auf den Schlachtfeldern Frankreichs und Belgiens in den Tod jagen konnten, ohne sich je dafür verantworten zu müssen.

Die einzige Großmacht, die eine Berufsarmee unterhielt, war Großbritannien. Etwa zweihunderttausend Mann, dabei auch Truppen aus Indien. Das Deutsche Reich hatte rund 3,8 Millionen Männer unter Waffen, ebenso viele die Franzosen. Da es noch keine Wehrpflicht gab, wurden im Vereinigten Königreich nach den ersten gewaltigen Verlusten unter den Profis die Amateure aufgestellt: »*More Men are wanted for His Majesty's*

Army. Enlist now.« Mindestalter neunzehn, Höchstalter achtunddreißig. In Scharen meldeten sich junge Männer, darunter viele Iren und Schotten, aus tristen Arbeitervierteln zum Match nach Frankreich, denn das versprach ein Abenteuer zu werden.

Tausende fälschten ihr Alter, keiner prüfte es nach. Ebenso begeistert ließen sich Adlige und Banker, Studenten und Bauern für die British Expeditionary Forces registrieren. Es gab deshalb anfangs sogar Bataillone, in denen einzelne Berufsgruppen gemeinsam dienten, die sich aus dem Zivilleben kannten, oder Einheiten, die aus den Freiwilligen gewisser Stadtbezirke oder Landgemeinden gebildet wurden. Sie alle nannte man »Lord Kitchener's Army« nach dem englischen Kriegsminister Herbert Horatio Kitchener, dessen Appell sie gefolgt waren.

Der hatte nicht nur eine Strategie im Kopf, sondern auch eine Moral im Sinn. Jedem Soldaten ließ er ein Merkblatt ins Soldbuch legen, das der stets bei sich tragen musste. Inhalt: »*You are ordered abroad as a soldier of the King*«, denn wer nach Frankreich befohlen war im Namen des Königs, um »unseren französischen Kameraden gegen einen gemeinen Feind« zu helfen, war nicht nur bedroht von deutschen Todesschüssen, sondern auch von französischer Lebensart. »Sie werden Versuchungen ausgesetzt sein, sowohl durch Wein als auch durch Frauen. Sie müssen beiden Versuchungen widerstehen und jede Intimität vermeiden.«

Um sich im Rausch einen Tripper zu holen, denn davor warnte der Lord, lebten die meisten nicht lang genug. Die Ausfälle an der Westfront waren atemberaubend, bis zu fünftausend Mann pro Tag. In Oxford und in Cambridge, den Eliteuniversitäten Großbritanniens, verloren dreißig Prozent eines Jahrgangs ihr Leben. In den Familien des englischen Landadels wurde fast die gesamte nächste Generation ausgelöscht. In den Fabriken nahmen Frauen die Plätze der Arbeiter ein. Die sich durch tragische Umstände ergebende Zwangslage hatte nachhaltige Folgen, denn ausgerechnet jetzt begann die Emanzipation der Frau. In England demonstrierten Sufragetten sogar für die Einführung der Wehrpflicht – weil es dann für Frauen mehr Arbeitsplätze in der Wirtschaft geben würde. Und falls Damen der Gesellschaft auf der Straße einen Mann im richtigen Alter trafen, der keine Uniform trug, überreichten sie ihm gerne eine weiße Feder – weil einer in Zivil nicht an der Front war, also ein Feigling sein musste.

In Deutschland waren im nationalen Taumel ganze Schulklassen kurz vor dem Abitur, angeführt von ihren Lehrern, zur Musterung angetreten. Statt der üblichen Sommerferien gab es halt das Abenteuer Krieg. Im Herbst wollten sie zurück sein, doch im Herbst waren viele schon tot. Von den Jahrgängen 1892 bis 1895, den jungen Männern, die beim Ausbruch des Krieges erst achtzehn, höchstens zweiundzwanzig Jahre jung waren, fielen in Deutschland insgesamt siebenunddreißig Prozent.

Die vom Verlust ihrer Männer, Väter, Söhne Betroffenen, die Frauen, die Kinder, die Eltern, sie weinten in Deutschland ebenso wie in England. In Frankreich wie in Belgien. In Russland wie in Österreich. Die hohlen Beileidsworte derer, die sie in den Tod abkommandiert hatten, an deren Händen Blut klebte, von ledernen Generalhandschuhen verdeckt, sind überall gleich trostlos. Ein junger Soldat aus dem Rheingau, Carl Zuckmayer, dichtete in vorausahnender Erkenntnis bereits vier Wochen vor Kriegsbeginn, im Juli 1914:

> *Einmal, wenn alles vorbei ist,*
> *Werden Mütter weinen und Bräute klagen,*
> *Und man wird unterm Bild des Herrn Jesus Christ*
> *Wieder die frommen Kreuze schlagen.*
> *Und man wird sagen: Es ist doch vorbei!*
> *Lasst die Toten ihre Toten beklagen!*
> *Uns aber, uns brach es das Herz entzwei,*
> *Und wir müssen unser Lebtag die Scherben tragen.*

Carl Zuckmayer meldete sich 1914 als Achtzehnjähriger direkt nach dem Abitur freiwillig an die Front. Er überlebte den Krieg, doch bevor der nächste begann, ging er in die Emigration.

Der Schock über eine verlorene Generation hatte in England eine andere Wirkung. Die ging tiefer als in Deutschland und hatte andere Folgen. Neville Chamberlains verzweifelter Versuch, 1938 den deutschen »Führer« durch Appeasement zu beruhigen, um zwanzig Jahre nach dem Ende des verlustreichen Krieges einen weiteren zu verhindern, ist auch durch das frühere Erleben massenhaften Sterbens erklärbar. Im Ersten Weltkrieg mussten britische Familien mehr Verluste als im schrecklicheren Zweiten erdulden. Deshalb ist der Erste der eigentliche, der Große Krieg und lebt als *Great War*, als die tatsächliche Urkatastrophe des 20. Jahrhunderts, die alle anderen auslöste, bis heute im kollektiven Unterbewusstsein fort.

Ganz anders bei den Deutschen. Sie liebten die Hingabe für einen großen Tod wie das eigene kleinbürgerliche Leben. So zu denken, daran zu glauben war ihnen eingebläut worden in den Familien, in den Schulen, in den Kirchen, in den Universitäten und beim Militär erst recht. Als kaum zwanzigjährige Studenten von ihren Offizieren bei Langemark in den Tod getrieben wurden, beuteten deutschnationale Dichter deren sinnloses Sterben aus für den Mythos von Langemark. Für die Legende, derzufolge es süß und ehrenvoll sei, fürs Vaterland zu fallen. Die völkische Neigung, den Horror einer blutigen Schlacht zum heroischen Gottesdienst zu stilisieren, eine Niederlage zur Dolchstoßlegende umzulügen, wird den braunen Verbrechern ihr Geschäft erleichtern. Von allen guten Geistern verlassene Kleinbürger sahen in den Nazis dann ihr letztes Heil.

Man fasst es heute nicht, aber noch im Sommer und im Herbst 1914 galt im Vereinigten Königreich trotz der Proteste von Pazifisten allgemein die Parole, Krieg sei Abenteuer. Den ernst gemeinten Vorschlag von George Bernard Shaw im sozialistischen Wochenblatt »New Statesman«, veröffentlicht am 14. August, hielt man für einen gut formulierten *joke*. Premierminister Asquith wollte den Dichter am liebsten vor ein Militärgericht stellen und wegen Hochverrats anklagen lassen. Dabei hätte Shaws einfache Idee vielen das Leben gerettet: Die Soldaten aller Armeen, schrieb er, sollten ihre Offiziere erschießen und anschließend nach Hause gehen.

Erich Maria Remarque hat fünfzehn Jahre später in seinem Roman »*Im Westen nichts Neues*« den Kriegsfreiwilligen Kropp eine ähnlich bestechend einfache Idee für die Zukunft entwickeln lassen. Jede Kriegserklärung »solle eine Art Volksfest werden mit Eintrittskarten und Musik wie bei Stiergefechten. Dann müssten in der Arena die Minister und Generäle der beiden Länder in Badehosen, mit Knüppeln bewaffnet, aufeinander losgehen. Wer übrig bliebe, dessen Land hätte gesiegt. Das wäre einfacher und besser als hier, wo die falschen Leute sich bekämpfen...«

Ein einziges großes Picknick sei das, definierte dagegen lässig seinen Einsatz in Frankreich und Belgien Captain Julian Grenfell, Gott sei Dank ohne »das überflüssige Beiwerk, das normalerweise dazugehört«. Also Kricket. Tee. Gurkensandwiches. »Ich finde den Krieg einfach herrlich.« Zu solcher Nonchalance passte eine Attitüde britischer Offiziere, die sich beim abendlichen Dinner in ihren Clubs im Londoner Westend damit brüsteten, auf ihrem Weg zum Heimaturlaub morgens noch mit ihren Untergebenen, dem zu Friedenszeiten gemiedenen Volk, im Schützengraben gefrühstückt zu haben. Sie übertrieben nicht. Die Entfernung zwischen der belgischen Nordseeküste und London, leicht per Bahn und Fähre zu überbrücken, betrug ja nur siebzig Meilen Luftlinie, hundertzehn Kilometer. Vom nicht besetzten französischen Hinterland aus fuhren die Züge nach Plan in die Hafenstädte.

Die Aggressoren hatten es bequemer. In den besetzten Gebieten machten sie sich breit, plünderten die Geschäfte und Vorratslager, vertrieben die Zivilbevölkerung, bewohnten deren Häuser, ließen die Einwohner vor Ort für sich schuften oder schafften sie in Arbeitslager. Etwa siebenhunderttausend Belgier, Männer wie Frauen, wurden im Deutschen Reich in

Erich Maria Remarques »Im Westen nichts Neues«, erschienen 1929, wurde ein Welterfolg. Die Geschichte von der Westfront ist der beste Antikriegsroman, der je geschrieben wurde. Auf den schwarzen Listen der Nazis stand er ganz oben. Remarque floh ins Exil.

der Landwirtschaft und in Fabriken eingesetzt. Die Ausfälle an so genanntem Menschenmaterial durch den Krieg spielten deshalb keine entscheidende Rolle, obwohl auch das deutsche Heer bereits Hunderttausende von Männern verloren hatte. Man machte kein Geheimnis daraus. Die Listen der Gefallenen wurden veröffentlicht. Noch galt das alltägliche Sterben als notwendiges Stahlbad. Die Öffentlichkeit war darauf vorbereitet. Jahrelange Erziehung zum braven Untertanen zahlte sich aus.

Umso größer die Überraschung, als solche zu Gehorsam gedrillten Untertanen in Uniform diese deutsche Ordnung umstülpen und Weihnachten 1914 kurz entschlossen ihren ganz eigenen Frieden auf Erden machen. Deutsche Soldaten? Deutsche Soldaten!

Bei manchen ist es die Erinnerung an die eigene Kindheit, die den Anstoß gab. »Ich denke an ein Weihnachtsgedicht, das ich als kleiner Junge mal aufgesagt habe«, sinnierte ein Unteroffiziersanwärter namens Herkenrath vom 2. Westfälischen Infanterieregiment, aber »ich kriege die Verse nicht mehr zusammen.« Auch als seine Kameraden zu summen und zu singen beginnen, als es nach Weihnachten klingt und nicht nur nach dem Surren von Schrapnellen und dem gewohnten Ping, Ping, Ping der Kugeln, bleibt er stumm: »Ich kann nicht singen, irgendetwas schnürt mir den Hals zu. Vielleicht habe ich Heimweh? Bin ich zu schwach, um Gemütsbewegungen zu widerstehen? Dann hält es mich nicht mehr: Schluchzend stecke ich meinen Kopf in den Mantel, den ich als Kopfkissen benutze.«

Bei anderen ist es die friedliche Haltung der Feinde, die sie in der eigenen unausgesprochenen Friedenssehnsucht bestärkt. Das 5. Westfälische Infanterieregiment hatte sich Tannenbäume aus »dem rückwärtigen Bois mitgebracht«, und jetzt sind die Soldaten damit beschäftigt, die Zweige mit Kerzen zu schmücken. Der Himmel ist auch hier sternenklar, es friert, noch fallen auf beiden Seiten einzelne Schüsse. Aber die scheinen keinen zu stören, geschweige denn zu treffen. »Um neun Uhr abends werden die Bäume angesteckt, und aus mehr als zweihundert Kehlen klingen die alten deutschen Weihnachtslieder. Dann setzen wir die brennenden Bäume ganz langsam und sehr vorsichtig oben auf die Grabenböschung.« Insgeheim hoffen sie sogar, dass drüben der Anblick brennender Kerzen gewisse Stimmungen hervorrufen würde. Dass auch die Gegner lieber an die Heimat und ihre Nächsten statt an den nächsten Angriff denken.

Bei einem ist es der pure Zufall. Der Kriegsfreiwillige Goldschmidt, der perfekt Englisch sprach, hat nach einem nächtlichem Patrouillengang im Niemandsland durch die Befragung eines Gefangenen erfahren, dass drüben ein Verwandter von ihm im Graben stand. Sein in London lebender Schwager war bei den Engländern Kompanieführer. Die Verständigung zwischen den beiden klappte deshalb in der Heiligen Nacht innerhalb von Minuten. Ab sofort wird nicht mehr geschossen, und als die Deutschen den üblichen Baum aufstellen und singen, haben die drüben »einen Mordsspaß und wünschten uns frohe Weihnachten«. Sie werfen Geschenke rüber zu den Tommys, bekommen Kekse und Corned Beef zurück, die anderen trachten hauptsächlich nach Käse, Kommissbrot, Zwieback.

Goldschmidt überlebte die Verbrüderung nicht lang, er wurde einige Wochen nach Weihnachten durch einen Volltreffer im Unterstand getötet.

Der erste große Krieg des 20. Jahrhunderts war von den jeweiligen Strategen geplant – und anfangs noch geführt – wie einer aus dem 19. Jahrhundert, als unter Gegnern gewisse ritterliche Regeln galten. Einst zogen kleine Heere in die Schlacht, und wenn es dunkel wurde, gingen die Überlebenden schlafen. Helden gab es in Massen. Jetzt marschierten Massen, Tag und Nacht wurde geschossen, aber für ein Gefecht entscheidend konnten ein Maschinengewehr und drei Mann dahinter sein, und selbst ein Regiment voller Helden davor hätte keine Chance.

Einiges erinnerte dennoch an glorreiche Kreuzzüge.

So der Einsatz Pariser Taxifahrer zur Schlacht an der Marne. Sechshundert Taxis, mit je fünf Mann besetzt, brachten französische Soldaten an diese Front, und da die Fahrer – Motto: Wo bitte geht's zur Front? – diesen unerhörten Truppentransport zweimal schafften, hatten es die Deutschen am nächsten Morgen mit sechstausend Gegnern zusätzlich zu tun. In den Geschichtsbüchern wird es als eines der Wunder des Krieges bezeichnet. Das an Weihnachten gilt in denen nicht viel. Der britische Historiker Niall Ferguson erwähnt in seinem Standardwerk »*Der falsche Krieg*« den *Christmas Truce* nur in wenigen Zeilen, warnt vielmehr davor, die Bedeutung des kleinen Friedens zu überschätzen. Ein Frieden wie der blieb seiner Meinung nach nicht nur deshalb einmalig, weil die Offiziere aufpassten, sondern weil der Hass der so genannten kleinen Leute zu groß geworden war. Er hält ihn, kühl historisch betrachtet, nur für eine von vielen Episoden des Krieges.

So eine wie jene Episode, die der bayerische Kronprinz Rupprecht, Befehlshaber der 6. Armee, in seinen Erinnerungen nicht zu erwähnen vergaß. Er wurde wegen seiner »löwenähnlichen Tapferkeit« bewundert, sogar vom Gegner. Es war dem deshalb eine Ehre, ihn bei Gelegenheit dafür zu ehren. Die Gelegenheit ergab sich. Der höchste französische Offizier gegenüber den bayerischen Regimentern probte mit seiner Regimentskapelle zwei Tage lang ein besonderes Konzert für Hörner und Schalmeien. Diktierte anschließend eine entsprechende Mitteilung mit dem geplanten Musikprogramm und ließ die, befestigt an einem Stein, über die gegnerische Deckung werfen. Man wolle am folgenden Nachmittag, siebzehn Uhr, dem Kronprinzen ein Ständchen bringen.

So geschah es. Pünktlich um siebzehn Uhr begann das Konzert. Beendet wurde dieser friedliche Akt inmitten des Krieges mit der französischen Nationalhymne, der Marseillaise. Auf der anderen Seite stieg danach ein einzelner Offizier auf die Brustwehr und salutierte. Es war der Kronprinz. Auch der Franzose salutierte. Aus beiden Schützengräben folgten, heißt es, Applaus und Bravorufe.

Der damals erst siebzehnjährige Schütze Leslie Walkinton von den Queen's Westminster Rifles: »Wir hatten an sich nichts gegen Bruder Boche. Er schoss auf uns, wir schossen auf ihn, aber letztlich waren wir genau dafür da.« Der Konflikt war aber kein Wettkampf unter Gentlemen mehr, sondern für Millionen von Soldaten ein Todesspiel. Täglicher Einsatz: ihr Leben. Der erste große Krieg. An dessen Ende hatten über neun Millionen Menschen ihr Leben verloren. Die Lichter in Europa sind, wie vom englischen Außenminister Sir Edward Grey vorhergesagt, tatsächlich ausgegangen. *»The lamps are going out all over Europe. We shall not see them lit again in our lifetime.«*

Ab Ende Oktober 1914 lagen sich die feindlichen Armeen, da die Alliierten, dort die Deutschen, an der Westfront gegenüber wie Ungeheuer, die sich belauerten, aber gegenseitig nicht auffressen konnten. Keine Seite schaffte entscheidenden Landgewinn. Alle hatten sich eingegraben. Der Kriegsberichterstatter der »Norddeutschen Allgemeinen Zeitung« berichtete in einem Artikel, wie sich in wenigen Wochen die »endlose Linie der Schützengräben« herausgebildet habe, die »in fast ununterbrochenem Zuge von der Nordsee bis zum Fuße der Alpen reicht. Zwischen zwei Schützengräben, in deren jedem Millionenheere eingegraben liegen, wird die Entscheidung um das Schicksal Europas ausgetragen.«

Albert I., ein neununddreißigjähriger schüchterner Mann, belgischer König fast ohne Land, denn neunzig Prozent von dem waren unter deutscher Besatzung, Befehlshaber über eine nur noch kleine Armee, war dennoch maßgeblich beteiligt an einer ganz bestimmten Entscheidung, die vielleicht auch das Schicksal Europas bestimmte, denn durch die konnten die Deutschen nicht, wie im Schlieffenplan vorgesehen, auf der rechten Seite der Front zur Nordsee durchbrechen und dann

Schützengräben heute. Die Unterstände am Hill 62 in der Nähe von Ypern wurden für Touristen renoviert. Das Grauen ist begehbar gemacht.

von dort nach Paris vorrücken. Der Monarch hatte eine geniale Idee. Er ließ in der Mündung der Yser die Schleusen öffnen und die Schleusentore im nahen Nieuwpoort sprengen, um durch die künstliche Überschwemmung einen Vormarsch der bereitstehenden fünfundsiebzigtausend Deutschen zu den Kanalhäfen zu verhindern. Sein Plan war erfolgreich.

Der Schleusenwärter Karel Cogge und der Seemann Hendrik Geeraert setzten den Plan um und wurden zu Helden, deren Namen heute in den flämischen Schulbüchern stehen. Cogge wusste als Einziger, wo im verwilderten hohen Gras in der Böschung der Schraubenschlüssel lag, Geeraert hatte die nötige Kraft, die Schrauben zu lockern, damit sich die Schleusen öffnen ließen. Den Gezeiten folgend, ergossen sich pro Schub jeweils rund siebenhunderttausend Kubikmeter Meerwasser in die Kanäle Flanderns. Bis fünf Kilometer vor Diksmuide, zwanzig Kilometer nördlich von Ieper, wurden die Polder in eine schlammige Landschaft verwandelt. Flandern war geflutet. Was passte. Bedeutet der Name doch so viel wie – geflutetes Land.

Die Flamen mussten für diese Rettung vor den Deutschen einen hohen Preis bezahlen. Fruchtbares Ackerland war unbrauchbar. Höfe und Häuser waren zerstört. Aber das Ziel wurde erreicht, denn die kaiserlichen Truppen hatten keine Chance vorzurücken, weil ihr eigentlicher Vorteil im Schlamm versank, ihr Material. Die belgischen Soldaten gruben sich hinter der neu entstandenen Barriere ein. Zwar verging auch danach kein Tag ohne Opfer, ohne das Heulen der Granaten und Schrapnelle, doch größere Angriffsversuche der Infanterie blieben stecken.

Die Deutschen versuchten stattdessen »verzweifelt den Durchbruch bei Ieper«, wie der kanadische Historiker Modris Ekstein in »*Tanz über Gräben*« schreibt, aber »die Linien der Alliierten hielten trotz enormer Verluste stand. Nach der ersten Schlacht von Ieper, der einige Deutsche den Beinamen Kindermassaker geben sollten, war es mit dem Bewegungskrieg im Westen fürs Erste vorbei.«

Kindermassaker hörte sich in einem solchen Zusammenhang wie ein Massaker an, das von einigen durchgedrehten Soldaten im Blutrausch begangen wurde. Eines der gezeichneten alliierten Propagandaplakate zeigte einen Pickelhauben-Preußen, einen typischen Barbaren, der mit erhobenem Bajonett auf ein unschuldiges Kind einstach, das am Boden lag. Die Hintermänner beider Seiten blieben sich an Geschmacklosigkeiten, Hass, Lügen auch im Propagandakrieg nichts schuldig.

Doch mit dem Begriff Kindermassaker ist etwas anderes gemeint. Angefeuert von ihren Offizieren, waren deutsche Studenten, alle Kriegsfreiwillige, gerade erst eingetroffen an der Front, ohne richtige Ausbildung, Arm in Arm, die Gewehre über den Köpfen schwenkend, Blumen an der Pickelhaube, das Lied vom Vaterland auf den Lippen, ins britische Feuer gelaufen. Lachend und singend marschierten sie in den Tod, als beginne danach das wahre Leben, etwa hunderttausend sind es gewesen. Insgesamt fielen in diesen Wochen, in denen gekämpft wurde um ein paar Meter eh schon totes Land, auf deutscher Seite etwa hundertfünfundsechzigtausend Soldaten, auf Seite der Briten sechzigtausend. In den Gräben zu verharren bot wenigstens einen gewissen Schutz vor einzelnen Kugeln, gegen die feindliche Artillerie aber half das wenig. Da flogen sie mitsamt ihren Unterständen in die Luft.

Doch erzwungene Unbeweglichkeit erzeugte tödliche Langeweile in den Unterständen. Der Versuch, ihr zu entfliehen durch einen Angriff auf gegnerische Stellungen, über Stacheldraht und durch den Dreck, den der Dauerregen weich hielt, endete meist tatsächlich tödlich. Der alltägliche Anblick, dem die Überlebenden nicht entkommen konnten, verwesende Leichen von Menschen und Pferden in den Verhauen und im Niemandsland oder durch den Luftdruck der einschlagenden Geschosse in kahle Bäume geschleudert, in deren Ästen sie tagelang hingen, tötete die Lust auf weitere Attacken.

Abgestumpft waren sie, auf beiden Seiten der Front. Sie freuten sich klammheimlich über das Ende eines getroffenen Kameraden im Stacheldraht, weil sie nicht mehr hinaus mussten, um ihn zu bergen. Das gaben sie alle sogar zu. Nach dem Krieg. Sie setzten sich nachts bei Lauschposten in Granattrichtern ungerührt auf Tote, um einen besseren Überblick zu haben. Sie machten sich schon lange nichts mehr daraus – wischten nur anschließend die Stiefel ab –, bei schnellen Rückzügen über Leichen zu gehen, weil die das ganze Feld bedeckten. Sie erschossen gnadenlos Verwundete, weil deren Transport ihnen lästig war, erstachen Soldaten, die sich ergeben hatten. Das gaben nach dem Krieg nur einzelne Beteiligte aller Nationen zu. Die Briten dementierten empört, jemals solche Verbrechen begangen zu haben, den Deutschen glaubte ihr Dementi keiner, die Franzosen schwiegen.

Am liebsten stellten sich die Soldaten aber tagsüber in den Unterständen tot, um ihre Vorgesetzten nicht auf lebensgefährliche Ideen wie einen Sturmangriff zu bringen. Aber das hieß noch lange nicht, dass sie keiner menschlichen Regungen mehr fähig waren. Denn dass aus solcher Lage, in ihrem Sinne, nichts Gutes wachsen konnte, schwante manchen Kommandeuren. Generalleutnant Balck von der 51. Reservedivison: »Mit dem Stellungskrieg ist eine gewisse Eintönigkeit verbunden, die leicht zur Gleichgültigkeit, schließlich zur Billigung eines Burgfriedens führen kann. Tu mir nichts, ich tue dir ganz bestimmt nichts.« Eine solche Auffassung, die sich »weit von dem Begriff des wahren Krieges entfernt«, sei mit allen Mitteln zu bekämpfen. In einem Tagesbefehl gebot er »grundsätzliches Schießen auf alle sichtbaren Ziele, Streufeuer in unregelmäßigen Zwischenräumen, bei Tage und bei Nacht«.

Er hatte zwar die Gefechtslage seiner Truppen an der Westfront richtig eingeschätzt, aber nicht deren Gefühlslage. Sein barsches Gebot blieb ohne Wirkung. Auch die Warnung des britischen Oberkommandos, besonders wachsam zu sein an den Feiertagen, denn der bösartige deutsche Feind werde versuchen, seine Chance zu nutzen, verpuffte wirkungslos. Anweisungen gar, wiederum von beiden Seiten ausgesprochen, dass bei jedweder Verbrüderung von den Offizieren vor Ort streng durchzugreifen sei, verbunden mit der Drohung, andernfalls sei ein Kriegsgerichtsverfahren fällig, wurden in die offiziellen Regimentstagebücher eingetragen. Aber 1914 selten befolgt.

Denn an diesem Weihnachten herrscht »auf beiden Seiten eine Stimmung, dass endlich Schluss sein möge. Wir litten doch alle gleichermaßen unter Läusen, Schlamm, Kälte, Ratten und Todesangst«, begründete der britische Veteran Reginald Thomas die allgemeine Kriegsverweigerung noch sechzig Jahre später, als er knapp dreiundneunzigjährig seine ganz persönlichen Erlebnisse an Christmas 1914 zu Protokoll gab. Thomas ist längst tot.

Seine Stimme hat ihn überlebt. Die Berichte derer, die in jenen Gräben lagen, aus denen zuerst die Friedensbotschaften erklangen, sind archiviert im Imperial War Museum in London. Ein deutscher Freiwilliger, ein Student namens Rickmer, erzählt mit stockender Stimme von einem gemeinsamen Weihnachtsfest mit Franzosen. Auch diese Stimme kommt vom Tonband: »Wir tranken im Niemandsland Champagner, wir rauchten und wir unterhielten uns. Es war eine Verbrüderung im gemeinsamen Gefühl, den Krieg endlich beenden zu müssen. Die Generäle erfuhren erst danach davon und taten fortan alles, dass so etwas nie wieder vorkommen könne.«

Am Himmel, über den Stellungen, führten englische, deutsche, französische Piloten noch einen anderen Krieg als den auf Erden. Einen sportlichen Wettkampf wie einst die Ritter von König Artus' Tafelrunde. Allerdings mit tödlichem Ausgang für den Verlierer. Wer getroffen war, schmierte brennend ab. Andere Flieger ließen eigenhändig Bomben fallen, deren verheerende Wirkung man bislang nicht kannte. Dennoch kamen, zum Beispiel einen Tag vor Weihnachten, auch friedliche Botschaften vom Himmel hoch. Da tauchte ein deutsches Flugzeug über Dünkirchen auf. Warf einen beschwerten Brief ab für einen französischen General mit der Mitteilung, wo sein gefallener Sohn in allen Ehren bestattet worden sei. Und die Nachricht eines Franzosen für seine Familie, dass er zwar abgestürzt sei, aber den Abschuss überlebt habe und sich in Gefangenschaft befinde. Angeblich stand in einem Nachsatz sogar ein Gruß der Besatzung, die dem ganzen französischen Volk ein frohes Weihnachtsfest wünschte. Falls es stimmt, dürfte es sich wohl eher um blanken Zynismus gehandelt haben.

Im Dezember 1914, wenige Monate nach jenem Bank Holiday, war die Saat der Hassgesänge, der gnadenlosen Propaganda, der Gräuelgeschichten über tatsächliche und angebliche deutsche Verbrechen aufgegangen. Fest stand die Heimatfront hinter Lord Kitchener's Army, obwohl deren Verluste inzwischen so gewaltig waren, dass die britischen Zeitungen aus Platzgründen aufhören mussten, wie gewohnt täglich die Liste der Gefallenen zu veröffentlichen. An der Front in Flandern fern der Heimat haben die Soldaten zwar den Krieg satt, wünschen sich Frieden, doch sie glauben nicht daran, haben zu viele Freunde schon sterben sehen.

Doch wieder passiert eine jener unglaublichen kleinen Geschichten.

Denn es erhebt sich, nicht weit entfernt von den schimmernden Kerzen, die Stimme eines einzelnen Mannes, »stark und rein und klar«, der in perfektem Englisch das Lied von »Annie Laurie« singt, als weiteres Weihnachtsgeschenk an die noch ungläubigen Gegner. Ein Lied, das in England jedes Kind kennt: *»and for bonnie Annie Laurie I'll lay down my head and die...«*, ein Lied, das die Herzen berührt, und weil es von einem Feind gesungen wird, von einem Deutschen, erst recht. Es schwindet Strophe für Strophe die Sorge, in eine Falle gelockt zu werden. Christmas Eve entpuppt sich als ein magischer Moment.

Diese Szene hat Schütze W.A. Quinton fünfzehn Jahre später in seinen Erlebnisberichten von den Kämpfen bei Fleurbaix in allen Details geschildert, er hat »*Annie Laurie*« nie vergessen können: »Wir waren wie erschlagen, als ob der Krieg plötzlich aufgehört hätte.« Und der sächsische Offizier Georg Reim, der so blumig die Welle des Gesangs in der Schulterwehr beschrieben hat, vertraute seinem Tagebuch an, alle Gedanken an Kampf, an Hass der Völker seien plötzlich vergessen gewesen. »Wir fühlten uns dabei glücklich wie die Kinder.«

Ein englischer Kanonier von der London Rifle Brigade empfindet zwar ähnlich, glaubt allerdings, die drüben seien verrückt geworden. Sogar Petroleumlampen statt Kerzen halten die Deutschen hoch, sich selbst beleuchtend, unter normalen Verhältnissen ein freiwilliger Abschied vom Leben. Eine Einladung für Scharfschützen. Ein Mann aus seiner Kompanie scheint ebenfalls verrückt zu sein. »*One of the nuts belonging to the regiment got out of the trench and started to walk towards the German lines*« – dieser Irre, der einfach über die Brüstung klettert und Richtung deutscher Linien geht, trifft inmitten des Niemandslandes auf einen Deutschen.

Ist jener Irre vielleicht der Schütze Turner? Er gehört zu den London Rifles. Turner ist kurzsichtig. Heute Nacht macht das nichts, der Mond ist hell genug, und es reicht, den anderen als Schatten zu erkennen. Hat er Angst, als er sich auf Niemandsland wagt, dass auf ihn geschossen wird, dass die Kameraden Recht hatten, die ihn vor den Deutschen warnten? Mag sein. Man wird es nie erfahren. Immerhin ist sicher, dass Turner den Ausflug ins Niemandsland überlebt hat und sicher zurückgekehrt ist.

Denn Schütze Turner wird morgen Geschichte schreiben, und das wiederum ist belegbar. Er nimmt am ersten Weihnachtstag seine Pocket Camera mit ins Niemandsland und wird zum Beispiel jenes Foto machen, das auf dem Cover dieses Buches gedruckt ist. Ein Foto, das auf einen Blick den wunderbaren Frieden sichtbar macht. Turner fotografiert zwei Deutsche und zwei seiner Kameraden. Die vier stehen zusammen und blicken auf ihn, auf Turner.

Haben sie den Krieg überlebt, hat er ihn überlebt?

Die Stimme des Mannes, der den Briten das vertraute Lied einer verlorenen Liebe im Schottland des 17. Jahrhunderts gesungen hatte, jene Ballade von Annie Laurie, ist erneut zu hören. Er singt nicht mehr, er ruft: »Ich bin ein Leutnant, Gentlemen, mein Leben liegt in Ihrer Hand. Ich bin schon außerhalb der Gräben und gehe auf Sie zu. Würde bitte einer Ihrer Offiziere kommen und mich auf halbem Wege treffen?« Keine Antwort. Ein englischer Sergeant, der sich spontan hatte aufmachen wollen, wird von seinem Vorgesetzten barsch zurückbeordert.

Der aus dem Dunkel gibt nicht auf. Ob nicht doch jemand kommen wolle, er habe etwas Wichtiges zu besprechen. »Dreißig Ihrer Landsleute liegen tot vor unseren Gräben im Niemandsland. Ich will für morgen ihre Beerdigung arrangieren. Ich bin allein und unbewaffnet.« Jetzt ist der Mann zu erkennen, der zur Stimme gehört. Hundert Gewehre sind auf ihn gerichtet. Da klettert der Brite, der schon einmal, gerade eben, die Gräben hatte verlassen wollen, über die Brustwehr und den Stacheldraht, kein Befehl kann ihn noch stoppen, und geht auf den Deutschen zu. Sie treffen sich auf halbem Weg. Reden miteinander. Die Schussbereiten senken die Waffen.

Als er zurückkehrt, bringt er einen Packen deutscher Zeitungen mit, denn er und ein paar Kameraden beherrschen die Sprache des Gegners, und er hat für den nächsten Tag das Abkommen getroffen, die seit Wochen ungeborgenen Toten zu beerdigen. Als Zeichen ihres guten Willens, berichtet er, wollten die Deutschen, präzise um neun Uhr morgen früh, aus ihren Gräben klettern. Nur mit Spaten und Schaufeln bewaffnet.

Denn wie hier auf den Äckern bei Fleurbaix liegen überall an der Westfront Leichen sichtbar im Niemandsland. Darunter Männer aus jenen fernen Ländern unter britischer Verwaltung, Kolonien des Commonwealth, in denen das christliche Fest Weihnachten unbekannt ist. Auch sie »dürfen wir nicht vergessen«, steht in den Aufzeichnungen des 7. Westfälischen Infanterieregiments Nr. 56, »die toten Söhne Asiens, die mit ihren kleinen Gestalten und gelben Gesichtern überall zwischen den Linien liegen, bis sie begraben werden können.« Der Offizier, der das schrieb, fast ein Poet, ergänzt seine Bestandsaufnahme: »Viele tote Hindus lagen noch lange im Zwischengelände, und der Winterwind spielte mit den schwarzen Bärten und grauen Turbantüchern.«

Ein paar Kilometer westlich von Fleurbaix leuchten nicht nur Kerzen auf den Gräben. Englische Soldaten trauen ihren Augen kaum, als sie in dieser Nacht einen Blick über ihre Deckung riskieren. Auf den gegnerischen Befestigungen stehen kleine beleuchtete Tannenbäume, manche zusätzlich mit Laternen geschmückt. Die wurden später abgenommen, und mutige Jerries trugen sie wie einen Stern vor sich her, als sie aufbrachen ins Niemandsland. Einige Riflemen plädieren ungerührt dafür, denen die Lichter auszupusten, einer fängt gleich an, doch nach diesem ersten Schuss rufen sie von drüben *in really good English*, man möge doch lieber miteinander reden als aufeinander schießen. Das entspricht eher ihren Gefühlen. Und denen der anderen offenbar auch.

Im Niemandsland treffen sie sich. Eine kleine Gruppe. Sie wird von ein paar Taschenlampen beleuchtet, falls einer es wagen sollte, eine falsche Bewegung zu machen, aus der Entfernung sind nur Sprachfetzen zu hören. Ab und zu dröhnt Gelächter. Sie scheinen sich zu verstehen. Nach etwa einer halben Stunde gehen alle wieder, jetzt unter stürmischem Beifall von den verschiedenen Rängen, zurück in ihre Gräben. Für den morgigen Tag haben auch sie abgemacht, erst einmal die Toten zu beerdigen, die im Niemandsland liegen. Deren Anblick lastet allen schwer auf dem Gemüt. Als würden sie täglich mit ihrer Zukunft konfrontiert.

Hinten irgendwo, nicht erkennbar sind die Sänger, aber hörbar, stimmen Tommys die englische Nationalhymne an. Sie wird von den Sachsen lautstark beklatscht. Dann verlangen die Applaudierenden »*It's a long way to Tipperary*«, ihr Wunsch wird erfüllt. Ein Stück weiter sind es Hannoveraner, die den ersten Schritt ins Ungewisse wagen. Sie kündigen nach dem jetzt mehr und mehr wohl doch gültigen Ruf »*We not shoot, you not shoot*« sogar ein Geschenk an. Es ist ein Weihnachtsbaum mit bereits entzündeten Kerzen. Ein Bote stellt ihn vor die englischen Linien. Es fällt kein Schuss. Als die Briten den Baum in die eigenen Unterstände holen, entdeckt einer an einem Zweig einen Zettel mit dem Vorschlag, einen weihnachtlichen Waffenstillstand zu beschließen. Man könne sich zum Aushandeln der Bedingungen doch auf halbem Wege treffen. Auch hier erleuchtet der Strahl einer Taschenlampe wie ein Spotlight die Bühne. Auch hier wird die morgige Aufführung besprochen.

Wie gut, dass in dieser Gegend keine preußischen Regimenter liegen. Die wurden wegen ihrer gnadenlosen Kriegslust selbst von den eigenen Leuten lieber gemieden. Die hätten keinem Waffenstillstand zugestimmt. Auch manche württembergischen Einheiten zeichneten sich aus durch stures Preußentum. Das lässt sich wörtlich belegen.

Oberleutnant Albrecht Ludwig Volz vom 8. Württembergischen Infanterieregiment Nr. 126, der im Wald von Herenthage den Franzosen gegenüberliegt, freute sich in seinem Tagebuch, er habe eine »Gruppe französischer Offiziere, die plaudernd und Zigaretten rauchend einige hundert Meter hinter ihrer Stellung auf einer Waldschneise promenierten, eine Weile beobachtet, dann eine Entscheidung getroffen. Dieses nach unserer Ansicht unpassende Benehmen korrigierte eines unserer rasch herbeigeholten Maschinengewehre überraschend schnell. Damit hatte der Frieden ein jähes Ende.« Volz war von Beruf Oberförster.

Die Lust zu töten, egal, was die Stunde geschlagen hatte, und egal, wem sie schlägt, ist nationenübergreifend. Ein paar Kilometer von Ieper entfernt, bei Zonnebeke, lag das 1st Hertford-

Leuchtende Botschaft des Friedens am Stacheldraht. Titelblatt der »Illustrated London News« vom 9. Januar 1915. Erzählt wird die Geschichte eines deutschen Soldaten, der mit hoch erhobener Laterne an einem kleinen Tannenbaum auf die britischen Stellungen zuging und einen Waffenstillstand vereinbarte.

shire Regiment in Flanderns Dreck. *Christmas Truce* findet nicht statt. Zu groß der Hass auf die Deutschen. Es sei wie üblich geballert worden, dass zufällig Weihnachten war, habe keinen am Schießen gehindert, meint Laurie Field. Er klingt hörbar zufrieden, wenn er es erzählt. Es scheint ihm noch immer Genugtuung zu bereiten. Das Tonband mit seiner Stimme liegt im Soundarchiv des Imperial War Museum. Er selbst ist längst tot.

Was er sagt, ist wahr. Denn auf der ihm gegenüberliegenden Seite ist der Schusswechsel an Weihnachten gleichfalls begeistert notiert worden. Martialischer allerdings, wie es deutscher Art entsprach. Zunächst wird die Situation beschrieben. Kalt sei es. Saukalt. Die Gräben voller Dreck und Wasser. Die Pumpen schaffen es nicht. Doch der deutsche Mann stehe den seinen. Schlamm habe sich nicht nur an den Stiefeln festgesetzt, die Hosen steif gemacht, hart wie ein Brett fühlen sie sich an, weil durch die just am Heiligen Abend angebrochene Kälte der Modder festgetrocknet war. »Die Waffenröcke« bei den Angehörigen des Jägerregiments sind deshalb »mehr braun als feldgrün, die Tschakos wasserschwer, verwittert und verstoßen«. Die Waffen selbst natürlich, wie es sich geziemt, gut in Schuss.

Plötzlich fällt einem der Feldgrünen ein – so steht es da tatsächlich –, dass heute Weihnachtsabend sei. Das christliche Fest, eigentlich aber das der Deutschen. Doch »vergebens suchte man nach einem Gefühl in sich«. Bedeutender seien die Gefühle vom Krieg, vom Kampf, vom Großen, um das es hier geht. »Der Gedanke an den Weihnachtsabend hatte keine Zugkraft in den Soldatenseelen.« Was sie allerdings durch ihre Schießscharten sehen, übersteigt ihre Vorstellungskraft bei weitem. Sie glauben an eine Fata Morgana. Zwei Lichter flackern im Niemandsland. Eins nahe an ihrer Stellung, das andere näher bei den Engländern, von denen sind sie an der engsten Stelle der Laufgräben, den Sappen, keine zehn Meter getrennt. Dahin wagt sich selten einer. Falls einer da das Weiße im Auge des Feindes erblickt, ist es der letzte Blick seines Lebens.

Es stellt sich heraus, dass einer von den deutschen Jägern, beobachtet, aber nicht belästigt oder gar beschossen von den Engländern, die beiden Kerzen an die kahlen Äste eines Busches geklemmt hatte, der nur noch aus einem Stamm und vier kurzen Stummeln bestand. Alles andere an dem war zerschossen. Da wird ihnen trotz der Kälte dann doch warm ums Herz, aber sie handeln so, dass Uwe Uwesons Beschreibung der Szene ideal passt zur Zeit, in der sein Buch »*Wir fochten in Flandern*« im Zentralverlag der NSDAP in München erscheint: »Und etliche Herzschläge später hatten wir wohl alle zugleich das Lied angestimmt, unser Lied, unser deutsches Lied. Deutschland, Deutschland über alles, brauste es die Feuerlinie entlang, Deutsche Frontsoldaten feierten ihr Julfest.« Der Gegner reagierte nach der dritten Strophe mit heftigem Feuer, denn »unser Lied war stärker gewesen als die Nerven des Feindes«.

Alle Deutschen, schließt er sein Heldenepos, hätten das Lied der Deutschen gesungen, alle »hinunter bis zur Schweizer Grenze und alle vom Meerstrand her«. Gleich mächtigem Donner.

Was die Jäger bei Zonnebeke hörten, war allenfalls ihr eigenes Echo. Anderswo an der Front werden andere Lieder gesungen, da klingt es zwar mehr und mehr gewaltig aus den Gräben empor, aber friedlich. Die national verbrämte Lüge passt jedoch ins angeordnete Weltbild, in dem haben Wunder keinen Platz. Deutsche Soldaten hatten zu kämpfen, zu sterben, nicht mit dem Feind gemeinsam zu singen und zu feiern in der Hoffnung, den Krieg zu überleben, statt ihn bis zum Tod erleben zu müssen.

In der »Frankfurter Zeitung« liest sich deshalb ein Bericht in genau diesem Sinne staatstragend. Kriegsberichterstatter Walter Oertel erwähnt nur kurz, dass es ruhig geblieben sei an der Front, und lässt dann einen Hauptmann zu markigem Wort kommen: »Selbst unter diesen Kerzen wollen wir Krieger bleiben. Es soll und muss uns schwer fallen, wenn anders wir nicht ganz gedankenlose Wesen sind, den großen heiligen Frieden und den großen heiligen Krieg, von denen niemand sagen kann, welcher von beiden größer ist, zugleich zu erleben und in unserem Innern zu vereinen.«

Der Krieg, den der so liebte, »mit Kampf und Tod, mit Schmerz und Leid, mit Brand und Not«, sollte schon vorbei sein. Spätestens an Weihnachten seid ihr wieder zu Hause, war den Soldaten bei Kriegsbeginn im August 1914 verkündet worden. »Alle hatten geglaubt«, schreibt der Chronist des Paderborner Infanterieregiments, das Weihnachtsfest nach »siegreich beendetem Krieg in der Heimat feiern zu können. Und nun lastete schon fünf Monate der Krieg auf der Welt, und kein Ende war abzusehen. Eine feierliche Stimmung kam über die Leute, die opferbereit im lehmigen Schützengraben lagen.«

Doch zu viele von denen, die daran geglaubt hatten, waren bereits tot. Und die Überlebenden glaubten eh nichts mehr.

»Deutschland soll leben, das ist unser Weihnachtsruf. Deutschland soll leben. Hurra!«, beendete laut Oertel der deutschtrunkene Schwadroneur seine Ansprache. Die meisten Soldaten wollen jedoch lieber ihr Leben retten, als es für Deutschland zu geben. Weil der Krieg nicht mal an Weihnachten aufgehört hatte, im Gegenteil: immer schlimmer wurde, immer mehr Opfer forderte, beenden sie ihn an Weihnachten 1914 deshalb in eigener Regie.

Dass dies gelingt, ist erstaunlich. Die militärisch ausgerichtete Erziehung im Deutschen Reich, das von Kindesbeinen an täglich verabreichte Gift vaterländischer Mixturen von Pflicht, Treue, Ehre, die Hassgesänge, die jetzt im Krieg üblichen Durchhalteparolen, hatten nicht bei allen die Seele zerfressen. »Was würde wohl geschehen, so frage ich mich, wenn alle Armeen plötzlich gleichzeitig in Streik träten und sagten, man müsse eine andere Methode finden, den Streit beizulegen?«, schrieb Winston Churchill, damals Marineminister, Lord of the Admiralty, im November 1914 – und vier Wochen später bekam er eine Antwort.

Der siebzehnjährige Kriegsfreiwillige Eduard Tölke vom 6. Westfälischen Infanterieregiment ist einer von denen, die ohne zu zögern mitmachen. »Zuerst zaghaft im Unterstand, danach im Graben, endlich auf der Deckung, wurden die Bäumchen entzündet. Überall sah man brennende Lichterbäume, was einen überaus feierlichen Anblick bot, begünstigt durch völlige Windstille und entzückend verklärt durch den Raureif. Es war ein feierlicher Abend, den wohl keiner in seinem Leben je vergessen wird.«

Einer seiner Vorgesetzten, ein Oberstleutnant beim 5. Westfälischen Infanterieregiment, das bei Neuve Chapelle kämpfte, ist dagegen fassungslos über die sich anbahnende allgemeine Verbrüderung. Er hörte am 23. Dezember »lautes Lachen und Gebrüll« aus dem vordersten Graben. Er stürzte dorthin. Sah zwei Soldaten, einen aus seiner Kompanie, einen Engländer. Diese beiden hatten so laut gelacht. Durch einen Englisch sprechenden Unteroffizier ließ er den Mann zurückholen und den Engländer in seinen Graben zurückjagen.

Danach erst erfuhr er, worum es ging: Der Brite hatte für den Heiligen Abend und den ersten Weihnachtstag einen Waffenstillstand vorgeschlagen, um die Toten zu beerdigen. Auch könne man Fußball gegeneinander spielen, denn das »schlechte Gelände zwischen den beiden Gräben, auf dem noch Tote herumlagen, würde sie nicht weiter stören. Sie hätten schon ganz woanders Fußball gespielt.« Als guter Deutscher habe er selbstverständlich den Vorschlag abgelehnt sowie den Befehl erteilt, ein paar Schüsse abzugeben, und außerdem den unerhörten Vorfall nach oben gemeldet. So steht es in der Geschichte seines Regiments, die 1935 erschienen ist. Stimmt natürlich nicht. Auch in diesem Abschnitt wird freudig fraternisiert.

Solche Verbrüderungen hatte es noch nie gegeben in der Geschichte der Kriege. *It was the most wonderful thing of the war*, war später in englischen Zeitungen von Augenzeugen zu lesen. Zwar hat auf Befehl von oben der Frieden nicht lange angehalten, doch dass er überhaupt stattfindet, ist die »beste und herzbewegendste Weihnachtsgeschichte unserer Zeit«, stellte der englische Historiker Malcolm Brown 1984 in seinem Buch »*Christmas Truce*« fest, in dem er als Erster über das Wunder an der Westfront ausführlich berichtet. Er neigt nicht zur Sentimentalität.

Auch im Alter nicht. Bei einem Treffen in London erzählt er, dass am Anfang des Krieges die Engländer immer *Waiter, Waiter* zu den deutschen Gräben hinüber gerufen hätten, weil danach automatisch diejenigen unter den Deutschen, die in England als Kellner gearbeitet hatten, ihre Köpfe hoben und … Er mag auch die Geschichte von dem Deutschen, der den Tommys laut mitteilte, in gutem Englisch, er habe Frau und fünf Kinder in Brumagen, und als Antwort den gut gemeinten Rat zu hören bekam: *keep your head down, Jerry*, behalte deinen Kopf unten, sonst gibt es bald eine Witwe mit fünf Halbwaisen.

Eine Anekdote, wie erfunden als Beleg für eine spezifisch britische Variante des schwarzen Humors. Ob sie stimmt, ist schon egal, sie passt einfach. Die folgende dagegen ist nicht ganz so witzig, aber sie stimmt.

Noch nie sei ihm der »Wahnsinn eines Kriegs so bewusst« geworden wie in dieser Heiligen Nacht 1914, berichtete fünfzig Jahre später Carl Mühlegg vom damaligen 17. Bayerischen Reserveinfanterieregiment. Er schleppt am Heiligen Abend aus einem Depot den für ihn und seine Kameraden bestimmten Christbaum, »circa achtzig Zentimeter hoch – fertig geschmückt und mit Kerzen bestückt«, in den vordersten Schützengraben, vorbei an Warneton, nach Messines, wo sich die 3. Kompanie eingegraben hat. In der Frontlinie rechts davon liegt der Ort Wijtschate. Was von dem außer Ruinen noch übrig ist.

Im offiziellen Regimentstagebuch der 17. Infanteriereserve wird lapidar vermeldet, bei den meisten Kompanien hätten »stimmungsvolle Weihnachtsfeiern« stattgefunden, jegliches Fraternisieren mit dem Feind sei verboten, allerdings »auch jede unnütze Schießerei untersagt« worden, und ausdrücklich wird zitiert der Regimentstagesbefehl zwei Tage zuvor, »die Komp. sind eindringlich darauf hinzuweisen, dass sich nach Agentennachrichten unsere Feinde viel Erfolg versprechen, wenn sie in der Weihnachtszeit uns angreifen. Sie glauben, dass wir diese Zeit auch im Kriege besonders feiern und unsere Mannschaft dadurch nicht wachsam bleibt. Nach glücklicher Erfüllung unserer Aufgabe wollen wir dann in Comines ein fröhliches Weihnachtsfest feiern.«

Solche Einträge sind typisch dafür, wie die Geschichte vom Weihnachtsfrieden 1914 in den deutschen Aufzeichnungen behandelt wurde: mit Totschweigen. Oder wenigstens mit Kleinreden. Zum Beispiel in denen des Westfälischen Infanterieregiments Nr. 55: »24. Dezember: Alle drei Bataillone feiern die ersten Kriegsweihnachten im Schützengraben.«

Keine Rede davon, wo und mit wem sie außerdem feierten. In der langen Heiligen Nacht fällt nämlich auch an diesem Frontabschnitt kein Schuss. Im Brief eines englischen Soldaten, den die »Norfolk News« abdruckte, hieß es lapidar: »Es sieht so aus, als hätten wir unsere alten Freunde vom 19. Sächsischen Korps vor uns. Wir tauschten im Mondlicht Wein und Rum und Zigaretten.« Ein anderer schrieb seinen Eltern in Glasgow, sie müssten ihn nicht bedauern, er habe selten einen unterhaltsameren Christmas Eve verlebt, denn noch morgens um halb drei Uhr hätten ihnen die Deutschen drüben mit ihrer Regimentskapelle aufgespielt, zum Beispiel *»Home Sweet Home«* oder sogar *»God save the King«*. Die frostige, klare Nacht sei wunderbar gewesen.

Eine Woche vor Weihnachten waren Tausende von kleinen Tannenbäumen ins Hinterland der deutschen Stellungen geliefert worden. Von den Versorgungsgräben wurden sie über Laufgräben direkt in die vordersten Linien geschafft. Rechtzeitig zum Christfest. Viele fertig zum Gebrauch. Kerzen bereits an den Zweigen. Die mussten nur noch im passenden Moment angezündet werden. Der Christbaum als Symbol für das Fest war kein astreiner Deutscher. Auch in französischen und belgischen Familien gehörte er zum weihnachtlichen Ritual. Die Engländer gegenüber sammelten Mistelzweige, unter denen in Großbritannien traditionell am Christmas Day, dem ersten Weihnachtstag, das Fest der Liebe mit einem Kuss für alle beginnt, die unter ihm durchschritten. Sie wollen die Zweige dennoch haben.

In jedem Unterstand der Deutschen brannte bald nach halt so deutscher Art ein kleines Bäumchen, und das Lied von der stillen, heiligen Nacht, »aus rauen Männerkehlen gesungen, ließ Freund und Feind für einen Augenblick den Krieg vergessen«. General Gabcke muss das als hoher Offizier pflichtgemäß anders sehen. Die Ereignisse an sich konnte er schlechterdings nicht leugnen, er wechselte aber wenigstens Ursache und Wirkung aus: »Heiligabend erlebten wir eine große Überraschung. Unsere Feinde setzten überall auf ihre Brustwehren Weihnachtsbäume und erklärten den Krieg für zwei Tage beendet. Sie schossen nicht mehr und bewegten sich oben auf der Deckung und im Vorfeld. Unsere Kerls waren durch so viel herrenmäßiges Vertrauen sofort gebunden und machten es genauso.«

Der Kerzenschein in den Tannenbäumen, der gemeinsame Gesang der Weihnachtslieder, die sie in bei Gott anderen Zeiten im Kreise ihrer Familien gesungen haben, verstärken die wehmütige, die friedliche Stimmung unter den Soldaten. Es ist nicht nur der Frieden der kleinen Leute, der da besungen wird. Auch ihre Offiziere haben die Schnauze voll vom Krieg, lassen deshalb nicht nur die beginnende Verbrüderung zu oder schauen weg, machen mit beim Waffenstillstand – viele deutsche, viele britische, wenige französische, wenige belgische –, als ihre Untergebenen den beschließen, ohne sie vorher um Erlaubnis zu fragen.

Sie alle missachten die Befehle ihrer jeweils obersten Heeresleitungen, aber sie schreiben sicherheitshalber in ihre Frontberichte, mannhaft hätten sie und ihre Männer allen Friedensverlockungen widerstanden. Es mag eine Erklärung dafür sein,

Der historische Weihnachtsmorgen im Niemandsland. Cover der Londoner Zeitschrift »The Sphere«, nach Berichten von Teilnehmern des Christmas Truce gezeichnet. Ein deutscher Offizier hat Sachsen und Briten zum Gruppenbild arrangiert. Sie lachen, feiern, trinken, einer hält einen Mistelzweig für die Kamera hoch.

dass manche Historiker, die sich auf die ihnen zugänglichen Dokumente stützen, den Weihnachtsfrieden von 1914 gar nicht oder nur als Fußnote der Geschichte erwähnen.

Am Heiligen Abend, bereits zur Mittagszeit, sitzen die Deutschen in ihren Gräben und lesen die Briefe ihrer Lieben. »Es war ein bisschen wie zu Hause«, notierte Hauptmann Walther Stennes. Die Post funktionierte bei ihnen so gut wie bei den Briten. Zum Beispiel wurden Zeitungen aus London mit nur einem Tag Verspätung angeliefert, die Wochenmagazine kamen fast pünktlich. Es gibt Erzählungen, wonach in den sicher im Hinterland gelegenen Reservestellungen tatsächlich Zeitungsjungen postiert worden waren, die ihre Ware lautstark anboten und loswurden. Die Deutschen bekamen regelmäßig die in der besetzten Stadt produzierte »Liller Kriegszeitung«, aber auch, Verkaufspreis fünf Pfennig, die vom Berliner Lokal-Anzeiger herausgegebene »Deutsche Kriegszeitung«.

Wichtiger als Briefe waren Pakete aus der Heimat. Ganz private, die den Soldaten von ihren Familien an die Front geschickt, ganz offizielle, die von Kaiser und Vaterland gepackt wurden. Im Deutschen Reich hatten Zeitungen und Zeitschriften und Kirchen und Kaufhäuser dazu aufgerufen, gerade am ersten Kriegsweihnachten ein Zeichen der Verbundenheit mit der kämpfenden Truppe zu setzen. Die Firma Eulitz aus Leipzig pries ihr Sortiment unter der Lockzeile »Die größte Freude für die Krieger im Felde« in vielen Anzeigen an: Strickwesten. Unterhosen aus Ia Kamelhaarstoff. Militärsocken, handgemacht. Fußschlüpfer. Wasserdichte Schlafsäcke. Brust- und Rückenschützer. Leibbinden. Farbe immer feldgrau. Also passend zur Uniform.

Damen der besseren Gesellschaft ließen sich eine andere schöne Bescherung einfallen. Es wurde von ihnen gestrickt und gehäkelt und gebacken und gesotten und genäht und eingekauft: Wollsocken, Wollmützen, Schals, Kuchen, Kekse, Weinbrand, Fußsalben, Läusepulver, Hosenträger, Handschuhe, Dauerwurst, Tabak. Zigarren und Zigaretten waren den Männern wichtiger als Zuckerbrötchen und Schokolade. Denn Nichtraucher gab es an der Front außer Hitler kaum. Ein guter Name für die guten Gaben war auch schnell gefunden: Liebesgaben.

Das blieb nicht ohne Folgen. Die sind überliefert. Der Name des Dichters allerdings nicht:

> *Liebeshandschuh trag ich an den Händen*
> *Liebesbinden wärmen meine Lenden*
> *Liebesschals schling nachts ich um den Kragen*
> *Liebeskognak wärmt den kühlen Magen*
> *Liebestabak füllt die Liebespfeife*
> *Morgens wasch ich mich mit Liebesseife*
> *Liebesschokolade ist erlabend*
> *Liebeskerzen leuchten mir am Abend*
> *Schreib ich mit dem Liebesbleistift*
> *Tiefe Liebesdankesbriefe*
> *Wärmt der Liebeskopfschlauch nachts den Schädel*
> *Seufz' ich, so viel Liebe – und kein Mädel.*

Von ähnlicher Qualität die Antwort, veröffentlicht in der extra für die Westfront produzierten »Liller Kriegszeitung«, gereimt angeblich »von einem Mädel«:

> *Liebeshandschuh stricken fleißig Hände*
> *Liebesbinden finden gar kein Ende*
> *Liebesdauerwürste schicken ohne Zahl*
> *Wir den Braven für den Schützengrabenwall*
> *Liebeszigaretten und -zigarren*
> *Für die Tapferen, die im Felde harren*
> *Tag für Tag auf Liebesfeldpostbriefe,*
> *Und es ist, als ob im Herzen schliefe*
> *Still der Wunsch – er regt sich dann und wann*
> *Seufzend: So viel Liebe und kein Mann...*

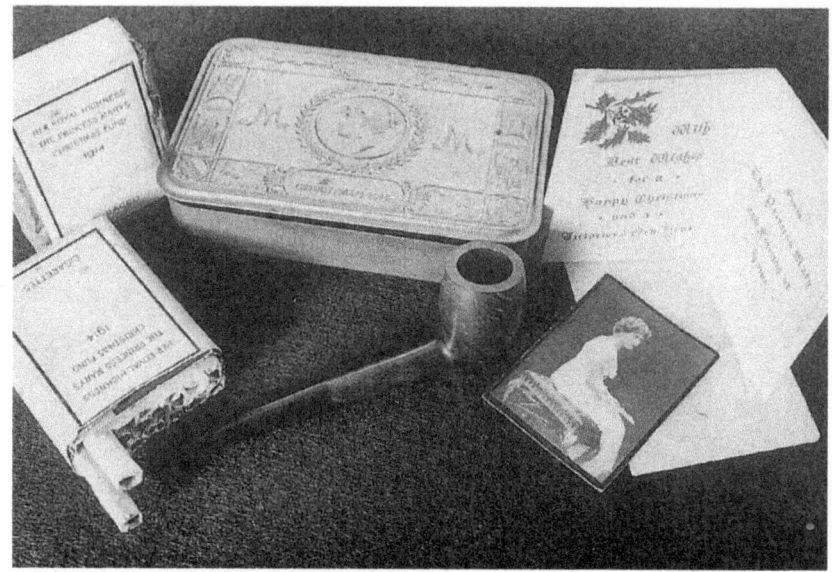

Liebesgaben aus England für die Soldaten an der Front. 355 000 Pakete mit der »Princess Mary Box« wurden verschickt. Inhalt: Pfeife, Tabak, Zigaretten, ein Foto der Prinzessin, eine Glückwunschkarte des Königs. Die Deutschen bekamen Pfeifen von ihrem Kronprinz und Selbstgestricktes von der Heimatfront.

Hauptmann Rudolf Georg Binding, Kommandeur eines Husarenregiments, mit seinen siebenundvierzig Jahren eine lebende Ausnahmeerscheinung an der Westfront, schrieb, angeekelt von so viel Sentimentalität, seinem Vater, er sei dafür, Weihnachten ausfallen zu lassen, wenn man selbst gestiftete Friedensfeste mit Gänseleberpastete und kleinen Schnapsflaschen feiere. »Ich kenne Menschen, die sich dazu gratulieren, gerade am so genannten Heiligen Abend in den Schützengräben zu stehen und nicht vor der halben Unwahrheit des Weihnachtsbaumes... das Liebesgabengetreibe von neuigkeitslüsternen, protzigen Wohltätigkeitshubern, in Worte und ins wirkungsvolle Licht der Öffentlichkeit gerückt, mutet hier an Ort und Stelle als unangenehm und ekelhaft an, dass es einem ganz flau werden kann.« Am meisten beklagte er den Inhalt der Pakete: schlechte Zigarren, mäßige Schokolade und selten nützliche Wollsachen.

Mit dieser Einschätzung blieb Rudolf G. Binding, nach dem Krieg Verfasser formstrenger Novellen und pathetischer Gedichte, ziemlich allein im Schützengraben. Er lag zwar im Dreck, aber sonst oft daneben. Das Buch gegen den Krieg, gegen alle Kriege, das wie kein anderes vom ersten großen des 20. Jahrhunderts zeugt, ungeschminkt und ohne national gequirltes Pathos, Erich Maria Remarques *»Im Westen nichts Neues«*, hielt er in einer Kritik 1929 für unbedeutend, in zwei Jahren werde kein Mensch mehr davon reden.

Alle Pakete kamen rechtzeitig an. Wie die Engländer ließen die Deutschen den normalen Nachschub für einen Tag ruhen, um den weihnachtlichen Transport zu schaffen. Darunter die staatlichen Liebesgaben, die Kronprinz Heinrich aus sicherer Distanz verteilen lässt. Er gibt Pfeifen seine hoheitliche Weihe, nicht ahnend, dass die Beschenkten am ersten Weihnachtstag damit begannen, vor allem diese Geschenke mit dem Feind gegen Büchsen mit Fleisch oder Plumpudding zu tauschen. Die beiden ersten Sätze seiner Ansprache hatten so eine ganz andere

Bedeutung als von ihm gedacht: »Weihnachten in Frankreich in engster Fühlung mit dem Feinde. Solche Feier wird uns allen unvergesslich bleiben.«

Aber das kann er natürlich nicht wissen, und so schließt seine Weihnachtsbotschaft: »Dazu wünsche ich sämtlichen Angehörigen meiner tapferen Armee Gottes reichsten Segen, bis wir uns mit dem Soldatenglück pflichtbewusster Streiter einen Frieden erkämpft haben, auf den wir und unser geliebtes Vaterland stolz sein werden. Wie mein Großvater, der Kronprinz Friedrich Wilhelm, 1870 seiner braven Armee, euren Vätern und Großvätern, so sende ich jedem Einzelnen meiner treuen Mitkämpfer als bescheidene Erinnerungsgabe an die gemeinsame Weihnachtsfeier in Deutschlands größter Zeit eine Tabakspfeife mit meinem Bilde.«

Gemeinsame Weihnachtsfeier? Er sitzt mit seinen Würdenträgern im Kasino, die »tapfere Armee« mit Läusen und Ratten im Schlamm von Flandern. Missbraucht wird der Name Gottes hier wie dort. Karl Aldag, der als Student freiwillig zu den Fahnen des Kaisers geeilt war, grübelte in einem Brief an seine Angehörigen über »das Unbegreifliche der Erlebnisse der ersten Kriegswochen... Ist der Gott der Krieger ein Gott der Erkenntnis? Ist er ein Wissender? Ja, denn er bringt mir die sichere Not... Wir sind verwandelt in ein neues Geschöpf, das er tödlich belebt.«

Den vaterländischen Liebesgaben des Kronprinzen für seine kämpfenden Untertanen entsprachen auf der anderen Seite der Front *Princess Mary's Gift Boxes*. Im Namen der siebzehnjährigen Prinzessin war ein paar Wochen vor Weihnachten in britischen Zeitungen die Gründung eines Fonds angekündigt worden, unterstützt von der königlichen Familie, dessen einziger Zweck darin bestand, für alle »ein Geschenk der Nation« zu finanzieren, die »des Königs Uniform« trugen. Das Echo war überwältigend. Es wurde so viel Geld gespendet, dass man davon sogar dreihundertfünfundfünfzigtausend kleine, verzierte Messingdosen finanzieren konnte, in denen die eigentlichen Geschenke verpackt wurden: Tabak, Feuerzeug, Zigaretten. Nichtraucher erhielten stattdessen Schreibstifte und Süßigkeiten. Truppen aus Indien neben Süßem auch Scharfes, Gewürze, und die Krankenschwestern in den Lazaretten des Hinterlandes Süßes, Schokolade.

In jeder Schachtel krönten die milden Gaben ein Foto der jungen Mary und eine Grußkarte ihres Vaters in seiner Handschrift: »Möge Gott Sie beschützen und sicher wieder nach Hause bringen.« Ein frommer Wunsch des Königs. Bis Dezember waren bereits hundertsechzigtausend Engländer gefallen. Die Deutschen hatten im Krieg bisher rund dreihunderttausend Mann verloren, ähnlich viele die Franzosen. In Frankreich gab es Spendenaufrufe unter dem Motto »*Noël aux soldats*«, für die Belgier eine König-Albert-Zigarre zu Weihnachten, eine Flasche Bordeaux zu Silvester und zu Neujahr eine Schachtel Seife und fünfzig Zigaretten, wahlweise eine Pfeife.

Private Aktionen ähnlich wie die in Deutschland, diesseits der königlichen Gaben, ergänzten in England das Angebot. Aus London kamen, der Lage in Flanderns Schlamm und Kälte entsprechend, vor allem Wollsocken und Schals, Mützen, Läusepulver über den Kanal, doch wurde nie das eigentliche britische Christmas Essential vergessen, der Plumpudding. Das berühmte Kaufhaus Harrods inserierte ein Spezialangebot, genannt »*Our Soldiers Half Guinea Box*«, und wies darauf hin, dass beim Verschicken an die Soldaten nach Flandern selbstverständlich keine Postgebühren anfallen würden. Der Inhalt: Biscuits, Jam, Marmalade, Sardines, Nestlé Café au Lait, Biovac Cocoa and Milk, Beef Cubes, Tin Matches, Potted Meat, 1 pkt Candles, 1 tin Caroon Muscatels and Almonds, Soap, Christmas Pudding. Der genau sollte dann vielfach gegen die Prinz-Heinrich-Pfeifen eingetauscht werden.

Fortnum and Mason, traditionsreich wie Harrods, bot für fünfzehn Shilling in seiner Christmas Box Konserven an mit:

Turtle Soup, Roasted Turkey, Sausages, Christmas Pudding, Scotch Shortbread, Rich Fruit Cake, Chocolate, Plums. Alternativ gab es zum selben Preis auch tausend Zigaretten der Marke Gold Flake oder die billigeren, die Woodbines, für nur neun. Solche Woodbines wurden am ersten Weihnachtstag einem Sergeant zum Verhängnis. Er wollte sie tauschen gegen deutschen Tabak, was auch gelang, und wurde beim Rückweg durchs Niemandsland erschossen. Die Bayern von gegenüber schickten sofort eine Entschuldigung nach drüben, nicht sie seien es gewesen, sondern diese verdammten Preußen links neben ihnen, die keinen Waffenstillstand wollten. Die Entschuldigung wurde akzeptiert.

Nach der Bescherung bei Neuve Chapelle, notierte Stennes, gingen alle Männer raus, trafen sich mit den Gegnern im Niemandsland. Deutsche und Briten, darunter viele Inder. »Es war richtig voller Menschen. Sie tauschten Geschenke aus, die sie aus ihren jeweiligen Ländern bekommen hatten. Wir sprachen Englisch und Deutsch und verstanden uns ohne Worte. Wir warnten uns gegenseitig unter der Hand, wo die Minen lagen. Alle waren unbewaffnet. Nicht mal ein Messer hatte man dabei.«

Dass im deutschen Hauptquartier die Hölle los war wegen dieses himmlischen Friedens auf Erden, stimmt Stennes heiter: »Sie hatten nicht die leiseste Vorahnung, dass so etwas passieren könnte. Auch am nächsten Tag fiel kein Schuss. Falls wir schießen mussten, sprachen wir ab, sollte zunächst in die Luft geschossen werden.«

Er und seine Kameraden sind keine Aufrührer, die erste deutsche Revolution, die den Kaiser nach Holland ins Exil zwingt, liegt noch vier Jahre in der Zukunft. Sie hätten nicht etwa Befehle verweigert, aber »vorherrschend war das innere Gefühl, und das spürten wir bei den anderen eben auch: Macht Schluss«.

Ein hoher Offizier versucht, in gewundenen Sätzen, sich dieser Stimmung zu entziehen. Oberst Maximilian Ebermayer, Kommandeur der 10. Bayerischen Feldartilleriebrigade, trägt handschriftlich in seine schwarze Kladde am 25. Dezember ein: »Weihnachtswetter. Nebel und Raureif, die Straßen fest gefroren. Auf meiner gewohnten Fahrt nach Warneton sprach ich wie gewöhnlich auf der Division vor, traf aber nur wenige Offiziere – der Stab hat die Nacht über scharf gezecht... Der Tag ist ruhig geblieben. Hauptmann Fuchs meldet mir aus Messines, dass bei der petite Douve Ferme zwischen den Engländern und unserer Infanterie eine Art Waffenstillstand herrsche. Sie sollen sogar Cigarren u. Chokolade austauschen. Ich habe der Division Meldung gemacht, um unsere Leute zur Vorsicht zu mahnen. Ich traue den Engländern nicht...« (siehe Seite 65).

Seine Untergebenen dagegen schon, denn sie »stiegen über die Gräben und trafen sich im Vorfelde, in der Mitte der Stellungen, zur Verbrüderung und zum Austausch von Zigaretten und Erinnerungsgegenständen«, geriet Carl Mühlegg noch als achtzigjähriger Mann ins Schwärmen, Soldaten hüben wie drüben, die »einander nichts getan haben und persönlich keine Feinde waren; die Eltern, Frauen und Kinder zu Hause haben und die nun im Wunder der Hl. Nacht, im Mythos der Geburtsstunde Christi, sich gegenseitig beschenkten und freundschaftlich die Hände drückten... es war eine sternklare Neumondnacht, von den Leuchtkugeln beider Fronten erhellt: für mich eine schöne Illumination der Hl. Nacht.«

Und überhaupt: Was hätte man denn machen sollen?, fragte sich der englische Brigadegeneral Edward Graf Gleichen, »sie krochen aus ihren Schützengräben und liefen herum, mit Zigarrenkistchen und Wünschen für ein frohes Weihnachtsfest. Was sollten unsere Männer denn tun? Etwa schießen? Man kann doch nicht auf waffenlose Männer schießen.«

Etwa zur gleichen Zeit schließt im belgischen Badeort Spa der deutsche Kaiser vor neunhundertundsechzig Gästen, die sich danach an Wein, Sekt, Gänsen laben dürfen, seine Weihnachtsansprache mit den ihm eigenen Leerformeln. Gott möge es geben, dass aus dem harten Ringen ein glorreicher Sieg wachse, »wir stehen auf feindlichem Boden, dem Feinde die Spitze unserer Schwerter und das Herz unserem Gott zugewandt, und wir sprechen es aus, wie es einst der Große Kurfürst getan: In den Staub mit allen Feinden Deutschlands! Amen!« Offiziere werden passend zur Rede mit einem Kästchen Zigarren bedacht, Aufschrift »Flammenschwert«.

Wilhelm II. trägt dabei selbstverständlich nicht mehr, wie noch vor ein paar Monaten in Kiel, die Admiralsuniform seiner britischen Verwandtschaft, sondern die eines deutschen Feldmarschalls. Geschmückt mit Orden, die er nicht verdient hat. Dekoriert wie ein Tannenbaum. Im Ballsaal des »Grand Hotel Britannique« – so heißt es nun mal – stehen, von Wachskerzen beleuchtet, auch echte. Jeweils einer auf jedem der Tische, die beladen sind mit Geschenken. Gesungen wird das Lied von der stillen, der heiligen Nacht hier wie in den Gräben an der Front, die keiner der Anwesenden je aus gefährlicher Nähe gesehen hat. Die Stimmung dort ist besser als die Lage hier, die Lage hier besser als die Stimmung dort.

Die Lage dort: Bereits am Morgen dieses 24. Dezember 1914 hatte der seit Tagen andauernde Regen aufgehört. Die Temperaturen sanken langsam unter die Gefriergrenze. Über schwappenden Brühen in unzähligen Granattrichtern wuchs zusehends eine dünne Eisschicht. Der Frühnebel verschwand. Die Körper im Niemandsland zwischen den Schützengräben verloren ihre grau zerfließende Anonymität, bekamen wieder eine feste Gestalt. Viele dieser Toten, seit Wochen ja ungeborgen im Schlamm der Felder Flanderns liegend, trugen Raureif als weißes Leichenhemd.

Auf den ersten Blick sind deshalb ihre Wunden, verursacht von Garben aus Maschinengewehren oder von Granatsplittern, nicht mehr zu erkennen. Frost deckt gnädig auch jene Löcher, die von Ratten in sie gerissen wurden. Fett sind die schwarz-

Ein paar Seiten aus dem Tagebuch des bayerischen Obersts Maximilian Ebermayer von der 10. Feldartilleriebrigade. Er notierte die Ereignisse vom Weihnachtsfest 1914.

pelzigen Leichenfledderer. Der Tod in Flandern, von dem sie prächtig leben, tischt unermüdlich auf. Sie fressen sich satt in den Toten, sie sind schlau und trotzen den Soldaten, die ihnen im Unterstand ans Fell wollen und pro erlegter Beute eine Prämie bekommen, Zigaretten, Brot, manchmal eine Hartwurst. Brot und Wurst und Käse mögen die Ratten auch. Sie vermehren sich laufend, sie kennen keine Fronten. Sogar ihre natürlichen Feinde sind chancenlos: Eine Katze, die sich der Korporal einer schottischen Kompanie bei einem belgischen Bauern ausgeliehen hatte, war im unterirdischen Jagdrevier nach wenigen Stunden verschwunden. Mit Haut und Haaren und Krallen einfach aufgefressen worden.

Selbst die Lebenden konnten sich diese Heerschar kaum vom Leib halten. Manche Ratten waren so groß wie Terrier. Second Lieutenant Cyril F. Drummond von der 135. Batterie der Royal Field Artillery erinnerte sich schaudernd in seinem Kriegstagebuch an einen solchen *old fellow*, dem er lieber ausgewichen sei, als der ihm in einem der engen Laufgräben entgegenkam. Nach den sintflutartigen Regenfällen und Stürmen in den vergangenen Tagen und Nächten greifen Ratten jetzt sogar schwimmend an. In den Gräben steht das Wasser, das im tonerdigen Lehmboden nicht versickert, den Soldaten bis zum Knie. Angeblich sollen Grenadiere nach einem Dammbruch des Ieper-IJzer-Kanals in ihren Gräben ertrunken, andere trotz aller Rettungsversuche im Schlamm des No Man's Land versunken sein.

Die Bezeichnung No Man's Land für ein von Gott verlassenes Stück Erde an der Westfront war treffend gewählt. No man, kein Mann, hätte in dieser Zone, die im Visier der Scharfschützen kaum Deckung bot, außer im Wasser der Minenlöcher, unter Kadavern von Pferden, neben verwesenden Toten, den Überresten fehlgeschlagener Angriffe, länger überleben können. Hinter den Leichen derer, die es nicht geschafft hatten, weder zu den Feinden noch zurück zu den Ihren, suchten sie nötigenfalls Schutz. So hielten es alle. Es sei beobachtet worden, empörte sich ein Deutscher über die Engländer – und verschwieg, dass es die Soldaten seiner Kompanie genauso machten –, dass die sich aus den Körpern der Gefallenen eine Deckung aufbauen und Verwundete töten würden.

Zu welchem Mutterland, zu welchem Vaterland die Toten einst gehörten, ist im Niemandsland nur noch an den verschiedenen Uniformen erkennbar. Allenfalls die jüngsten Opfer vom letzten mörderischen Angriff auf deutsche Schützengräben am 18. und 19. Dezember, für viele nicht mal Zwanzigjährige bereits die beiden letzten Tage ihres Lebens, haben noch Gesichter.

Der Kesselschmied Heinrich Lersch, verklärend mal Arbeiterpoet genannt, sieht im Fest von Christi Geburt ein »Fest der toten Brüder«. Er dichtet. Im Schützengraben. Seine Verse sind erhalten, literarisch betrachtet auch keiner Nachrede wert. Aber im Gegensatz zu denen des hasserfüllten kaiserlichen Hofpoeten ein Dokument der vorherrschenden Gefühlslage, die den kleinen Frieden entstehen lässt:

> *Es lag schon lange ein Toter vor unserem Drahtverhau.*
> *Die Sonne auf ihn glühte, ihn kühlte Wind und Tau.*
> *Ich sah ihm alle Tage in sein Gesicht hinein.*
> *Und immer fühlt' ich's fester: Es muss mein Bruder sein. [...]*
> *Bis ich, trotz aller Kugeln, zur Nacht mich ihm genaht*
> *und ihn geholt – begraben – ein fremder Kamerad.*
> *Es irrten meine Augen – mein Herz, du irrst dich nicht,*
> *Es hat ein jeder Toter des Bruders Angesicht.*

Bei der Attacke im Ploegsteert-Wald, sechs Tage vor Weihnachten, in der so viele starben, misslang nicht nur die Erstürmung der sächsischen Stellungen. Die englische Artillerie hatte zudem Dutzende von eigenen Soldaten getroffen. In folgenden Kriegen werden solche Verluste mal als Ergebnis von *friendly fire* bezeichnet werden. Hier heißt es noch Richtfeuer. Die Richtung allerdings stimmte schon damals nicht. Das vorgesehene Ziel war verfehlt worden. Die Schützengräben. Was die Armeeführer in ihren Hauptquartieren, weit vom Schuss, aber keinen Soldaten vor Ort überrascht. Kaum einen Kilometer von den toten Briten entfernt sind es die Deutschen, die tot zuhauf vor ihren Gräben liegen, weil feindliches Maschinengewehrfeuer ihren Angriff nach wenigen Metern beendet hat.

Zu oft waren im Stellungskrieg, von jeder Seite, derartige Vorstöße versucht worden. Selbst dann, wenn mal ein Angriff gelang, war mit den paar Metern Landgewinn nichts gewonnen. Beim fälligen Gegenangriff wurde alles wieder verloren. Vor allem das Leben derer, die ihn auf Befehl ihrer Offiziere ausführen mussten. Wichtiger als ein Menschenleben, das ihnen nichts bedeutete, weil sie den Menschen, der es besaß, nicht kannten, war den Generälen die Moral der Truppen. Sie selbst hatten keine. Die der Soldaten sollte gestärkt werden durch nächtliche Stoßtrupps, von denen die wenigsten zurückkehren. Durch zählbare Erfolge von Scharfschützen in vorgeschobenen Posten. Die Erfolge solcher angeordneter Moral blieben, wochenlang sichtbar, Tote.

Die kaiserlichen Stellungen auf der deutschen Seite im Ypres Salient, der sich um Ypern schlängelt, dem Ypernbogen, waren von sächsischen und bayerischen Regimentern besetzt. Gläubige Katholiken waren die dort eingegrabenen Soldaten. Sind die deshalb am Christfest friedlicher gestimmt als andere? Eher bereit, die Waffen ruhen zu lassen? Hat der Appell von Papst Benedikt XV. bei ihnen eine größere Wirkung gehabt? Im »tiefen Wunsch nach Frieden« hatte er anlässlich des bevorstehenden Festes von Christi Geburt allen am Krieg beteiligten Nationen einen Waffenstillstand vorgeschlagen, um »das schwarze Gespenst des Krieges« zu vertreiben, aber außer höflichen Weihnachtsgrüßen des Kaisers nichts erreicht.

So seien sie nun mal, kommentiert zynisch der »Glasgow Herald«. Zitiert deutsche Zeitungen, in denen nicht nur drin-

Die Gefallenen lagen oft wochenlang unbestattet zwischen den Schützengräben und vermoderten im Schlamm. An Weihnachten 1914 wurden deshalb erst die Toten beerdigt und dann gefeiert.

gend dazu aufgerufen wird, auch an dem eigentlich nur Deutschland gehörenden Fest zu schießen und feste zu kämpfen. Keinen Tag Pause dürfe es geben im Bestreben, die Feinde des Vaterlandes niederzuringen. Wo solche strammen Kämpfer lauern, ist von den Feinden aus leicht festzustellen. Preußen zum Beispiel reagieren niemals auf Zurufe. Die antworten einfach nicht, wenn sie über den Graben angesprochen werden. Die sind erbarmungslos. Die lassen grundsätzlich keine Pause zur Bergung von Verwundeten zu.

Andere schon. Ausgerechnet nach jenem furchtbaren Gefecht vom 18. Dezember hatten sich die Todfeinde von gestern verständigt, morgen zwei Stunden nicht aufeinander zu schießen. Die Gefallenen sollten bestattet werden. Man sprach darüber, handelte die Bedingungen aus, rauchte eine Zigarette miteinander, die Männer aber haben nicht nur über die Toten geredet, sie kamen sich schon mal näher als sonst. Sie hatten den Feind nicht im Visier, sondern vor Augen, erkannten im Gegner einfache Menschen. Sich selbst.

Sie alle wollten »lieber nach Hause«, hat ihnen fast neunzig Jahre später Jacques Tardi in seiner gezeichneten, ohnmächtig wütenden Geschichte von den Menschen im Grabenkrieg ins Jenseits getextet, »aber ihre Kommandeure wollen das Gemetzel nicht alleine fortsetzen«, obwohl das billiger gewesen wäre und die Sache erheblich vereinfacht und tausende Leben verschont hätte. Weshalb denn überhaupt Krieg sei, lässt Remarque den einfachen Soldaten Tjaden in seinem Roman fragen. »Kat zuckt die Achseln. Es muss Leute geben, denen der Krieg nützt.«

Der Frieden der kleinen Leute begann Tage zuvor mit friedenstiftenden Maßnahmen. Bei Armentières etwa, kurz hinter der belgischen Grenze. Die Sachsen hatten nicht wie üblich ein paar Handgranaten in die gegnerische Stellung geschleudert, sondern im hohen Bogen einen gut verpackten Schokoladenkuchen. Ein Zettel steckte im Teig. Ob es nicht machbar sei, am

Abend zwischen 19.30 und 20.30 Uhr eine Waffenruhe einzuhalten. Ihr Hauptmann habe Geburtstag, man wolle ihm ein Ständchen bringen. Die Bitte wurde erfüllt. Engländer standen auf den Deckungen ihrer Gräben, hörten der Musik der Kaiserlichen zu und klatschten sogar Beifall. Damit nicht aus Versehen etwas schief ging, schossen die Deutschen nach etwa einer Stunde ein paarmal in die Luft, um das bevorstehende Ende der Party anzukündigen.

Zwar ist es wahr, dass auch an Weihnachten nicht nur dort weitergeschossen wurde, wo preußische Regimenter den Briten und Franzosen gegenüberlagen. Zwar ist es wahr, dass nicht überall an der Westfront die Waffen schwiegen. Aber es ist auch wahr, dass es Waffenstillstandsabkommen und wenigstens stundenweise Treffen im Niemandsland wohl an der gesamten Front gegeben hat, wie Dominiek Dendooven, Historiker beim »In Flanders Fields Museum« Ieper, nach intensiven Studien weiß. Die meisten Verbrüderungen fanden an einer fünfzig Kilometer langen Linie um Ypern herum statt, zwischen Diksmuide und Neuve Chapelle.

Aber es ist auch wahr, obwohl es nicht passt ins gedruckt verbreitete Bild vom deutschen Soldaten als brutalem Menschenschlächter, dass fast alle Annäherungsversuche, die schließlich an Weihnachten selbst in der Geschichte vom kleinen Frieden im Großen Krieg münden, von den Hunnen ausgehen werden, den Boches, den Fritzens, den Jerries, den Aggressoren.

Von einer solchen frühen Fraternisierung berichtete der französische Soldat Gervais Morillon seinen Eltern am 14. Dezember, also zehn Tage vor Weihnachten. »Liebe Eltern. Es ereignen sich Dinge im Krieg, die glaubt ihr einfach nicht. Und auch ich hätte es nie geglaubt, wenn ich es nicht selbst gesehen hätte. Vorgestern haben sich hier vor unseren Schützengräben Franzosen und Deutsche die Hände gereicht; unglaublich, ich sage es euch.« Punkt zwölf Uhr mittags hätten *les Boches* ein weißes Tuch hochgehalten und gegrölt: »*Camarades, camades, rendez-vous«*, nach einem Treffen verlangt. Von seiner Seite aus sei das zunächst abgelehnt worden, aber dennoch »verließen die drüben ihre Gräben, unbewaffnet, Offizier an der Spitze«, und da blieb ihnen ja auch nichts anderes übrig. Sie tauschten Zigarren und Zigaretten und besuchten sich sogar in ihren Gräben.

Morillon war das alles zuwider. Er wollte mit dem bösen Feind nicht gut Freund sein. Es war degoutant, was seine Kameraden, die Poilus, da machten. Statt den Gegner abzuknallen, rauchten sie und redeten sie mit ihm. Gott sei Dank, schloss er den Brief an seine Eltern, sei der Vorfall einmalig geblieben, wohl auf Befehl seiner Vorgesetzten, denn seit jenem Tag »kommuniziert man nicht mehr miteinander«. Er ermahnte sie, mit keinem über diese Geschichte zu reden, selbst sie in seiner Kompanie dürften »nicht mal mit anderen Soldaten darüber sprechen«. Gervais Morillon fiel, einundzwanzig Jahre alt, im Mai 1915.

Dass es kaum belegbare Beispiele gibt für Waffenstillstand und Verbrüderung zwischen französischen und deutschen Stellungen im Niemandsland, hat also einen ganz bestimmten Grund. Sie war nicht erwünscht, die Fraternité, unerlaubt, unehrenhaft. Die Poilus hatten strikten Befehl, darüber zu schweigen – woran sich nicht alle hielten –, durften erst recht nicht in Briefen nach Hause vom Weihnachtsfrieden, von *la trêve de Noël*, berichten. Drei Tage nach dem Fest wurden alle Filme konfisziert, die französische Soldaten voll geknipst hatten, um ein Bekanntwerden der unerwünschten Verbrüderung zu verhindern. Zensoren waren ihre Offiziere, die das Recht hatten, Briefe zu öffnen. Das durften auch die Briten, die Deutschen. Damit sollte verhindert werden, dass Einzelheiten über die Lage an der Front in falsche Hände gerieten. Aus den Briefen erfuhren die oben von der wahren Stimmung da unten.

Tatsächlich ist es wohl meist so gewesen, dass es ausgerechnet deutsche Soldaten waren, und manchmal schon vor dem eigentlichen Tag, die den Weihnachtsfrieden einläuteten. Aus einem westlich vor Ypern gelegenen Graben hatten sie am Nachmittag des 23. Dezember mit hoch erhobenen Armen über ihre Gräben gewunken, um denen von der anderen Feldpostnummer, wie das im Landserjargon genannt wurde, zu zeigen, dass sie unbewaffnet waren. Dann waren Soldaten aus ihren dreckigen Löchern gekrochen und die knapp hundert Meter durchs Niemandsland Richtung der 2nd Cameronians gegangen, immer die Hände über den Köpfen und winkend.

Sie sollten nicht schießen, hatte nach anfänglichem Zögern Captain E. F. Ferrers, Kommandeur der Highlanders, seinen Leuten befohlen, nur zählen, wie viele es sind. Neugierig, aber vor allem argwöhnisch, Finger immer am Abzug, wurden sie beäugt von den Kilt tragenden Schotten. Die Spannung löste sich zusehends. Die Sachsen brachten nämlich nicht nur ihren guten Willen, sondern auch Zigarren mit, im Tausch für Corned Beef. Man traf sich auf einen Plausch vor den Befestigungen. Dieselben Männer, die vor ein paar Stunden noch alles unternommen hatten, um sich gegenseitig zu töten, standen nun zusammen, lachten, schwatzten, rauchten.

Ein Gefreiter erzählte, er sei vor diesem verdammten Krieg Taxifahrer gewesen in England. Dass er hoffe, bald wieder zu Hause sein zu können. Zu Hause war Birmingham. Die Brüder Frank und Maurice Wray von der London Rifle Brigade, die an der Lys eingegraben waren, berichteten von einem ihrer Kameraden, der einen deutschen Friseur traf, der – wie er – Mitglied war beim FC Liverpool und ihm mal die Haare geschnitten hatte. Friseure gab es viele an der Front. Sie hatten am nächsten Tag ihren großen Auftritt. Ein anderer Soldat war vor dem Krieg Oberkellner im Great Central Hotel in London, und natürlich sprach auch er perfekt Englisch.

Ihre Arbeitgeber hatten sich schon eine Woche nach Kriegsbeginn von ihnen öffentlich distanziert. Das Ritz, das Carlton, das Savoy, so recherchierte Malcolm Brown, schalteten Anzeigen in den Londoner Zeitungen und kündigten der verehrten einheimischen Klientel an, dass bei ihnen ab sofort niemand, der in Deutschland oder Österreich geboren war, mehr beschäftigt werde. Ohn' Ansehen der Person gelte dies auch für alle, die inzwischen die englische Staatsbürgerschaft besäßen. Viele von denen kamen im Laufe des Krieges in »Konzentrationslager, es sollte allerdings hinzugefügt werden, dass die nicht die fürchterliche Bedeutung hatten wie die eine Generation später« (Brown). Die deutschen Engländer oder englischen Deutschen waren überall an der Front unter den Initiatoren des Weihnachtsfriedens.

Eine Gefechtspause an der Front war an sich noch nicht einmal etwas Ungewöhnliches. Atempausen im Töten gab es immer wieder. Oft auf Zuruf übers Niemandsland hinweg, um die eigenen Verwundeten vor den Stacheldrahtverhauen zu bergen, bevor sie, wie oft geschehen, verreckten und dabei stundenlang schrien. Spontane Waffenstillstandsabkommen vor Ort wurden geduldet. Der Stellungskrieg, in dem sich Soldaten auf Rufweite seit Monaten gegenüberlagen, mitunter nur dreißig Meter voneinander entfernt, hatte eigene Gesetze und schuf tatsächliche Nähe.

Die allen gemeinsame Angst vor der tödlichen Kugel ist eine der Ursachen für den Ausbruch des Friedens. Sie alle waren erschöpft vom Töten, todesmüde und todmüde zugleich. Sie handelten täglich zwar automatisch, auf Befehl, aber viele wussten genau, was sie eigentlich taten. »Ich habe vorgestern einen Deutschen gesehen, der in fünfzig Meter Abstand seine Stellung befestigte. Ich musste doch auf ihn schießen, oder? Ich griff nach einem Gewehr und zielte kaltblütig, er fiel... Dabei konnte ich die Gesichtszüge dieses Mannes genau erkennen. Ich denke, das sieht einem Mord sehr ähnlich. Wie entsetzlich«, bekannte der französische Leutnant Maurice Laurentin, der ein paar Zeilen weiter verzweifelt Gott fragte, warum er denn immer noch die Menschen liebe. Ihm gegenüber lagen die Truppen, die der schießwütige Oberförster Volz befehligte.

Andere schrieben sich ihre Zweifel, ja doch: ihre Verzweiflung in Briefen an ihre Eltern oder Frauen von der Seele. Egal nun, ob deren Zuhause im Kaiserreich lag oder auf der britischen Insel. Viele dieser Briefe sind erhalten – im »In Flanders Fields Museum« in Ieper, im Kriegsarchiv in München, im Imperial War Museum in London, im Militärgeschichtlichen Forschungsamt in Potsdam –, aber sie sind nur deshalb öffentlich zugänglich, weil ihre Verfasser den Großen Krieg nicht überlebt haben.

Einige menschliche, allzu menschliche Bedürfnisse wurden im stillschweigenden Verständnis der kleinen Leute untereinander beachtet, und entsprechend wurde danach gehandelt. Stillschweigend nicht nur, weil sie sich oft in der Sprache des anderen eh nicht ausdrücken konnten. Stillschweigend nicht nur, weil viele Offiziere der Alliierten, auch der Deutschen, einfach so taten, als bemerkten sie nichts von der verbotenen Fraternisierung, als handele es sich nur um eine zufällige Verbrüderung, als sei Hochverrat nur eine Frage des Datums.

Stillschweigend vor allem, weil der gemeine Soldat hier mit dem gemeinen Soldaten dort mehr Gemeinsamkeiten hatte als mit seinen obersten Befehlshabern in den Hauptquartieren, den Etappen. Die dort gehörten staatenübergreifend einer bestimmten Klasse an, die Soldaten hier dagegen nationenüberwindend zu einer bestimmten anderen.

An der gesamten Westfront galt in den ersten Monaten des Krieges zwischen den Schützengräben deshalb die unausgesprochene Übereinkunft: keine Angriffe beim Latrinengang, denn mit heruntergezogenen Hosen zu sterben war menschenunwürdig, keine beim Frühstück, dessen Ausgabezeiten die jeweils andere Seite kannte. Angekündigt jeweils durch ein einfaches Brett, das an einem Stock befestigt war und über die Deckung hochgehalten wurde. Etwa eine Stunde blieb es das allgemein befolgte Zeichen, dass nicht geschossen werden dürfe. Erst wenn das Brett wieder eingezogen wurde, ging der Krieg weiter. Diese Abmachungen kannten alle. Auch die Kommandeure.

Die Offiziere bei den Lancashire Fusiliers wussten längst, und sie duldeten es, dass ihre Männer mit den ihnen gegenüberliegenden Sachsen nach langen Verhandlungen per Zuruf beschlossen hatten, ihre Fleischkonserven zu tauschen gegen deren Rangabzeichen. Am Ende ging es nur darum, verbindlich festzulegen, wer zuerst aus den Stellungen klettern solle, um seinen Anteil abzuholen. Doch der Handel an sich sei perfekt. Englische Konserven waren begehrt bei den Deutschen. Eine willkommene Abwechslung zu Sauerkraut, Würsten, Steckrübeneintöpfen, Bohnen, Graupen.

Ein knapp dreiundzwanzigjähriger Füsilier sah diese Höhlenwelt, the *troglodyte world*, in der sie alle leben mussten, mit anderen Augen. Er stellte sich vor, die Unterwelt sei bevölkert. Nicht mit Menschen wie hier, sondern mit kleinen Fabelwesen. John Ronald Reuel Tolkien hat diese Wesen später Hobbits getauft, die Idee zu seinem berühmten Buch »*Herr der Ringe*« entstand in Flandern.

Manche deutsche oder französische oder britische Heckenschützen, die sich bei der Ablösung oder bei Patrouillen zufällig trafen, hatten schon vor dem Waffenstillstand an Weihnachten ihren ganz privaten geschlossen. Sie taten nach fünf Monaten Krieg inzwischen lieber so, als sähen sie sich nicht, um nicht schießen zu müssen. Sie drückten sich aneinander vorbei. Das von allen in der Ausbildung geübte Werfen von Handgranaten in feindliche Stellungen machte sich gut für die Heimatfront, auf gern gesehenen Darstellungen heroischer Kämpfer.

An der wirklichen Front wurde es von vielen Betroffenen geächtet als »sinnlose Zuwiderhandlung gegen ungeschriebene Gesetze«, wie Charles Hamilton Sorley, Student aus Cambridge, neunzehn Jahre alt, seinen Eltern in einem Brief verriet. Er und seine Kameraden würden deshalb davon absehen, sich mit Bruder Boche in die Haare zu geraten – »*to refrain from interfering with Brother Boche*« –, solange der ihnen auch nichts tat. Man ginge einander wortlos aus dem Weg. »Alle Patrouillen, englische wie deutsche, halten nichts vom Tod und dem Prinzip des posthumen Ruhms.« Charles Hamilton Sorley, der ein begabter Poet war, fiel 1915. Seine Briefe aus dem Krieg wurden 1919 unter dem Titel »*The Letters of Charles Sorley*« veröffentlicht.

Von jener Begeisterung, in der im August 1914 die Völker Europas wie besoffen in den Krieg zogen, ist nach insgesamt bereits einer Million Toter im Dezember 1914 nichts mehr geblieben. Im Blut ertrunken. Kein Wunder, dass eines an Weihnachten geschieht. Kein Wunder, dass es viele Deutsche nicht mit ihrer üblichen Schlachthymne, dem immer wieder im Anblick des Todes angestimmten »*Deutschland, Deutschland, über alles*«, besingen. Sondern mit dem Lied von der stillen, der heiligen Nacht. Eine wundersame Melodie, ein sentimentaler Text, damals nur in Deutschland und in Österreich populär. Aber weil es die Hymne des Weihnachtsfriedens in Flandern ist, wird das Lied von der Geburt des Jesuskindes, die Verheißung von Frieden auf Erden, weltberühmt – ausgerechnet nach der ersten Kriegsweihnacht.

Unter dem Eindruck »unabweisbarer Augenblicksempfindungen stimmt eine kleine Gruppe von Kameraden ganz spontan die trauliche Weise« an, trägt ein westfälischer Kriegsfreiwilliger in sein Tagebuch ein. Auch hier ist dies das Signal für die gesamte Kompanie, bei der zweiten Strophe mitzusingen. Stille Nacht, heilige Nacht klingt es auch hier hoch zu den Sternen. »Sie hatten auch in der kältesten Seele leise, heilige Schauer geweckt.« Manche Briten schweigen, so wie jene, von denen anfangs Georg Reim berichtet. »Plötzlich sprengte ein Ruf ›Fröhliche Weihnachten!‹ den Bann des andächtigen Schweigens. Von dem achtzig bis hundert Meter gegenüberliegenden englischen Graben hallte es zurück: ›*Merry Christmas*‹.«

Dann erschallt wie befreit lauter Applaus, *well done, Fritzens*, und schließlich singen sie zurück. Sie antworten mit »*The First Noel*« und »*It's a Long Way to Tipperary*« und »*Home, Sweet Home*«. Höhepunkt der Battle of Songs bei St. Yvon wird »*Oh Come, All Ye Faithful*«, weil die Deutschen nach derselben Melodie mit einem anderen Text einstimmen, den sie kennen, »*O kommt, all ihr Gläub'gen*«, und die Studenten beider Seiten gar mit »*Adeste Fideles*«, weil ihre Sprache Latein ist.

Hätten sich die gegnerischen Soldaten nicht nur durch Choräle in einer gemeinsamen Sprache verständigen können, schrieb ein junger Rifleman seiner Mutter, wer weiß, vielleicht hätten sie sich über die Gräben hinweg schnell geeinigt: *stupid war*, blöder Krieg. Lasst uns nach Hause gehen. Solange wir noch gehen können und nicht getragen werden müssen. Beide Armeen setzten Gefangene als Träger für Verwundete ein. Deutsche trugen die Last auf den Schultern, Briten an gestreckten Armen.

Franzosen und Belgier dachten beim weihnachtlichen Gesang aus den Gräben zunächst nicht an Jesus, sondern an Judas. Das hörte sich für sie nach Verrat durch die mit ihnen verbündeten Briten an. In »*Home, Sweet Home*« konnten sie nicht einstimmen. Ihre Länder waren zu großen Teilen vom Feind besetzt. Sie verteidigten ihr Mutterland. Ihr Vaterland. Sogar überzeugte Kriegsgegner hatten längst dem Pazifismus abgeschworen. »Ich habe mich freiwillig gemeldet, um mein Land gegen einen barbarischen Angreifer zu verteidigen, um mein geliebtes Zuhause zu verteidigen, um die Welt gegen den preußischen Militarismus zu verteidigen«, sprach ein belgischer Soldat vielen aus dem Herzen. Fügte aber hinzu, dies würde nichts an seiner grundsätzlichen Haltung ändern: »Ich bin Antimilitarist. Ich liebe mein geliebtes Belgien, ich hasse Deutschland und alles Militärische.«

Deshalb beginnt das Weihnachtswunder bei den Fremden, den Tommys und den Jerries, den Deutschen hier und den

Schotten, Iren, Engländern dort, im Land dazwischen, im Niemandsland. Während es für die an der Fraternisierung beteiligten Offiziere, weder für deutsche noch für britische, nachhaltige Konsequenzen haben wird, die Verbote souverän ignoriert zu haben, reagieren Franzosen und Belgier im Falle von Fraternité strenger. Kommandeure werden ihres Kommandos entbunden, Kompanieführer zu einfachen Soldaten degradiert.

Auch wenn sie es nur gut meinen. Auch wenn die anderen anfangen. Bei Pervize zwischen Nieuwpoort und Diksmuide halten die deutschen Truppen eine Papptafel hoch über ihre Brustwehr, auf der sie die belgischen Gegner auffordern, wenigstens für eine Stunde den Krieg zu vergessen. Nur eine Stunde Frieden. Danach könne jeder wieder in seine Stellung gehen. Leutnant Naviau, Befehlshaber an diesem Abschnitt, überlegt nicht lange, stimmt zu und wird zur Strafe später deshalb seinen Rang als Offizier verlieren: »Wir feierten zusammen in brüderlicher Stimmung Weihnachten. Die Deutschen brachten uns Geschenke mit, wir hatten nichts. Sie boten sogar Wein an.« Danach beginnt, eher lustlos, erneut der alltägliche Schusswechsel von hüben nach drüben.

Französische Alpenjäger, bei Messines bayerischen Regimentern gegenüberliegend, berichten sogar von großen Tannenbäumen in den deutschen Stellungen, die mit elektrischen Kerzen bestückt sind. Immer wieder gehen die für Minuten aus und dann wieder an, »um zu vermeiden, dass unsere Artillerie sie als bequemen Zielpunkt benütze«. Atemlos lauschen sie den »ernsten und melodischen Gesängen«, fürchten gleichzeitig, dass diese friedlichen Töne umschlagen könnten in jene Vaterlandslieder, mit denen die Deutschen kurz vor dem Hurra auf ihren Kaiser ihre Sturmangriffe zu beginnen pflegen.

Doch heute singen Menschen. Es bleibt friedlich. Der französische Offizier fühlt bei »unseren Braven eine Art Bedauern, dass sie nicht an einem ähnlichen Fest teilnehmen können… man müsste diese Nacht dabei gewesen sein«, um das Wunder, das geschah, zu verstehen. Es gibt Stunden, erkennt er, da man »vergessen kann, dass man hier ist, um zu töten«.

Der Wald von Polygon, in dem so blutige Kämpfe stattgefunden hatten, dass die noch Lebenden buchstäblich über Leichen gingen, wiederum scheint gar verzaubert in dieser heiligen Nacht. Die vom 246. Württembergischen Infanteriereserveregiment hören fasziniert einem französischen Sänger zu, dessen Tenor sich aus dem Nichts über die Gräben erhebt und dann vom Himmel hoch auch zu ihnen kommt. Die Franzosen von drüben blicken gebannt auf die glitzernden Tannenbäume auf den deutschen Schützengräben, unschlüssig noch, ob sie den Boches ihre Kerzen mit ein paar gezielten Schüssen auspusten sollen, als plötzlich von dort drüben ein Mann zu singen beginnt.

Sie sehen ihn nicht. Sie hören ihn nur. Immer wieder. Sein Lied von Christi Geburt wird im Chor aufgenommen, der Refrain tönt aus vielen hundert Männerkehlen, mal näher, mal weiter entfernt. Er scheint vor den deutschen Befestigungen die Front abzugehen. Singend. Eine einzige Runde mit dem Maschinengewehr würde den Zauber brechen, die Melodien beenden. Aber keiner will den ersten Schuss tun. Ein Sakrileg wäre es, Gotteslästerung, Gläubige beim Gebet zu töten, und seien sie auch Feinde.

Ein paar hundert Meter weiter entfernt von ihnen bleibt es ruhig, obwohl da kein Waffenstillstand beschlossen worden ist, keine Friedensgespräche über Gräben hinweg stattgefunden haben. Die Mitternachtsmesse der Belgier verläuft dennoch ungestört. Sie stehen um einen improvisierten Altar in einer Scheune. Ein Tisch, zwei Kerzen, Gebete. Singen die Lieder, die sie als Kinder schon sangen – *»Minuit Chrétiens«* und *»Adeste Fideles«* –, und denken vielleicht wehmütig an ihre Kinder daheim und ob sie die je wieder sehen.

An der französischen Grenze erlebt ein deutscher Oberleutnant Unerhörtes anderer Art. Er schreibt es später auf. Seine

Verblüffung ist in jeder Zeile deutlich: »Aus dem französischen Graben, der etwa vierzig Meter entfernt lag, tauchte plötzlich ein Kepi hervor. Eh, camarade allemand, pas tirer, brout, brout, des cigarettes.« Darauf habe ein deutscher Musketier seinerseits sofort aus dem Graben gesehen »und gerufen: Bonjour, Monsieur«. Er warf sein Kommissbrot hinüber, der Franzose seine Zigaretten.

Der nach dem Krieg als Schauspieler berühmt gewordene Paul Wegener, damals Feldwebel, sieht in den Gräben südwestlich von Ypres, wie die Franzosen offiziell um einen Waffenstillstand bitten, indem sie eine weiße Fahne herausstrecken. Die Bitte wird gewährt. Ist schließlich Weihnachten. Danach wird drüben eifrig gekocht, und er befiehlt, nicht mehr zu schießen. Beobachtet verblüfft, wie dunkle Gestalten zwischen den Gräben hin und her laufen. Man nützt auch hier die Chance, die Toten zu begraben – und dabei geht es ziemlich rau zu, wenn sich die Kerle, wie er sie abfällig nennt, an den zahlreichen Leichen der Engländer und Belgier zu schaffen machen:

»Sie suchen nach Fleischkonserven, nach Tabak und Spirituosen. Einer meiner Landsturmleute, ein verhärteter Kerl, wie ein Räuberhauptmann, der Müllkutscher Retzlow, ist bei so etwas immer dabei. Herr Feldwebel, einer der toten Engländer hatte 'nen ganzen Packen Zigaretten in der Hand, die außen sind noch ein bisschen mulschig, aber die inneren kann man rauchen...« Wegener lehnt angewidert ab. In der Nebenstellung holen sie sich heißen Kaffee von den Franzosen. Eine englische Leuchtkugel, an kleinen Fallschirmen befestigt, steht lange glänzend am Horizont. »Wie der Stern von Bethlehem.«

Noch widersprechen sich die Meldungen – mal ist nur von einer kurzen Waffenruhe die Rede, mal von einer Schlacht der Gesänge –, die in den Hauptquartieren der Briten und der Franzosen und der Deutschen eintreffen. Sie bleiben erst einmal liegen, weil auch dort in der Etappe Weihnachten gefeiert oder vorbereitet wird. Allerdings sind die Festlichkeiten von anderer Qualität. Bei den Kaiserlichen wird Müller Extra und Kupferberg Gold als Schaumwein gereicht, es gibt deutsche Weißweine, Niersteiner und Remicher, nur für den Rotwein bleiben sie im besetzten Lande. St. Emilion Sables steht auf der Karte. Der Weiße passt zum Rheinsalm mit klarer Butter, zur Not auch zum Zungengemengsel mit Champignons und Pastetenrand, der Rote zum Hasen.

Erst am nächsten Tag wurden sie sich langsam des Ernstes der Lage bewusst, als sie ihren Kater ausgeschlafen hatten. Dann erst überlegten sie Gegenmaßnahmen, alle miteinander, ein jeder Stab für seine Nation. Denn falls sich durchsetzt, was zum Beispiel bei Basseville passierte, dann würden sie arbeitslos sein, diesmal alle miteinander, und der Krieg wäre zu Ende.

Zwischen Basseville in der Nähe von Warneton und St. Yvon liegen sich die 1st Royal Warwickshires und die 11. Kompanie des 134. Königlich-Sächsischen Infanterieregiments gegenüber. In den vergangenen Nächten hatte es fast ununterbrochen Gefechte gegeben. Bei einem Angriff waren die Engländer bis an die Drahtverhaue vor den deutschen Stellungen herangekommen, dort wurden sie gestoppt. Sechshundert Tote und Verwundete. Der Schützengraben wird von den Deutschen trotzdem aufgegeben. Zu viel Schlamm, zu viel Wasser, tagsüber wird deshalb ein neuer gegraben, auch am 22. und 23. Dezember. Rechtzeitig am Abend vor Weihnachten konnten die Sachsen ihr neues unterirdisches Quartier beziehen. Sie bauten einen Gabentisch auf. Nüsse, Äpfel, Pfefferkuchen und Stollen. Leutnant Kurt Zehmisch hielt eine kurze Ansprache, bevor die Wachen auf ihre Posten gingen.

In der Ruine einer ehemaligen Zuckerfabrik hören er und seine Männer am nächsten Nachmittag, als es dunkel ist, der Musikkapelle des Regiments zu, dann singen sie »*Dies ist der Tag, den Gott gemacht*«, immerhin sind sie sich da mit dem Generalstab einig, denn das wird auch dort gesungen, dann lauschen sie der Weihnachtspredigt ihres Geistlichen: »Die Kerzen in den Händen der Krieger leuchten überall dort, auch in der Heimat, wo Deutsche sind.« Es seien Lichter eines riesigen, großen, einzigen Weihnachtsbaumes, wie es sich für ein so großes Volk gezieme. Es folgt das allgemein übliche *»Deutschland über alles«.* Die Feier habe manchen zu Tränen gerührt.

Nicht alle. Viele trauen selbst in dieser sentimentalen Stimmung hehren Worten nicht mehr. Denen von Gott. Denen vom Vaterland. Denen von Heimat. Es hatte zu viele große Worte gegeben. Das Bewusstsein der Ohnmacht, nicht nur vom obersten Herrn verlassen zu sein, sondern insbesondere von ihren oberen Herren, ist stärker. Das Bewusstsein, dass jeder Tag ihr letzter sein könne. Ein Blick auf die Leichen im Niemandsland reicht, und den Blick haben sie täglich. Die Unteren verließen sich nur noch auf ihre Gefühle – und bauten auf ähnliche bei ihren Gegnern drüben.

Auch hier. Leutnant Zehmisch, im zivilen Leben Student, wohnhaft in Plauen, befiehlt seinen Männern nach der Messe, dass »heute am Heiligen Abend und an den Weihnachtsfeiertagen kein Schuss von unserer Seite abgegeben wird, wenn es zu umgehen ist«. So trägt es der vierundzwanzigjährige Kriegsfreiwillige in eine seiner kleinen schwarzen Kladden ein. In die schreibt er, geübt in Gabelsberger-Kurzschrift, damit mehr auf die Seiten passt. Fast fünfundachtzig Jahre danach hat sie sein Sohn Rudolf in einer Kiste auf dem Dachboden seines Hauses entdeckt, rein zufällig, konnte anfangs nichts davon lesen, weil er die Kurzschrift nicht beherrschte, und machte sich zunächst auf die Suche nach einem, der sie verstand. Er fand ihn, aber bevor er ihm sein Problem schildern konnte, starb der Professor. Was blieb ihm übrig, als sich selbst die Schrift beizubringen. Ein mühsames Unterfangen, denn erst musste er sich Lehrhefte besorgen, der Autodidakt aus Sachsen.

Von dieser abenteuerlichen und überraschenden Spurensuche in der Vergangenheit seines Vaters wird er selbst noch erzählen. Auch die Geschichte, dass es zwar Fotos gab von dieser ganz speziellen Verbrüderung, weil ein deutscher Unteroffizier ähnlich wie der Schütze Turner seine Kamera dabeihatte, dass die jedoch schon Anfang Januar 1915 verschwanden und nie wieder aufgetaucht sind.

Drüben bei den Engländern bleibt es am Abend des 24. Dezember ebenso ruhig. Zehmisch: »Kaum hatten wir den Schützengraben besetzt, da suchen wir uns gegenseitig bemerkbar zu machen.« Die Sächsischen pfeifen auf zwei Fingern. Es wird sofort zurückgepfiffen, nicht zurückgeschossen. Zehmisch spricht gut Englisch, außerdem Französisch. »Soldat Möckel von meinem Zug, der mehrere Jahre in England gewesen war, und ich rufen die Engländer auf Englisch an, und bald hatte sich zwischen uns eine ganz spaßige Unterhaltung entwickelt.«

Er schlägt den Gegnern vor, die ja kaum hundert Meter von seiner Kompanie entfernt eingegraben sind, sich auf halbem Weg im Niemandsland zu treffen. Die Soldaten Möckel und Huss, der ebenfalls gut Englisch spricht, klettern über die Deckung, kriechen durch die Drahtverhaue, überwinden den Stacheldraht. Von drüben kommen ihnen, noch geschützt in einem Weidegraben, zwei Engländer entgegen. In den Schützengräben hüben wie drüben sind alle gespannt, wie es weitergeht. Die vier Männer hatten sich gegenseitig auf Zuruf versichert, unbewaffnet zu sein.

»Endlich kam der eine Engländer aus dem Graben, nachdem sich die vier Leute andauernd angerufen hatten, und hielt beide Hände hoch. In der einen Hand hielt er die Mütze voller englischer Zigaretten und Tabak«, dann schüttelte er den beiden Deutschen die Hände und wünschte ihnen *A Merry Christmas*. Die erwiderten den Gruß, ebenfalls mit *Merry Christmas*. »Da klatschten die Engländer in dem Schützengraben und wir in die Hände und riefen begeistert ›Bravo‹. Sie tauschten nun die

Leutnant Kurt Zehmisch vom 134. Königlich-Sächsischen Infanterieregiment posiert, auf seinen Säbel gestützt, für den Fotografen. Am Heiligen Abend 1914 war er einer der Ersten, die einen Waffenstillstand mit den Briten vereinbarten.

Zigaretten gegen Zigarren und zündeten sich welche an, woraus sich auch eine längere Unterhaltung entwickelte.«

Der Deutsche berichtet im zweiten Band seiner Tagebücher weiter, dass anschließend »allgemeines Gebrüll aus beiden Gräben« begonnen habe. Ein friedliches. *Merry Christmas* und Frohe Weihnachten und *I wish you the same* und außerdem ein gutes neues Jahr. Vor allem aber ist hörbar das gegenseitige Versprechen, heute und morgen nicht zu schießen. »Dann verabschiedeten sich die beiden Parteien mit Händedruck und kehrten in ihre Schützengräben zurück... Jetzt stellten wir auf unserem kilometerlangen Schützengraben noch mehr Kerzen auf als vorher. Es war die reinste Illumination... An einigen Stellen waren auf die Brustwehr Tannenbäume mit brennenden Kerzen gestellt, worüber die Engländer... durch Zurufe und Händeklatschen ihre Freude ausdrückten... Ich war wie die meisten meiner Leute die ganze Nacht hindurch wach. Es war eine wundervolle, wenn auch etwas kalte Nacht.«

Auch an diesem Frontabschnitt ist die Generalprobe erfolgreich, auch hier ist die Entscheidung für das Stück Frieden im Großen Krieg gefallen. Morgen soll er gefeiert werden. Die Geschichte von nächtlichen Annäherungen zwischen den Fronten verbreitet sich durch alle Gräben. Sie wird in Eigenregie fortgesetzt und in Tausenden von Briefen nach Hause detailliert beschrieben.

Josef Wenzl vom 16. Bayerischen Reserveinfanterieregiment berichtet am 28. Dezember 1914 seinen Eltern in Schwandorf: »Es klingt kaum glaubhaft, was ich euch jetzt berichte, ist aber pure Wahrheit. Kaum fing es an Tag zu werden, erschienen schon die Engländer und winkten uns zu, was unsere Leute erwiderten. Allmählich gingen sie ganz heraus aus den Gräben, unsere Leute zündeten einen mitgebrachten Christbaum an, stellten ihn auf den Wall und läuteten mit Glocken. Alles bewegte sich frei aus den Gräben, und es wäre nicht einem in den Sinn gekommen zu schießen. Was ich vor ein paar Stunden noch für Wahnsinn hielt, konnte ich jetzt mit eigenen Augen sehen... war dies etwas Ergreifendes: Zwischen den Schützengräben stehen die verhasstesten und erbittertsten Gegner um den Christbaum und singen Weihnachtslieder. Diesen Anblick werde ich mein Leben lang nicht vergessen. Man sieht bald, dass der Mensch weiterlebt, auch wenn er nichts mehr kennt in dieser Zeit als Töten und Morden... Weihnachten 1914 wird mir unvergesslich sein.«

Josef Wenzl fiel am 6. Mai 1917.

Briefe vom Weihnachtswunder bleiben nicht in der Familie. Auch die der Sachsen nicht. In den Zeitungen vor Ort werden sie gedruckt, weitergegeben von den Eltern der Soldaten an der Front. Die kaiserliche Zensur hatte allerdings nur anfangs keine Einwände, weil immer zu lesen war, dass von den Deutschen die Initiative ausging, was die menschliche Größe der Armeeangehörigen bewies. Die Zwischentöne, das Lied von der Sehnsucht nach Frieden, sind dennoch unüberhörbar. »Am Heiligen Abend sangen wir Weihnachtslieder und spielten Mundharmonika. Die Engländer schossen nicht und haben ebenfalls zugehört. Da wurde 'nüber und herüber gerufen – wir liegen ungefähr hundert bis hundertzwanzig Meter auseinander –, und es dauerte gar nicht lange, da kamen die Engländer aus ihren Schützengräben herüber zu uns... Bis ganz hinein in unsere Gräben durften sie natürlich nicht. Sie meinten, wir sollten nur Musik machen und dazu singen, das klänge so schön.«

Keiner der Briefe im »Plauener Sonntags-Anzeiger«, dort auf einer ganzen Seite abgedruckt am 17. Januar 1915 unter der Überschrift »Weihnachten im Felde«, ist namentlich gezeichnet. Ein Text jedoch dürfte von Zehmisch stammen, denn die beschriebene Situation ist nicht wörtlich, aber inhaltlich in seinen Tagebuchaufzeichnungen geschildert. »Auch unser Gegner hatte Schilder mit der Aufschrift Fröhliche Weihnachten und Lichter aufgestellt. Ein großartiges Bild... Wenn die Engländer auch meistens Berufssoldaten sind, so gibt es doch auch anständige Leute darunter. Ich kann euch versichern, dass ich mir die Weihnacht im Schützengraben nicht so vorgestellt habe, dass es aber die schönste Weihnachtsfeier war, die ich je erlebte.« Und dass die nicht ohne Folgen bleiben wird, ahnt er sehr wohl: »Wenn das an das Oberkommando kommt, glaube ich bestimmt, dass wir abgelöst werden, denn wohin sollte das führen... Wir haben schon einen Staucher vom Regiment gefasst ob des selbstständigen Waffenstillstands.«

Bruce Bairnsfather, Second Lieutenant vom 1st Battalion im Regiment der Royal Warwickshires, erlebt auf der anderen Seite, was Zehmisch notiert hat. Sein erster Eindruck ist Verblüffung, denn das alles hat auf ihn gewirkt wie ein Stück aus dem Tollhaus. Plötzlich seien da Töne zu hören gewesen von diesen »Wurst fressenden Blödmännern«, die diesen infernalischen Tumult in Europa begonnen hatten und »dadurch uns in den gleichen schlammigen Dreck gebracht hatten wie sich selbst«. Dennoch sei nicht ein Hauch von Hass gewesen auf beiden Seiten, wenigstens an diesem Tag. Fügt aber in seinem Bericht gleich dazu, damit bloß kein Missverständnis aufkomme, dass der Kriegswille und der »Wunsch, sie zu schlagen« nicht für einen Moment verschwunden waren.

Eine Stimme habe auf Englisch gerufen, mit »einem scharfen deutschen Akzent: Kommt rüber. Ein Mistelzweig flog in unseren Graben, danach ertönte drüben Gelächter und Musik von Mundharmonikas.« Die Engländer rufen zurück: »*Come over here*«, und schließlich einigt man sich darauf, das Treffen auf halber Strecke abzuhalten. Zu sehen sind die Männer nicht, nur ab und an ist etwas von ihrem Gespräch zu hören. Dann kommt der englische Sergeant zurück. Bringt Zigarren und Zigaretten mit, die er für einige Konserven eingetauscht hat.

Bairnsfathers Kompanie hatte sich zwischen dem kleinen Fluss Douve und dem Wald von Ploegsteert eingegraben. Der geneigte Leser müsse sich das Leben dort etwa so vorstellen, schreibt er mit britischen Humor in seinem Buch *»Bullets and*

Gegenüber dem 134. Sächsischen Infanterieregiment lagen die Warwicks. Zu denen gehörte Leutnant Bruce Bairnsfather, später berühmt als Cartoonist.

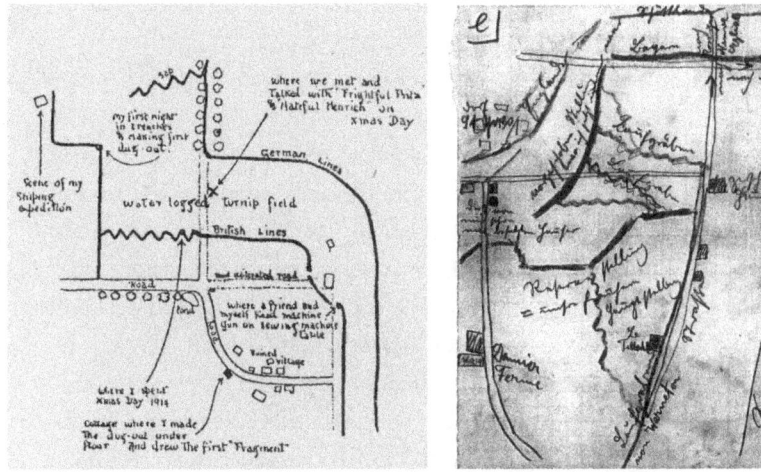

Die beiden Skizzen der Leutnants Bairnsfather und Zehmisch, die sie aus ihrer jeweiligen Sicht vom Frontverlauf an Weihnachten machten.

Billets«, das bereits 1916 erscheint: »Ein gepflügtes Feld. Etwa tausend Quadratmeter groß. So gelegen, dass sich alles Grundwasser der umliegenden Felder darin sammelt. Schneide eine Zickzackrille, etwa einen Meter tief und neunzig Zentimeter breit, quer übers Feld, lass so viel Wasser einlaufen, wie es nur geht, damit richtig schöner Schlamm entsteht, dann grab ein Loch aus auf einer Seite des Grabens, dann bemüh dich, da etwa einen Monat lang zu überleben, ernährt von Bully Beef und alten Keksen, während ein Feind die Anweisung hat, sobald du nur den Kopf über die Oberfläche hebst, auf dich zu feuern.«

Sauber und präzise zeichnete Bairnsfather zudem den Verlauf seiner Stellung und die Linie der gegenüberliegenden deutschen Schützengräben ein und wo der Wassertank war und wo genau er sich an jenem Donnerstag befand, am 24. Dezember 1914. Den Kopf zu heben, um die Genauigkeit seiner Skizzen zu überprüfen, empfiehlt sich normalerweise nicht. Darauf warten die Scharfschützen. Drüben beim Gegner hat Leutnant Kurt Zehmisch eine ähnliche Karte gezeichnet. Das Schlachtfeld aus seiner Sicht. Die beiden Zeichnungen passen zusammen wie Teile eines lange verborgen gebliebenen Puzzles. Zwar ist die des Engländers besser, aber er ist schließlich Grafiker und wurde als Cartoonist berühmt.

Das damalige Schlachtfeld ist heute ein Weizenfeld, der einst magere Forst von Ploegsteert ein friedlich dichter Wald. Vom Hauptweg gibt es Abzweigungen in die Vergangenheit, Lichtungen öffnen sich: grünes Gras, weiße Steine. Die Inschriften nennen Namen, Einheit, Alter. Den unbekannten Soldaten gelten andere, auf denen zu lesen ist, dass nur Gott sie alle kenne. *»A Soldier of the Great War Known unto God.«* Jung gestorben sind sie alle, viel zu jung. Ihre Seelen wispern in den Zweigen. Dichter Rasen dämpft jeden Schritt. Nichts stört die ewige Ruhe.

So viele weiße Gräber. In einem liegt Richard Barnett von der London Rifle Brigade. Der Junge stammte aus Stoke Newington, einem Londoner Stadtteil, war jüdischen Glaubens, ein Davidsstern ist deshalb in seinen Grabstein gemeißelt. Er war fünfzehn Jahre alt, als er in der Nacht zum 19. Dezember 1914 verblutete. Sein Alter hatte er gefälscht, um mit Lord Kitchener's Army in den Krieg ziehen zu dürfen. Richard lag schon fünf Tage tot im No Man's Land, als die Feinde beschlossen, Freunde zu sein und an Weihnachten nicht mehr aufeinander zu schießen. Die Botschaft vom Frieden auf zerstörter Erde kam für ihn zu spät.

Das Niemandsland wird von Mutter Erde bedeckt. Der Pflug des belgischen Landwirts wirft lehmige Brocken auf. Am Rande des Feldes stehen wie hungrige Störche zwei Briten. Sie suchen im ehemaligen No Man's Land nach Spuren jenes Krieges, den ihre Großväter überlebten. Nach Schrapnellen. Nach Resten von Helmen. Nach Knochen wohl auch. Darüber reden sie nicht gern. Ein einziger Friedhof in der Gegend, der Cement House Cemetery in der Nähe von Boezingen, ist noch nicht ganz besetzt. Gebeine, die gefunden und abgeliefert werden, bekommen hier neben den bereits dreitausend anderen Toten eine letzte Ruhestätte.

Rostige Granaten sind jeweils am Ende des Feldes aufgeschichtet, in dem sie entdeckt wurden. Die mitzunehmen nach England wäre gefährlich. Manche sind noch scharf. Einmal pro Woche werden sie, Acker für Acker, von Spezialisten der belgischen Armee eingesammelt. Zweihundert Tonnen Munition pro Jahr finden sie in Flandern. Von beiden Kriegen. Dem Großen 1914–1918, der noch nicht der erste hieß. Weil sich keiner einen zweiten vorstellen konnte. Vom anderen. Dem zwischen 1939 und 1945, den wie den ersten auch die Deutschen begonnen haben.

Adolf Hitler, der Gefreite, lag bei Wijtschate und hat damals auch Stellung bezogen. Als so unerwartet an Weihnachten der Frieden ausbrach, sagte er wütend zu seinem Kameraden Heinrich Lugauer vom 16. Bayerischen Reserveinfanterieregiment, es sei aufs Schärfste zu missbilligen, dass deutsche und britische Soldaten im Niemandsland sich die Hände reichten und miteinander Weihnachtslieder sängen statt aufeinander zu schießen. So was dürfe in Kriegszeiten nicht passieren. Daran erinnerte sich Lugauer. Die bayerischen Kameraden hörten nicht auf den Gefreiten Hitler. Zu preußisch stur, dieser Österreicher.

Er beschrieb in »*Mein Kampf*« stattdessen andere Szenen, die seiner Gesinnung entsprachen: »…dann kommt eine feuchte kalte Nacht in Flandern…, durch die wir schweigend marschieren, und als der Tag sich aus den Nebeln zu lösen beginnt…, dröhnt aus zweihundert Kehlen dem ersten Boten des Todes das erste Hurra entgegen… aus der Ferne aber drängen die Klänge eines Liedes an unser Ohr, und als der Tod gerade geschäftig hineingriff in unsere Reihen, da erreichte das Lied auch uns…, und wir gaben es nun wieder weiter, Deutschland, Deutschland über alles, über alles in der Welt…«

Eher unter aller Welt. Denn da hatten die Feinde, kaum hundert Meter voneinander entfernt, vieles gemeinsam. Der Maler Otto Dix, wie so viele freiwillig begeistert an die Front geeilt, wie so viele von der Realität dort ernüchtert, hat seine Erfahrungen als Kriegsteilnehmer in diesem Sinne knapp zusammengefasst: »Läuse, Ratten, Stacheldraht, Flöhe, Granaten, Minen, unterirdische Keller, Körper, Blut, Mäuse, Kugeln, Bomben, Feuer: Teufelswerk. Das ist der wahre Krieg.«

Im Untergeschoss des Imperial War Museum in London wird dieser wahre Krieg inszeniert. Schulklassen drängen sich vormittags in die *trenches*, die wirklichkeitsgetreu nachgebauten Schützengräben, nachmittags kommen dann die Veteranen. Von unsichtbaren Tonbändern dröhnen Einschläge der Granaten und Schrapnelle, Schreie von Verwundeten. Das Licht in den Unterständen flackert, künstlicher Rauch steigt auf, die ausgestellten Soldaten sind dann für Momente keine toten Figuren mehr, sie scheinen lebendig zu werden, bevor sie wieder erstarren. Alles Show, doch die wirkt unübersehbar: Selbst die lauthals coolsten Kids verstummen, wollen nur noch raus, schauen im nächsten Raum die echten Filmaufnahmen vom echten Krieg mit echten Toten nicht mehr an wie ein Videospiel. So schrecklich war es einst im richtigen Leben.

Ihre Altersgenossen in Ieper reagieren ebenso verstört auf den Krieg, den ihre Urgroßväter führten. Auch hier im »In Flanders Fields Museum« ist der Horror hörbar, sichtbar, begehbar und damit begreifbar. Sensible Gemüter werden vor dem Betreten der künstlichen Schützengräben vor möglichen Schockerlebnissen gewarnt, denn so unwirklich es heute wirken mag, so wirklich war es damals. Dennoch wählen nur wenige Besucher den vorgeschlagenen Umweg, ohne Schützengraben, ohne Kanonendonner, ohne blutig geschminkte Gesichter direkt in den nächsten Raum zu gehen.

Dort steht ein kleines Holzkreuz. Inschrift: Peter Kollwitz. R.I.R. 207. † 23.10.1914. Es ist echt. Bei einem Angriff auf Diksmuide ist er gefallen, gerade achtzehn Jahre alt. Seine Mutter erhielt die Nachricht von seinem Tod erst vier Wochen später, als ihn seine Kameraden unter diesem Kreuz in Roggeveld schon längst begraben hatten. Von da an bestimmte das Leiden des Krieges die Kunst von Käthe Kollwitz. In ihrem Tagebuch, in dem sie mit dem toten Sohn Gespräche führt, steht das Versprechen, ein Mahnmal zu entwerfen als Erinnerung an ihr Leid. An das Leid vieler. Im April 1931 ist es fertig: »Im Herbst, Peter, werde ich es dir bringen.«

Die beiden Figuren, vereint im Schmerz, getrennt in der Sprachlosigkeit, der unendlichen Trauer, die keine Worte mehr kennt, ein nebeneinander kniendes, in sich zusammengesunkenes Elternpaar sind Mutter und Vater von Peter, Käthe und Karl Kollwitz. Nachdem die Deutschen zum zweiten Mal das Land überfallen hatten, mussten sie verschwinden. Nicht national genug, der so dargestellte Schmerz. Subjektive Trauer gab es nicht, nur kollektive. Die gestattete nur notwendige Opfer, kein vergeudetes Leben. In Essen wurden sie eingelagert, und erst seit

1956, als Peter Kollwitz auf den Soldatenfriedhof bei Vladslo überführt wurde, bewachen die Figuren seiner Mutter seine Ruhe.

Seine und die fast fünfundzwanzigtausend anderen Deutschen, die hier bestattet sind. Die Friedhöfe der Alliierten bestimmen das Landschaftsbild, weiße Steine in scheinbar unendlicher Zahl, und wenn der rote Mohn blüht, sind Weiß und Rot die Farben Flanderns. Der Friedhof in Vladslo liegt fast versteckt in einem dunklen Hain mit hohen Bäumen. Tausende von schwarzen Granitplatten sind in die Erde eingelassen. Deutsche Namen. Aber nicht mehr die von Feinden. Im Tod sind alle gleich.

So sah es sogar schon damals der Musketier Alfred Gelbhaar. In der »Liller Kriegszeitung« vom 4. Februar 1915 ist sein unbeholfenes menschliches Gedicht abgedruckt. Der Zensor verstand nicht alles und vor allem nicht die eigentliche Botschaft, denn dass die Schlagwörter Feind und Blut und Vaterland und Gott vorkamen, scheint ihm genügt zu haben:

> *Nach schweren Kämpfen im Grab vereint.*
> *Ein Deutscher ruht mit seinem Feind.*
> *Die Feindeslieb' der Deutsche trägt.*
> *Barbarenblut sein Herz nicht schlägt.*
> *Es kämpften beid' mit eiserner Hand.*
> *Für ihr geliebtes Vaterland.*
> *Sie liebten beid' mit Seel' und Leib*
> *Ihr Kind, ihr anerkanntes Weib.*
> *Die Heimat glaubten sie zu sehn,*
> *Wo es so herrlich ist, so schön.*
> *Es starben beid' den Heldentod.*
> *Doch glaubten beid' an einen Gott.*

Das »In Flanders Fields Museum« will ein »lebendiges Denkmal der kleinen Leute sein« (Dendooven). Ihr Leben wird erzählt.

Ihr Sterben wird erlebbar gemacht. Ihre Geschichten sind nicht heroisch, sondern entsetzlich einfach. Einfach entsetzlich. »Das war schon immer so, in allen Kriegen«, sagt Museumsmanager Piet Chielens, »egal in welchem Jahrhundert sie stattfanden. Bis heute. Überall, in Ieper oder sonst wo auf der Welt.«

Deshalb haben hier die üblichen Helden der Geschichte keinen Zutritt. Fotos und Filme und Stimmen und Lieder, darunter die vom Weihnachtsfrieden, von einer sonst eher stillen Nacht, haben eine andere Wirkung. Erzählen Geschichten von Menschen. Sie wecken Emotionen und treffen bei vielen Schulklassen, denen Hören und Sehen noch nicht vergangen ist, direkt ins Herz. Die tausend Mal erhobene Forderung »*NO WAR*«, in den Wind skandiert von ihren Eltern, ist dieser neuen Generation des alten Europa nicht fremd. So empfinden es die Macher des 1998 eröffneten Museums und sehen sich bestätigt, denn sie setzten bei der Planung ihrer Dauerausstellung über den Großen Krieg auf die Kraft der Bilder, die Macht der Emotionen, auf die Fantasie.

Die wird mitunter per Knopfdruck angeregt. Zum Beispiel in dem Computerterminal, in dem, mit Fotos und Texten, alles zum Thema Nutzwert eines Taschentuchs im Krieg gespeichert ist. Klingt wie ein Spiel im Vorübergehen, doch schon mit dem ersten Bild wird es ernst. Ein nasses Taschentuch, vors Gesicht gehalten, konnte bei Gasangriffen so lange helfen, bis die Gasmaske richtig saß. Ein Taschentuch konnte das von Querschlägern und Schrapnellen zerstörte Antlitz gnädig verbergen. Ein weißes Taschentuch trugen bei Exekutionen die Delinquenten auf dem Herzen, damit die abkommandierten Schützen besser trafen, den Opfern wurden mit einem weiteren Taschentuch die Augen verbunden, damit sie ihre Mörder nicht sahen. Ein Taschentuch vor Nase und Mund sollte Grippeviren abhalten. Ein über dem Kopf geschwenktes weißes Taschentuch bedeutete Frieden.

Der zu Weihnachten ist ebenfalls sichtbar. Vier Soldaten der feindlichen Armeen, nachgebildet in Lebensgröße, an Uniformen ihrem Vaterland, Mutterland zuzuordnen, reichen sich im Niemandsland durch eine sie trennende Glaswand die Hände. Verstreut ein paar Figuren auf Flanderns Feldern. Ein Modell der zerfurchten toten Landschaft an der Westfront liegt unter Glas. Wattebäusche markieren beispielhaft Einschläge von Granaten, Explosionen von Minen im Niemandsland. Selbst solche künstlichen Wirklichkeiten, in London wie in Ieper, vermitteln eine Ahnung von dem Grauen einst vor Ort.

Von weiter oben betrachtet, waren die Schützengräben an der Westfront nur Narben in der Landschaft. Striche, Kurven, Halbkreise. Dazwischen Niemandsland, manchmal nur knapp hundert Meter, manchmal einen ganzen Kilometer breit. Was gelegentlich wie eine Luftblase aussieht, war einer der umkämpften und längst entlaubten kleinen Hügel um Ypern herum.

Die Soldaten, die aus ihren Gräben auf die der anderen zustürmten, wirkten auf die Piloten der Aufklärungsflugzeuge wie Figuren bei einem Brettspiel. Bis sie sich plötzlich bewegten. Manche erreichten das Ziel. Manche fielen um. Manche rannten zurück. Solche Ansichten vom Krieg blieben die Ausnahmen. Die meisten Attacken fanden naturgemäß nachts statt. In der Hoffnung, vom Feind nicht entdeckt zu werden, nicht erwischt zu werden, bevor man ihn selbst erwischt hatte.

Waren sie erst mal durch Granattrichter, Drahtverhaue, Stacheldraht gelangt, hatten sie es erst einmal über die Brustwehr geschafft und sich mit Handgranaten einen Weg frei gebombt, ging es Mann gegen Mann in den Gräben zu wie im Mittelalter. Sie schlugen sich im Nahkampf mit Knüppeln die Köpfe ein. Sie benutzten Totschläger, an deren Ende eine Bleikugel befestigt war. Sie gebrauchten die Spaten, mit denen sie ihre Gräben ausgehoben hatten, um dem Gegner den Schädel zu spalten. Sie stießen ihm das Bajonett in den Leib. So töteten sie, so wurden sie getötet, so machten es alle. »Wem das Gewehr in der Enge des Grabens zu unhandlich ist, der ergreift einen Spaten, ein Beil oder eine Latte und schlägt drauf, wo er in der Dunkelheit Khaki erkennt«, wird ein solches Schlachten in einem Regimentsbericht beschrieben. Engländer trugen Khakiuniformen.

Der Dichter Blaise Cendrars, in der Schweiz geboren, hatte sich zur Fremdenlegion gemeldet, um beim Krieg dabei sein zu können. Seinen ganz persönlichen Nahkampf beschrieb er so: »Ich halte das Messer in meiner Hand. Ich habe alles gesehen, Maschinengewehre, Granaten, Minen, nun sehe ich einen Menschen. Eine Kreatur wie mich. Einen Affen. Auge um Auge, Zahn um Zahn. Nun sind es nur noch du und ich. Mit Fäusten und mit Messern. Gnadenlos springe ich meinen Gegner an. Verpasse ihm einen furchtbaren Schlag. Sein Kopf ist fast schon vom Körper getrennt. Ich habe den Kraut getötet. Ich habe gehandelt. Ich habe getötet. Wie jemand, der leben möchte.«

Obwohl man in der zerschossenen Landschaft Flanderns die Unterstände nicht sehen konnte, aus denen die Soldaten zum befohlenen Töten kletterten, man atmete sie ein. Die Latrinen. Das schlechte Essen. Vor allem aber roch es nach Blut, nach Verwesung, Menschen, Ratten, Pferden, ungelöschtem Kalk, verglühten Granaten. Flandern war eine riesige Totenhalle unter freiem Himmel. Flandern produzierte Leichen. Auf denen blühte der Mohn.

Kein Wind von der Nordsee, und Wind gibt es in Flandern an 365 Tagen im Jahr, vermochte den Pesthauch des Todes zu verwehen.

Der Krieg stank.

Muss das alles so schrecklich genau erzählt werden?

Ja.

Krieg stinkt.

Krieg stinkt immer.

Nur die Schilderung des alltäglichen Horrors macht die Dimension des wundersamen kleinen Friedens klar.

Am ersten Weihnachtstag wird es windstill sein.

Da stinkt der Krieg allen.

Was sich dann zwischen den beiden Fronten ereignete, war ein Stück reiner Menschlichkeit. Aus dem Kriegstagebuch des 16. Bayerischen Infanterieregiments

2

JACK REAGAN TRÄGT EINEN HOCKER NACH DRAUSSEN UND BIETET der Laufkundschaft seine Dienste an. Es wäre auch im normalen Leben für einen Friseur ungewöhnlich gewesen, auf einem Trottoir in London oder Manchester zu stehen und da seinen Beruf auszuüben, den Kunden unter freiem Himmel statt im Salon die Haare zu schneiden oder den Bart zu stutzen. Aber auf einem gefrorenen Acker vor dem englischen Schützengraben bei Wez Macquart, zwischen Stacheldrahtzaun und Granattrichter, ist es einfach verrückt.

Hauptmann Josef Sewald vom 17. Bayerischen Reserveregiment sieht es ebenso. Man möge sich das mal vorstellen, schrieb er nach Hause, wir sind schließlich im Krieg!, am ersten Weihnachtstag habe es einen Friseur gegeben, der tatsächlich für ein paar Zigaretten pro Soldat, völlig wurscht, woher der kam, von seiner oder der anderen Seite, die Haare gekürzt hat. Mehr noch. Viele Feinde schnitten sich gegenseitig die Haare, was ein noch merkwürdigeres Bild ergab, denn einen Hocker wie Reagan hatten sie ja nicht.

Also knieten die einen vor den anderen, bunt gemischt die Reihe, Dutzende von jungen Männern, die beim Einschäumen und Rasieren und beim lustvollen Zertreten von Läusen in den fallenden Haarbüscheln laut lachten. »Es war keine Spur von

Feindschaft zwischen denen«, und würde er es nicht selbst gesehen haben, niemals hätte Sewald so etwas für möglich gehalten.

Den ganzen 25. Dezember über hat es ähnlich wahnsinnige Szenen und absurd anmutende Begegnungen an der Westfront in Flandern gegeben, bei Houplines und St. Yvon, bei Messines und Ploegsteert, in Wijtschate und Warneton, bei Frelinghien und Armentières, in Fleurbaix und in Le Touquet. Wahnsinn war genau genommen das, was sie hier und anderswo seit Monaten betrieben: der Krieg. Wahnsinn war das tägliche Töten, Wahnsinn die Zerstörung von Städten und Dörfern und Existenzen. Dass ausgerechnet in Flandern, auf dessen Feldern die Soldaten buchstäblich um jeden Meter Boden kämpften, wo in knapp fünf Monaten schon Hunderttausende gefallen waren, plötzlich und über Nacht und auf Zuruf übers Feld der Frieden ausbricht, ist zwar der eigentliche Wahnsinn.

Aber dennoch erklärbar. Wo sich die Feinde Aug' in Aug' gegenüberlagen, oft ja buchstäblich, erkannte der eine bei allem Hass im anderen auch jene Angst, welche ihn selbst quälte. Die Angst vor dem Tod. Dieses urmenschliche Gefühl war denen in ihren sicheren Hauptquartieren fremd. Welcher Stabsoffizier verirrte sich schon mal an die Front? Deshalb sind die da oben so überrascht, als die ersten Meldungen vom plötzlichen Frieden der da unten eintreffen.

Zum wunderbaren Wahnsinn tragen die normalen Wahnsinnigen nichts bei. Die bleiben sich treu und setzen ihren Krieg am ersten Weihnachtstag fort. Sie seien eben doch Bastarde, miese Feiglinge, die Deutschen, schimpfte Sergeant Blackwood Jones in einem Brief an seine Frau, ein Scharfschütze von denen habe einen Kameraden mit einem gezielten Schuss in den Rücken getötet. Dabei hatte der nur in friedlicher Absicht Tabak und Marmelade gegen Brot und Zigaretten getauscht und befand sich schon wieder auf dem Rückweg in die britischen Stellungen. Nach seiner Schilderung könnte es sich um Sergeant Frank Collins gehandelt haben, im Zivilberuf Briefträger, dreifacher Familienvater, der erschossen worden war, als er mit Zigaretten der Marke Woodbines zwischen den Gräben handelte.

Erschossen von einem preußischen Scharfschützen und nicht etwa von einem sächsischen. Die Sachsen vergessen nie, ihre englischen Verhandlungspartner vor den Preußen zu warnen. Eigentlich sollten wir mit euch auf einer Seite stehen, nicht mit denen. Eine solche Aussage scheint sogar glaubhaft. Denn Colonel Harold Barrington-Brown hat sie bei seinen Gesprächen im Niemandsland bei Armentières wörtlich so gehört und anschließend notiert.

Normaler Wahnsinn auch auf der anderen Seite. Ein deutscher Soldat läuft nachmittags in der Nähe von Givenchy oben auf der Brüstung der Gräben. Vorsichtig balanciert er, um das Gleichgewicht zu halten. Wegen der frostigen Temperaturen ist es ein wenig rutschig auf den Sandsäcken. Er hat einen Korb dabei, den er vor der Brust trägt. Nie werden die Briten gegenüber erfahren, ob in dem Geschenke lagen für die am Vormittag neu gewonnenen Freunde, also für sie. Denn einer von ihnen, der im Graben zurückgeblieben war, unbemerkt von den eigenen Leuten, die sich unterhalten im Niemandsland, tötet den Mann auf der Brüstung. Mag sein, trug ein Augenzeuge in sein Tagebuch ein, dass es auf Befehl geschah, aber »ich fühlte mich beschissen dabei, dass es einer von uns gewesen ist, der das Vertrauen zerstört und den Waffenstillstand gebrochen hatte«.

Es stimmt also, dass an manchen Frontabschnitten, nur knapp tausend Meter Luftlinie von einem wunderbaren Wahnsinn entfernt, der normale Irrsinn weiterging. Dass dort, wie an jedem Tag, geschossen und gestorben wurde, während hier, wie an keinem Tag, gefeiert und gelebt wird.

Am Heiligen Abend, besiegt von friedfertigen Liedern bis tief in die Nacht hinein, hatte der Krieg vorübergehend seine Macht eingebüßt. Die vorherrschende Stimmung, eine Mischung aus Wehmut und Schwermut, war stärker gewesen als der vorher herrschende Hass. »Vor unserem geistigen Auge standen Lichterglanz, strahlende Christbäume, helle blinkende Kinderaugen.« Fern der Heimat, die für Franzosen und Belgier geografisch näher lag als für Briten und Deutsche, aber genauso unerreichbar weit entfernt, waren sie in diesem anderen Land, das niemand besaß, schließlich alle.

Zu normalen Zeiten wären sie am Weihnachtsfest zusammen mit ihren Familien um den kerzengeschmückten Baum gestanden, in geheizten Zimmern, im Frieden auf Erden. Weihnachten 1914 standen sie in der Kälte der flandrischen Nacht im Freien, waren von ihren Angehörigen getrennt und mussten zudem fürchten, die nie wiederzusehen – ihre Eltern, ihre Geschwister, ihre Frauen, ihre Kinder, ihre Liebsten. Fleischermeister Hering aus der Dürerstraße in Plauen hätte von der Geburt seiner Zwillingstöchter am 16. Dezember 1914 sofort erfahren und nicht erst jetzt durch ein Foto im Weihnachtsbrief seiner Frau. Ob er sie in Wirklichkeit je gesehen hat?

Wie schwer »uns Familienvätern« gerade hier das »Fest der Liebe« ankomme, schrieb einer nach Hause, als er sich für die Liebesgaben bedankte, das könne wirklich niemand ahnen. Nur die Kameraden hier, denen es ging wie ihm: »Still wurden die schwatzenden Lippen, heiß wallte das durch die gewaltsam zurückgedrängte Sehnsucht erregte Blut vom Herzen herauf und nach dem Kopf und presste Tränen unter den Wimpern hervor.« Die Heilige Nacht war bestimmt von solchen Empfindungen, die sich heute lesen wie purer Kitsch – aber eben nur heute, im Rückblick.

Die Wirklichkeit damals bestand aus gemischten Gefühlen, sentimentalen, verzweifelten, auch solchen der Hoffnung. Denen gehorchend schien alles möglich, sogar das Unmögliche. Wenn den Soldaten wie den Hirten in der Weihnachtsgeschichte ein Engel auf dem Felde erschienen wäre… *und siehe, ich verkündige euch eine große Freude, denn es ist geboren Christus der*

Herr…, hätten sie zwar ihren Augen nicht getraut, aber womöglich einen wahnsinnigen Moment lang an die Erscheinung geglaubt.

Dennoch hatten sie auf beiden Seiten dem nächtlichen Frieden nicht so ganz die Kraft zugebilligt, sich und sie in den nächsten Tag zu retten. Deshalb standen beim ersten Morgengrauen am Christmas Day die Soldaten hier wie dort eine halbe Stunde lang wachsam Gewehr bei Fuß, *stand-to-arms*, was sie an jedem gottverdammten Morgen zu tun pflegten, um auf einen eventuellen Angriff vorbereitet zu sein. Es war Teil der täglichen Routine im Stellungskrieg. Deutsche und Briten und Franzosen und Belgier hielten das so vor Tagesanbruch, im Sommer und Herbst früher, jetzt im Winter später, nur die entsprechenden Kommandos lauteten halt anders. Da alle von diesem Ritual wussten, weil sie sich lauernd auf Hörweite gegenüberstanden, gab es in der Morgendämmerung selten einen Angriff. Der bei solchen Attacken nötige Überraschungseffekt entfiel. Deshalb blieben alle lieber da, wo sie waren.

Als endlich die Nacht weicht und der erste Weihnachtstag beginnt, an dem traditionell die Briten Christmas feiern, ist es etwa acht Uhr. *Breakfast time*, Frühstückszeit. Es war tatsächlich fast an der gesamten Westfront ruhig geblieben, oben bei den Belgiern, weiter unten bei den Franzosen, nicht nur hier zwischen den Briten und den Deutschen. Gerade die Belgier hätten allen Grund gehabt, sich den Annäherungen der verhassten Besatzer zu verweigern, ihnen auch an Weihnachten nicht die Hand zu geben. Doch als an ihrem Frontabschnitt am Yserkanal und an der Yser deutsche Soldaten ohne Vorwarnung aus ihren Schützengräben klettern und unter Gesang und »Kameraden-, Kameraden«-Rufen auf sie zumarschieren, lassen auch belgische Soldaten ihre Waffen sinken, verlassen ihre Stellungen und üben sich in Verbrüderung.

Viele deutsche und britische Kompanien hatten auf dem nächtlichen Feld untereinander den Frieden per Handschlag bekräftigt, ohne zuvor ihre jeweiligen Kommandostäbe in den hinteren Linien zu informieren. Das war in weiser Voraussicht geschehen, denn deren Haltung haben sie sich so etwa vorstellen können, und den Befehl zu schießen wollten sie gar nicht erst hören. Von den Abmachungen über eine Waffenruhe wissen aber auch ganz andere nichts, und die liegen in der vordersten Front. Sie teilen am Weihnachtsmorgen wie an jedem Morgen ihre Wachen ein, schicken Scharfschützen auf ihre Posten, haben keine Ahnung von dem, was passieren wird.

Sogar innerhalb einer Division, einer Brigade, eines Bataillons war das so. Beim 20. und 21. Regiment der Bayern wusste man nicht, dass ihre Kameraden vom 16. und 17. unten in der Nähe des völlig zerstörten Messines einen Waffenstillstand zur Bergung der Toten beschlossen hatten. Als sie per Feldtelefon davon erfahren, was nicht immer funktionierte, heute aber ohne Störung, sind sie allerdings dabei und halten es in ihrem Abschnitt mit dem Frieden genauso. Die Bayern vom 20. beispielsweise werden mit den ihnen gegenüberliegenden Franzosen vom 99. Infanterieregiment fraternisieren. Von den Sachsen, die in den Gräben beim Ploegsteert-Wald liegen, wo sich die Kompanie von Leutnant Kurt Zehmisch eingegraben hatte, oder bei Frelinghien oder bei Wulvergem, machen alle mit. Sie bereiten sogar weihnachtliche Überraschungen vor.

Einige Einheiten des 14th Warwickshire Regiments aber waren erst lange nach Mitternacht aus ihren Ruhestellungen hinter St. Yvon zurückgekehrt an die Front, hatten im Gegensatz zu Leutnant Bruce Bairnsfather nichts mehr mitbekommen von dem, was im Niemandsland stattfand, von spontanen Verbrüderungen und Gesängen oder gar den bühnenreifen Treffen im Schein des Mondes und Strahl der Taschenlampen. Die vielen einzelnen Kerzen und die an den Tannenbäumen waren ebenfalls längst erloschen, als sie in ihren Unterständen ankamen. Und dass hier und da noch »*Stille Nacht*« gesungen wurde, na gut, war halt Tradition bei den Deutschen.

Auf den ersten müden Blick hin scheint am Morgen danach alles normal zu sein. Was in diesen Zeiten so als normal gilt: Baumstümpfe, Granattrichter, Stacheldraht, Tote. Die Bühne sieht aus wie immer. Dreckig. Und es stinkt wie immer. Süßlich. »Wir erwarteten also keine Wunder, und dann geschah etwas Unglaubliches, auf das wir nicht vorbereitet waren«, notierte der Regimentsschreiber im Kriegstagebuch, dem War Diary. Zuerst fällt den Wachen auf, dass etwas anders ist als sonst. Es ist noch kein einziger Schuss gefallen. Nichts, gar nichts ist heute Morgen zu hören. Es ist einfach still. Keine Kanonen donnern. Keine Kugeln schwirren. Keine Granaten heulen. Kein Plopp vom Stutzen eines Scharfschützen. Kein Tacktacktack von einem Maschinengewehr.

Nicht mal laute Stimmen dringen aus den Gräben gegenüber. An die waren sie gewöhnt um diese Zeit, die zählten sie zur Routine. Hatten oft die *»Old Fritzens«* reden hören am Morgen, ihnen ab und zu Kekse in die Gräben geschleudert oder Bully Beef, mit Dank und der Ankündigung »Englander, Englander« Würste oder Brot im Gegenwurf erhalten. Mit Sauerkraut zu werfen ging nicht. Die andere britische Spezialität, eine Konservenmischung von Fleisch und Gemüse, eine Art Stew, Maconochie genannt nach dem Hersteller dieser Scheußlichkeit, blieb liegen. Manche erkannten einander an den Stimmen, ohne sich je gesehen zu haben. Die werden sich gleich zum ersten Mal sehen und dann wissen, welches Gesicht zu welcher Stimme gehört.

Manchen erschien später das Gesicht immer wieder in den Momenten, in denen sie einen von drüben, das auch hüben sein konnte, ins Visier nahmen und sein Leben mit einem Schuss beendeten. »Dann steckte der Deutsche dahinten wieder seinen Kopf heraus. Er lachte und redete. Ich sah seine Zähne gegen meinen Gewehrkolben glänzen und zog ganz langsam am Abzug. Er stöhnte nur kurz auf und sackte zusammen«, notierte jener Captain Julian Grenfell, dem einst der Krieg wie ein einziges großes Picknick vorgekommen war. Er gehörte zu denen, die immer noch den Krieg als einen Jagdausflug betrachteten, bei dem es statt der üblichen Füchse oder Enten halt Menschen zu erlegen gab.

Aber heute ist es einfach nur still. Seltsam. Hat uns vielleicht keiner gesagt, scherzt ein Rifleman, dass der Krieg vorbei ist? Er liegt nicht ganz falsch. Der Krieg ist zwar noch lange nicht zu Ende, aber er macht gerade mal Pause.

Dann hören sie endlich etwas, ein Lebenszeichen, das Kikeriki eines Hahnes aus den deutschen Stellungen. Für den hat der Tag erst jetzt begonnen. Er kräht nur einmal. Haben sie ihm gleich den Hals umgedreht, um ihn zu rupfen und als Weihnachtsbraten zu verspeisen? Danach wieder Stille. Jetzt ist es schon zwanzig nach acht, zwar neblig, aber so hell, dass alle genau erkennen können, was auf der anderen Seite passiert. Nämlich nichts. Plötzlich durchbricht die Stimme eines Deutschen die Stille: »*Come over here*, kommt rüber, Warwicks.« Einer von den Warwicks schreit zurück: »Wie geht es deinem Vater, Fritz?«, was zwar keinen Sinn ergibt, aber der einzige Satz ist, den er kann auf Deutsch, und bekommt natürlich darauf keine sinnvolle Antwort, aber die überraschende Ankündigung: »Wir treffen uns auf halber Strecke.«

Als sie daraufhin über die Brustwehr schauen, können die verblüfften Briten sehen, dass der Mann den deutschen Graben bereits verlassen hat und in ihre Richtung marschiert. »Entweder hatte der ein unerschütterliches Vertrauen in den christlichen Geist des Weihnachtsfestes – oder er war total verrückt«, erinnerte sich der Beobachter gegenüber. Der Mut des Deutschen beeindruckt ihn. Also klettert auch er über die Brüstung und geht dem entgegen. Sie schütteln sich die Hände wie alte Freunde, die sich viel zu lange schon nicht gesehen haben und dringend mal wieder über alles reden wollen.

Ihr Beispiel hat Signalwirkung.

Innerhalb von wenigen Minuten ist die Unterwelt entvölkert. Die Männer wollen raus aus den Gräben, freiwillig. Nur bei nächtlichen Angriffen hatten sie sonst ihre Stellungen Richtung Niemandsland verlassen, unfreiwillig. Da ging es um Leben oder Tod, und sie mussten Befehlen gehorchen, wagten es nur vorsichtig zentimeterweise kriechend, immer in der Angst, getroffen zu werden. Im Schlamm, im Dreck zu verbluten. Denn die Sanitäter wären schon auf dem Weg, um ihnen zu helfen, erschossen worden.

Jetzt kann ihnen alles nicht schnell genug gehen, fast wirkt es wie eine Flucht. Noch etwas ist anders: Der Gang. Kein Robben im Dreck. Kein Kriechen über Leichen. Kein Kauern in Ackerrinnen. Kein Verhaken im Stacheldraht. Auf Augenhöhe kommt ihnen der Feind entgegen und ist unbewaffnet wie sie.

Zunächst bleiben einige noch abwartend auf den Brüstungen, jederzeit bereit, sich bei einem etwaigen Schuss von drüben rückwärts in Sicherheit fallen zu lassen, aber als kein Schuss fällt, rennen auch sie los. Sachsen wie Engländer, Bayern wie Schotten, stolpern unterwegs über verdorrte Leichen oder verrostete Granathülsen, fallen mal hin, in einen mit eiskaltem Wasser gefüllten Trichter, schütteln sich wie nasse Hunde und rappeln sich wieder auf, bis sie schließlich stehen bleiben. Andere gehen es vorsichtiger gebückt an und prüfen vor jedem Schritt, ob der Boden fest ist. Sie gewinnen Sicherheit bei jedem Meter, bis sie schließlich den aufrechten Gang üben. Das Niemandsland wird zum Jedermannsland, ist bald so voll wie ein Schulhof während der großen Pause. Eine Art großer Pause ist es ja, allerdings liegen auf Schulhöfen keine Leichen.

Der Ausbruch aus den Schützengräben, ohne die übliche Angst, nicht mehr zurückzukehren in diese scheinbare, wenn auch brüchige Sicherheit unter der Erdoberfläche, ist die Initialzündung zu allem, was an diesem Tag noch passieren wird, von der Hasenjagd bis zum Fußballspiel, vom Auftritt eines Jongleurs bis zum Boxkampf. Er wirkt auf alle befreiend, denn das System der Gräben auf beiden Seiten unterschied sich kaum voneinander. Und in dem System waren sie gleichermaßen gefangen, mussten sich ihm anpassen, sich ihm fügen, um nicht noch mehr zu verlieren als ihre menschliche Würde. Ihr Leben.

Das System im Stellungskrieg sah im Prinzip so aus: Etwa fünfhundert bis siebenhundert Meter hinter der vordersten Linie, aus der heraus die Attacken gestartet wurden, lagen Versorgungsgräben, zu denen im Zickzackkurs so genannte Laufgräben führten, durch die der Nachschub und die Verpflegung geschleppt werden mussten. Zickzackgräben deshalb, um der Artillerie das Zielfeuer zu erschweren, damit nicht bei Beschuss durch Granaten der ganze Graben in die Luft flog. Manchmal blieben nicht nur warme dünne Graupensuppen auf der Strecke, sondern auch die Träger.

Getroffen vom gezielten Schuss eines Scharfschützen, denn die Ausgabezeiten des Essens waren bekannt. Nur beim Essen selbst galt die Übereinkunft, nicht aufeinander zu schießen. Weitere fünfhundert bis höchstens sechshundert Meter hinter den Versorgungsgräben lagen die Reservestellungen. In denen ruhten sich nach geglückter Ablösung alle Soldaten aus, Reserve hatte Ruh!, die dem Tod in der ersten Reihe entkommen waren. Einen Zählappell gab es dort jeden Morgen vor Anbruch der Dämmerung. Wer sich nicht mehr meldete, hatte sich für immer abgemeldet.

Gestorben wurde hauptsächlich nachts, denn nachts wurde attackiert, von hier nach dort, von dort nach hier. Also starb es sich im Niemandsland fürs Vaterland, fürs Mutterland, und wie das aussah, konnten die Überlebenden jeweils am Morgen danach betrachten. Mitunter hatten Feinde abgemacht, unter sich und auf Zuruf über die Brüstungen, sich immer zuvor versichernd, dass kein Offizier in der Nähe mithören konnte, bei den Vorbereitungen zu nächtlichen Angriffen, zu den *raids*, so laut zu sprechen, dass die jeweils andere Seite rechtzeitig gewarnt war. Das ging so lange gut, bis sie abgelöst wurden. Ihre Nachfolger wussten ja nichts von den heimlichen Absprachen.

Oder man starb durch den Einschlag von Granaten, und wie die Opfer aussahen, wollte keiner näher betrachten. Ausnahmen von dieser tödlichen Regel bildeten die tagsüber um Ypern oder bei Messines oder am La-Bassée-Kanal stattfindenden Gefechte, beliebt bei Generälen in sicheren Hauptquartieren, in denen Tausende, hier wie dort, die Reihen fest geschlossen, den Gegnern die Brust boten. Nur solche Schlachten bekamen Namen und schafften es in die Geschichtsbücher. Die Generäle, die den Tod befohlen hatten, übrigens auch. Die aller Seiten.

Der gültige Rhythmus in den Gräben: vier Tage Front, vier Tage leichter Dienst in der zweiten, vier Tage Ruhe in der letzten Linie. Bei den Franzosen wurde nach drei Tagen abgelöst, bei den Briten konnten es auch nur zwei Tage sein. Alles Theorie. Theoretisch hatte im Großen Krieg ein Soldat im Laufe eines Jahres etwa hundert bis hundertfünfzig Tage und Nächte an der Front verbracht, aber diese Rechnung galt nur für den Fall, dass er ein Jahr Stellungskrieg überlebte.

Die Deutschen bauten ihre Gräben getreu den Anweisungen in *»Der gute Kamerad, ein Lern- und Lesebuch für den Dienstunterricht des deutschen Infanteristen«* zu Festungen aus. Ihre Unterstände waren tiefer als die des Gegners. Sogar die Gräben dahinter, vorgesehen nur für Nachschub, konnten sofort als Kampflinie besetzt werden, falls die vorderste Stellung überrannt worden war. Manche Chronisten benutzten sogar das Wort komfortabel für die Unterwelt der Deutschen, die Wände wurden abgestützt mit Balken und Weidengeflechten, die sauber ausgeschanzten Höhlen der Offiziere durch Stahltüren geschützt, die einem gewissen Beschuss standhalten würden. Doch bei Volltreffern im Graben half ihnen das nichts, da teilten sie das Schicksal ihrer Soldaten.

Jede Armee hatte ihre eigene Technik für die Unterwelt entwickelt und wie man sich darin einrichtete. Die Stellungen der Engländer werden sogar von ihnen selbst als »kaum gepflegte

Erdlöcher« beschrieben, was ursprünglich so gewollt war, weil sie hier nur kurz Deckung suchten vor dem Signal zur nächsten Attacke. Denn zu attackieren und nicht zu warten auf eine Attacke entsprach ihrer Strategie. Die scheiterte bekanntlich an der Wirklichkeit. Im Laufe der Zeit bauten auch sie, wie die Franzosen, ihre Gräben zu möglichst sicheren Festungen aus. Ehemalige Studenten aus Oxford und Cambridge lobten sogar ihre in den Ruhestellungen gelegenen Unterkünfte. Die seien besser eingerichtet gewesen als die Bruchbuden in ihren Universitäten. Grüne Feldstühle, Grammophone und Schallplatten, Regale für Marmelade und Kekse, Haken für die Mäntel, anständige Matratzen auf den Bettgestellen.

Seit es im Spätherbst zu regnen begonnen hatte, und dieser Regen rauschte ununterbrochen Tag und Nacht auf alle, war das Leben in den Gräben unerträglich geworden. Freiwillig hätte keiner der Kriegsfreiwilligen so etwas auch nur einen einzigen Tag im zivilen Leben ausgehalten. Allerdings blieb, wiederum allen, nichts anderes übrig, als es zu ertragen. Am schlimmsten sind die Nächte. »Hatte man sich zu später Stunde auf seine etwa dreißig Zentimeter über dem Boden stehende Pritsche zur Ruhe ausgestreckt«, trägt ein deutscher Leutnant in sein Tagebuch ein, »dann wurde man nach zwei bis drei Stunden davon wach, dass das allmählich steigende Grundwasser die Pritsche erreicht hatte. Selbst der steifste Grog, den man sich vorher eingeflößt hatte, verhinderte dann nicht, dass man, von den kühlen Fluten bespült, aufwachte. Dann half nur eifriges Schöpfen mit dem Eimer, Kochgeschirr, um den Wasserspiegel wieder zu senken. Manch einer weiß, wem er seinen Rheumatismus heute zu verdanken hat.«

Die Bedingungen auf der anderen Seite sind naturgegeben gleich schrecklich. »*The conditions are awful*«, gab Barrington-Brown zu. Die Deutschen hatten zwar Gummistiefel, aber das half denen nicht viel, denn der Schlamm lief einfach in die Stiefel rein. So hoch stand er in den Gräben und oft bis zur Hüfte.

Die Briten trugen Stiefel und Gamaschen, die zugekleistert waren mit Matsch, nicht mehr zu unterscheiden, wo die einen aufhörten und die anderen begannen. »Wir sahen wie eine Bande von Pennern aus, als wir zum ersten Mal wieder in Ruhequartiere kamen, und als wir endlich Stiefel und Gamaschen auszogen und die Socken, ging bei vielen die Haut an den Füßen gleich mit ab.«

Wenn die Soldaten am Ende ihrer Wache abgelöst wurden, schlüpften sie in eines der grabähnlichen Löcher, die von den Pionieren ihrer Einheit in die tonerdige Wand gehauen worden waren, gefüllt mit feuchtem Stroh, deckten sich mit ihren Mänteln zu, versuchten zu schlafen, was nur selten gelang, lagen wie tot und schreckten nur auf, wenn die Ratten an ihnen schnupperten. Die Namen, die sie ihren Löchern gaben, zeugen von schwarzem Humor. Villa Waldfrieden, Mon Repos, Pillow Dream.

An Weihnachten schlägt das Wetter um, friert der Schlamm hart, hört der Regen auf. Vor allem aber schlägt die Stimmung um. Das ist entscheidend, nur aus diesem Gefühl heraus haben sie es gewagt, diese verdammten Gräben zu verlassen. Nun stehen sie tatsächlich draußen, nun stehen sie tatsächlich aufrecht, nun stehen sie tatsächlich auf festem Grund. Nicht nur symbolisch, sondern wirklich. Das gibt Sicherheit.

Sie zeigen sich die Geschenke aus den Liebesgaben oder Princess-Mary-Boxes. Es werden deutsche Zigaretten gegen das bei den Deutschen beliebte Bully Beef getauscht und britisches Jam gegen die bei den Briten begehrten Hartwürste. Entgegen den Gräuelmärchen in britischen Zeitungen, wie Rifleman W.A. Quinton feststellt, ist die Schokolade nicht vergiftet, die von den Gegnern verteilt wird. Alles findet unter freiem Himmel statt. Der ist sichtbar, mit »glänzendem Lichte ging die Sonne auf«, und erst ab Mittag verschwand sie wieder im Nebel. Immer noch schläft der Wind. Raureif zaubert Illusionen von weißer Weihnacht. An manchen Stellen liegt tatsächlich ein wenig Schnee. In dem ruhen Gewehre, achtlos fallen gelassen, als der Run aus den Gräben begann.

Schrecklich bei aller Freude sei der Gedanke gewesen, zitierte vierzehn Tage später der sozialdemokratische »Vorwärts« aus dem Feldpostbrief eines Soldaten, dass man den »einen Tag so sehr miteinander in Frieden verkehren kann und dass man am anderen Tage sich damit beschäftigen muss, sich gegenseitig umzubringen«.

Dass sie unmittelbar neben den Leichen gefallener Kameraden stehen und fröhlich radebrechen und miteinander lachen, ist keineswegs pietätlos. Leichen gehörten bereits so selbstverständlich zum Landschaftsbild, dass sie bei den Lebenden kaum noch Beachtung fanden. »Wenn zu Beginn des Krieges einer erschossen wird, ist man betroffen, man geht schauen, auch wenn man ihn nicht persönlich gekannt hat. Aber wenn man dann abgehärtet ist, versucht man nicht einmal mehr, ihm auszuweichen, selbst wenn er im Weg liegt. Man wird hart«, hat der belgische Soldat Jules Leroy seine Empfindungen begründet, und wie ihm erging es den meisten an der Front, egal auf welcher Seite sie kämpften.

Es war halt so und muss dann auch geschrieben werden, dass der Hass bei passender Gelegenheit stärker war als das Mitleid. Als ein deutscher Soldat, kniend im Graben, den die Briten gerade gestürmt hatten, flehentlich ein Foto hochhielt, denn seine Waffe hatte er weggeworfen, half ihm die Bitte um Erbarmen, die Geste der stummen Unterwerfung nichts. Er wurde totgeschlagen. Dem Toten nahm einer das Bild aus der Hand und schaute es an. Es zeigte eine Frau und zwei kleine Kinder, lächelnd.

Einen direkt von Angesicht zu Angesicht zu erschlagen, zu erschießen, das schien für Momente die eigenen Albträume zu vertreiben. Befreiend zu wirken. Deutsche haben es genauso gehalten, und dass auch sie kurzerhand mal die Verwundeten erschossen, wenn sie ihnen im Weg waren, muss dann eben auch geschrieben werden. Auswirkungen auf die Psyche blieben nicht aus. Viele haben zwar den Krieg überlebt, aber danach ihr ziviles Leben nicht mehr leben können.

Doch auch die härtesten Soldaten wurden im Angesicht des ganz konkreten Todes manchmal weich. In solchen Momenten verwandelten sie sich zurück in die kaum zwanzigjährigen friedlichen Jungs, die sie gewesen sind, bevor sie in nationaler Aufwallung in den Krieg zogen. Ganz egal, welches Vaterland sie dahin geschickt hatte, wessen Ruf zu den Waffen sie gefolgt waren. Sie sahen einen toten Soldaten und in dem, in genau diesem einen Augenblick ihr Ebenbild, ihr künftiges Schicksal. Hatten sie geglaubt, der Feind sterbe anders als der Freund, der Tod mache Unterschiede?

Machte der aber nicht. Der nahm sich alle, die er kriegen konnte.

Momente des Einhaltens passierten ausgerechnet nach besonders blutigen Gefechten, als blinder Hass mal die hier und mal die anderen dort zu wütenden Killern verwandelt hatte. Es konnte geschehen, und es ist geschehen, dass ein Brite hinter seinem Maschinengewehr mit geradezu infernalischer Befriedigung in die anstürmenden Deutschen hielt, sich selbst laut anfeuerte und sich freute, dass die reihenweise fielen. Drei Patronengürtel hatte er verschossen, bis sich keiner mehr rührte. Dann herrschte Totenstille. Begleitet von ein paar Schützen seiner Kompanie, Gewehr im Anschlag oder Spitzhacke zuschlagbereit, falls sich noch ein Deutscher bewegen sollte, ging er aufs Feld. Erleichtert, dass es vorbei war. Befreit lachend.

Plötzlich standen sie vor einem verbluteten Deutschen, der vor wenigen Minuten noch gelebt haben musste. Es baumelte an den Fingern einer Hand, und er hatte nur noch eine, ein Rosenkranz. Da erstarb ihr Lachen, und Mann für Mann starrten sie ihn schweigend an. Er war so alt gewesen, wie sie es waren, zum Sterben zu jung.

Das war vorgestern. Heute ist alles verdrängt. Heute soll es fröhlich zugehen im Niemandsland. O, du fröhliche: Wenn es hier bei den ahnungslosen Warwicks klappt, ohne dass es gestern abgemacht worden ist, wenn hier dennoch spontan der Frieden ausbricht, dann muss es ein paar hundert Meter doch erst recht funktionieren. Denn dort hatten sie den Waffenstillstand nachts schon per Handschlag bekräftigt, da wissen alle Bescheid.

Und richtig: Ohne ein Kommando abzuwarten, denn es könnte in letzter Minute ein Befehl kommen, in den Stellungen zu bleiben, klettern sie bei Tagesanbruch aus ihren Gräben. Briten und Deutsche in Scharen oben in Flandern, Deutsche und Franzosen weniger zahlreich unten an der Front Richtung Lille. Anfangs sind es Hunderte, bald werden es Tausende sein. Sie treffen sich mit Gegnern, die sie vor zwei Tagen auf Sicht sofort erschossen hätten, auf diesen gottverlassenen Totenäckern, durchzogen von Trichtern und Löchern und Kratern, im Niemandsland zwischen dem Vaterland hier und dem Mutterland dort.

Merry Christmas. Fröhliche Weihnachten. *Joyeux Noël.*

Auch im Friseurgeschäft von Jack Reagan, der auf dem Feld beim Ploegsteert-Wald Freund und Feind gleich und gleich gut behandelt, ertönt Gelächter. Bruce Bairnsfather lässt sich zu einem Cartoon anregen, der ein halbes Jahr später im Magazin »The Bystander« erscheint. Da sitzt einer auf Reagans improvisiertem Friseurstuhl, der Engländer stutzt ihm die Haare. Unterschrift: »Halt still, sonst schneide ich dir dein verflixtes Ohr ab.« Hätte auf Englisch genauso der Friseur sagen können, der an anderer Stelle der Front ähnlich wie Jack seiner Arbeit nachgeht, *»Keep yer 'ead still, or I'll 'ave yer blinkin' ear off.«* Ein Deutscher, der in London gearbeitet hatte vor dem Krieg.

Bruce Bairnsfather hat sich eine Figur einfallen lassen, die er von nun an in den Mittelpunkt aller seiner Cartoons stellte. Er nannte sie Old Bill, und in seinen Erlebnissen fanden sich die britischen Soldaten wieder. Was der Mann mit dem Walrossbart erlebte, das erlebten auch sie. Bairnsfather und Old Bill wurden berühmt.

In der rauen Wirklichkeit des ersten Weihnachtstages waren beim Rasieren unter den Männern rauere Bemerkungen gefallen als die von Bairnsfather erdachten. Scherze etwa in der Richtung, dass Tommy mit einem sauberen Schnitt durch die vom Schaum bedeckte Gurgel des Jerry einen Gegner weniger haben würde, umgekehrt natürlich auch, falls der Krieg weitergeht. Darüber haben sie alle laut gelacht.

Unmittelbar noch in der Nacht davor hatten manche Tommys manch andere Pläne, wollten mit Gesang die Jerries sozusagen einschläfern, sie friedlich stimmen, in Sicherheit singen und dann zuschlagen, wie es so hinterlistig angeblich nur deutscher Art entsprach. Schütze Ernest Morley hält es im Prinzip für eine erlaubte Kriegslist, als er davon am 29. Dezember 1914 seinen Eltern berichtet, dass sie sich eigentlich entschlossen hatten, den Deutschen an Weihnachten »drei Choräle zu präsentieren, dann fünf Runden Feuer«.

Nach Einbruch der Dunkelheit begannen sie mit »*While Shepherds Watched their Flocks by Night*«, was drüben gut ankam, denn es war laut Morley in der Tat »sehr schön von unserem Chor gebracht«. Sie machten eine kurze Pause vor dem nächsten Lied. »Aber, welche Überraschung, wir hörten aufsteigenden Gesang, sozusagen die Anwort aus ihren Gräben. Dann begannen sie zu uns herüberzurufen. Deshalb stoppten wir die Vorbereitungen für Runde zwei, die Feindseligkeiten. Sie riefen ›*A Merry Christmas, English, we are not shooting tonight.*‹ Wir riefen eine ähnliche Botschaft zurück. Nach einigem Hin- und Hergerufe stellten sie Lichter auf. Wir auch. Bald schauten die beiden Frontlinien aus wie die Illumination für ein Fest. Lampen, Kerzen in einer Reihe. Wir machten es ihnen nach. Und dann sangen wir ›*God Save The King*‹. Sie stimmten ein.«

Auf solche freundlichen Feinde, die sogar ihre Nationalhymne mitsangen, mochten sie nicht mehr schießen. Deshalb ist auch Ernest Morley am Christmas Day unter denen, die sich auf den Weg nach draußen machen. Die Deutschen »kamen winkend auf uns zu. Wir gingen ihnen entgegen. Wir hatten das ziemlich verrückte Vergnügen, mit den Männern uns zu unterhalten, die ihr Bestes gegeben hatten, uns zu töten – und wir sie. Ich tauschte eine Zigarette gegen eine Zigarre *(not a bad change)*, einige von ihnen sprachen Englisch, und wir hatten eine lange Unterhaltung.« Ein Deutscher erzählt Morley, sobald der Krieg vorbei sei, würde er zurückkehren nach England, und zwar so schnell es gehe. Er habe schließlich Familie in London, Frau und zwei Kinder. Sie wohnten in der Alexander Road.

Auch diese große Sehnsucht, die sie teilten, machte den kleinen Frieden möglich. Die Sehnsucht nach ihren Familien, die sie lange nicht gesehen haben. An Weihnachten hatten sie mehr Post bekommen als sonst. Was in den Briefen aus der Heimat stand, war in jeder Sprache ungefähr die gleiche Botschaft. Wir warten. Komm heim. Pass auf dich auf. Die Soldaten tragen die Umschläge wie ihren wertvollsten Besitz immer bei sich und haben auch jetzt im Niemandsland die Briefe dabei. Als sie abends wieder in die Gräben zurückkehrten, schrieben sie unter dem Eindruck des gerade Erlebten ihren Lieben nach Hause. So erfuhren die vom Weihnachtswunder, bevor es der offiziellen Propaganda gelang, das Wunder als Zufall klein zu reden.

Belgier und Deutsche können so einfach wie die Briten und die Sachsen nicht zueinander kommen, weil die Yser sie trennt. Auf Zuruf beschließen sie eine Feuerpause, auch hier oben nahe der Küste geht die Initiative von den Besatzern aus. Sie werfen sich Zigarren und Schokolade zu, gehen dann zurück in ihre Stellungen, es fällt den ganzen Tag über kein Schuss. Glaubt ihr, dass wir uns falsch verhalten haben?, fragt ein belgischer Soldat in einem Brief an seine Eltern, andererseits: Dürfe man an einem solchen Tag töten wie sonst? Tatsache ist, dass er und seine Kameraden wegen ihres Verhaltens in der Öffentlichkeit

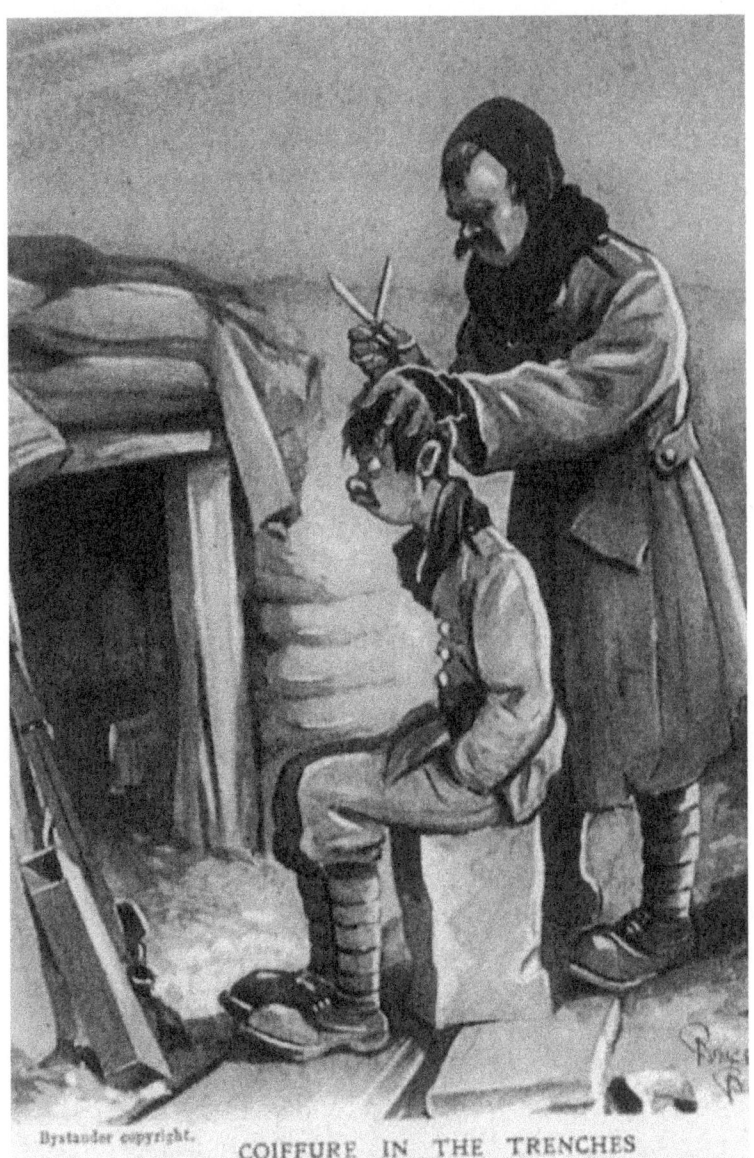

Haarschnitt am Schützengraben. Cartoon von Bruce Bairnsfather.
Unterschrift: »Halt still, sonst schneide ich dir dein verflixtes Ohr ab.«

hart kritisiert worden sind, unter allen Umständen hätten sie die verdammte Pflicht gehabt, auf den Feind zu schießen.

Aber da war bereits auf dem halb zugefrorenen Fluss eine ganz andere, eine weitere wunderbare Weihnachtsgeschichte passiert, die sich am zweiten Weihnachtstag bei Diksmuide ereignete, und als die bekannt wurde, schwiegen sogar die härtesten Kritiker.

Gustave Berthler, ein französischer Familienvater, berichtete seiner »geliebten kleinen Alice« von den Boches, mit denen er sich nur drei Meter vor den deutschen Gräben getroffen hatte. Die Initiative sei von ihm ausgegangen, aber Dutzende seiner Kameraden und entsprechend viele der Deutschen hätten sich sofort angeschlossen, ungeachtet der bekannten Verbote, mit dem Feind zu fraternisieren. »Sie sind es genauso leid wie wir, Krieg zu führen, sie sind verheiratet wie ich auch, was sie an meinem Ehering gesehen haben, und sie wollen nur eins, nach Hause. Möglichst schnell nach Hause. Sie haben mir ein Paket Zigarren geschenkt und eine Schachtel Zigaretten, und ich habe ihnen eine Ausgabe von ›Le Petit Parisien‹ gegeben im Austausch für eine deutsche Zeitung.«

Zurück im eigenen Unterstand, klauen ihm ein paar seiner Landsleute, Poilus wie er, den deutschen Tabak. Was ihm nicht so wichtig ist. Wichtiger ist es, von den gerade erlebten Begegnungen und Gesprächen zu erzählen, dem unfassbaren Ereignis. Gustave Berthler fiel am 7. Juni 1915, er wurde achtundzwanzig Jahre alt.

Unfassbar. Das ist auch der erste Gedanke von Major Kenneth Henderson, als er durch die Meldung eines Corporals von den sich abspielenden Szenen der Verbrüderung erfährt. Er sitzt kurz nach acht Uhr beim Frühstück in seinem Quartier bei Richebourg, wenige Kilometer hinter Neuve Chapelle, wo viele blutige Gefechte stattgefunden hatten, die letzten noch vor wenigen Tagen. Er lässt seinen Tee stehen und eilt in die vorderste Linie, um das Unfassliche selbst zu sehen. »Ich fand das gesamte Niemandsland besetzt von einer Menschenmenge, unseren Leuten und den Deutschen, alle durcheinander, in freundlicher Unterhaltung.«

Für einen Moment stockt ihm der Atem. Er fasst es tatsächlich nicht. Was soll er tun? Ignorieren? Mitmachen? Zurückgehen zu seinem Frühstück, als ob nichts gewesen ist? Es gewinnt der Soldat in Henderson, der Mensch Kenneth verliert. Das hat Kenneth Henderson nach dem Krieg bitter bereut, er hat es sich, wenn man seine Aufzeichnungen richtig interpretiert, wohl nie verziehen. Aber damals, also jetzt, Christmas Day 1914, muss er eine Entscheidung treffen. So oder so, und er trifft sie. Verbrüderung darf einfach nicht sein zu Kriegszeiten. Wo käme man da hin, wenn das alle machen würden?

Ja, wohin?

Er fasst sich, macht sich gerade, stellt sich auf die Brustwehr und bläst in seine Trillerpfeife. Das hat zwar sofort einen gewissen Effekt, aber zunächst einen anderen als den, den er sich vorgestellt hatte. Die Deutschen nämlich sind es, die auf das Kommando des englischen Offiziers wie aufgescheuchte Hühner zurückrennen in ihre Stellungen. Offenbar vermuten sie, der Pfiff sei ein Signal zum Angriff gewesen. Henderson lässt die Trillerpfeife sinken und brüllt nun die Briten an, alle Mann zurück in die *trenches*. Seine Soldaten bleiben unschlüssig stehen, sie »waren sich nicht sicher, woher der Pfiff gekommen war und welcher Seite er galt«. Dann gehen sie murrend zurück in ihre Unterstände. Die beiden Offiziere Kenny und Welchman, die inmitten der friedlichen Gruppen im No Man's Land standen, werden von Henderson zum Rapport befohlen und streng gerügt. Mittags meldet er sie und den Vorfall ins Hauptquartier nach St. Omer.

Da genießt der britische Feldmarschall, der ehrenwerte Oberkommandierende Sir John French, mit Generälen wie Sir Douglas Haig und Horace Smith-Dorrien gerade den weihnachtlichen Lunch. Es ist gedeckt. Weiße Tischtücher. Ordonnanzen warten auf die Zeichen zum Nachschenken, zum Servieren. Für das festliche Christmas Dinner am Abend wird der Besuch des Prince of Wales erwartet. Als er von dem Geschehen an der Front erfährt, ordnet French als erste Maßnahme eine Urlaubssperre für alle fraternisierenden Offiziere an, auch für die, deren Heimaturlaub unmittelbar bevorsteht. Dann gibt er Order, eine mögliche Wiederholung eines solchen Benehmens sei unter allen Umständen zu unterbinden, die örtlichen Kommandeure sollen noch einmal in diesem Sinne strengstens ermahnt werden.

Hendersons Meldung und die Urlaubssperre hatten schlimme Folgen. Viele von denen, die wegen ihrer Friedfertigkeit bestraft wurden, brauchten nie mehr einen Heimaturlaub. »In Kennys Fall und wohl auch in dem vieler anderer hatte diese Anordnung fürchterliche Konsequenzen. Er fiel.« Das schrieb Henderson erst nach dem Krieg auf. Zwischen den Zeilen ist spürbar sein schlechtes Gewissen. Er hat wohl genau gewusst, dass im Grunde er schuldig war am Tod des Captains W.G.S. Kenny von den Garhwal Rifles. Selbst Sir John French zeigte Züge von Nachdenklichkeit, als er in seinen Kriegserinnerungen darüber schrieb: »Ich habe seitdem oft intensiv nachgedacht über die Gründe für solche Gefühle zwischen feindlichen Armeen auf dem Schlachtfeld. Ich bin nicht sicher, ob ich einem Waffenstillstand für den Tag nicht doch zugestimmt hätte, wäre ich danach gefragt worden.«

Captain Kenny versuchte tapfer, aber vergebens, sich zu rechtfertigen in einem Report der Ereignisse aus seiner Sicht, schrieb nach dem Anschiss durch Henderson am Abend des 25. Dezember auf, was im Niemandsland passiert war und warum er nichts hatte verhindern können:

»In einem spontanen Entschluss ging ich raus, & Leutnant Welchman und Captain Pearse & einige Männer gingen mit. Zwölf oder fünfzehn Deutsche näherten sich uns & schüttelten uns die Hand & wünschten uns frohe Weihnachten... Sie gehörten alle zum 16. Sächsischen Regiment. Ich fragte sie danach, ich spreche ein wenig Deutsch. Sie betonten, dass sie Sachsen waren und keine Preußen. Ich bat dann darum, unsere Toten beerdigen zu dürfen, die herumlagen, und dies wurde gestattet. Ich möchte betonen, dass es ein Deutscher war, der zuerst aus dem Graben stieg, und dann erst ein Engländer auf ihn zuging und ihm die Hand schüttelte... Kurz darauf wurde mir mitgeteilt, dass Major Henderson mich zu sprechen wünsche, ich ging zurück zu ihm, & er befahl mir, alle Männer zurückzubringen in die Stellungen.«

Der Kommandeur der 6. Kompanie des 179. Königlich-Sächsischen Infanterieregiments reagiert ganz anders, als auf seinem Frontabschnitt nahe der Eisenbahnlinie zwischen Armentières und Lille der Frieden ausbricht. Er verhält sich so, wie es die britische Presse keinem Deutschen zutraut. Menschlich. Auch er sitzt in seinem Unterstand, und auch er frühstückt gerade, als ihm ein Gefreiter meldet, was draußen los ist. Die Briten würden auf ihren Gräben stehen, oben auf den Sandsäcken, und winken. Auch er kann das nicht fassen, lässt sein Frühstück stehen, um das selbst zu sehen. Bei ihm wird nicht der Tee kalt, sondern der dünne Kaffee. »Ich rannte raus und sah ein seltsames, unvergessliches Bild vor mir. Auf beiden Seiten hatten die Schützengräben zu leben begonnen. Die Soldaten riefen *Merry Xmas*, Fröhliche Weihnachten. Ich befahl, nicht zu schießen und jegliche Drohgebärde zu vermeiden. Kein Schuss fiel.«

Inzwischen haben die meisten ihre Stellungen verlassen, bewegen sich auf die Mitte des Niemandslandes zu. Der deutsche Offizier, immer noch überwältigt von dem, was sich da vor ihm abspielt, lässt seine Soldaten laufen und beobachtet geradezu gespannt, wie sich die ersten Briten und Deutschen treffen, stehen bleiben, miteinander reden – und lachen, ja: lachen. »Dann kam einer meiner Leute zurück und berichtete, dass ein britischer Offizier mit mir reden wolle. Ich marschierte etwa hundertzwanzig Meter zur Mitte des Niemandslandes, und da traf ich zwei Engländer, einen Inder und einen deutschen Offizier aus meiner benachbarten Kompanie. Wir alle schüttelten uns die Hände und wünschten uns gegenseitig *Merry Christmas.*«

Beide Seiten stimmen darin überein, bis zum nächsten Mittag einen Waffenstillstand einzuhalten. Anschließend tauschen sie Geschenke aus, beschränken sich aber auf Ess- und Trinkbares wie Plumpudding, Dresdner Stollen, Whisky, Brandy. Ein Foto dokumentiert die Verbrüderung, und erst als das Tageslicht verschwand, kehrten alle in ihre Gräben zurück. Am nächsten Morgen gab es zwar, wie abgemacht, keine Treffer – »es fielen keine Schüsse« –, aber auch keine Treffen mehr im Niemandsland. »Danach hoben wir immer wieder einen Helm über die Deckung und warteten ab. Es dauerte lange, bevor ein Schuss fiel, und der ging weit darüber hinweg. Also war es ein Warnschuss. Da wussten wir, der Krieg hatte wieder begonnen«, schloss der Befehlshaber der 6. Kompanie seine Eintragungen über sein Weihnachtswunder 1914.

Da er die nächsten zwölf Monate überlebte, hatte er ein Jahr später wieder allen Anlass, erstaunt zu sein. Da passierte wieder etwas Unglaubliches. Auch das steht in seinen Aufzeichnungen, die im Imperial War Museum liegen, und davon wird noch zu berichten sein.

Infolge unerlaubten Fraternisierens wegen angeblicher Feigheit vor dem Feinde gab es bereits im Januar 1915 die ersten Anklagen vor Militärgerichten. Hüben wie drüben. Viele der geplanten Prozesse fanden nicht statt, und nicht nur aus dem schlichten Grund, weil der Delinquent für die irdische Justiz nicht mehr greifbar war, also bereits tot in Flanderns Erde lag. Manche endeten mit überraschenden Urteilen, gar nicht dem Zeitgeist entsprechend, obwohl hohe britische, deutsche, französische Offiziere in der Antifriedensbewegung gemeinsam marschierten, Brüder im Geiste waren und am liebsten ein paar Todesurteile gesehen hätten, um ein für alle Mal die Männer davor abzuschrecken, sich den richtigen Reim auf den Krieg und darauf einen Frieden zu machen.

In der britischen Armee wurden noch in diesem Großen Krieg aufmüpfige Soldaten oder solche, die sich eines Dienstvergehens schuldig gemacht hatten, bestraft wie Landsknechte im Mittelalter. Die Wahnsinnigen in Uniform hatten die Macht und gebrauchten sie. So etwas hätte man eher den preußischen Militärs zugetraut: Feldstrafe Nr. 1, wie sie im Jargon der Truppe hieß, bedeutete nämlich, dass der Delinquent aufs Rad gebunden wurde. Nicht etwa im übertragenen Sinne, nein, tatsächlich aufs Rad gebunden. Arme und Beine gespreizt, damit es auch wehtat, festgeschnallt an einem umfunktionierten Rad eines Pferdewagens. Einziges Zugeständnis an die Neuzeit war der Rhythmus, in dem sie gequält wurden, denn nach zwei Stunden band man sie los. Am Tag darauf ging es wieder ans Rad, wieder zwei Stunden.

Offiziere im Feld – daher der Begriff Feldstrafe Nr. 1 – durften diese Strafe nach eigenem Ermessen verteilt auf achtundzwanzig Tage erlassen, falls der Fall vor ein Militärgericht kam, waren als Höchststrafe neunzig Tage erlaubt. Das Schlimme, schrieb einer, doch blieb er lieber anonym, sei nicht einmal der Schmerz gewesen, sondern die Demütigung. Das ganze Regiment hatte den Mann auf dem Rad vor Augen, doch so war es gedacht. Das schreckte ab. In den anderen Armeen, der belgischen, der französischen und der deutschen, waren solche Art Strafen verboten. Da wurde stattdessen mit Arbeitsdienst bestraft, wer beim Dienst mit der Waffe unangenehm auffiel.

Andererseits galt es als normal, dass ein deutscher Major zwei Soldaten befahl, ihm von einem Pferd, das gerade im Niemandsland getroffen worden war, die Zunge zu holen. Die Zunge? Die Zunge. Die wollte er sich zum Abendessen kochen lassen, eine Delikatesse. Die beiden robbten aus dem Graben raus zum Kadaver. Schnitten die Zunge ab, einer blieb gleich daneben liegen, weil ihn ein Scharfschütze von drüben erschoss. Einer kam durch, die Zunge dabei. Sein Major lobte ihn, und der andere war halt auf dem Feld der Ehre gefallen. Fürs Vaterland.

Ein Holzrad, in der Sprache der Militärs als GS Wagon Wheel bekannt, wobei GS die Abkürzung war von General Service, ist unter den Objekten des Krieges, die das »In Flanders Fields Museum« ausstellt. Auf den ersten Blick ein Rad. Und bei näherer Betrachtung ein Folterinstrument. Der Krieg verändert nicht nur die Menschen. Es passt zur Philosophie der Verantwortlichen: Dominiek Dendooven und seine Kollegen wollen nicht Heldensagen dokumentieren, hier die Guten, da die Bösen, sie wollen es den Besuchern nicht so einfach machen, zwischen Schwarz und Weiß auf den ersten Blick unterscheiden zu können. Obwohl es doch so einfach wäre: Die Deutschen überfielen Belgien und Frankreich, die Belgier und Franzosen verteidigten ihre Heimat gegen die Invasoren, die Briten halfen ihnen und später die Kanadier, die Neuseeländer, die Australier, die Amerikaner, bis die Deutschen endlich besiegt am Boden lagen.

Die Generäle aller Nationen begriffen, dass ihnen sogar ein kleiner Frieden gefährlich werden könnte, sie überflüssig machen würde. Für den ersten Frieden, der sich gerade hier an der Westfront wahnsinnig wunderbar entwickelt, kommt ihre Erkenntnis zu spät. Aber für die Zukunft wollen die Warlords gewappnet sein, eine mögliche Wiederholung wollen die Kriegsherren im Keim ersticken. Das Fraternisieren und überhaupt jede Annäherung an den Feind im Schützengraben sei verboten, hieß es morgens in einem Tagesbefehl der deutschen Obersten Heeresleitung. Die Franzosen hatten »strikten Befehl«, jeden Versuch von Verbrüderung zu unterbinden und diejenigen zu bestrafen, die sich nicht an die Anordnung hielten. Und das britische Oberkommando ließ keinen Zweifel daran, dass »alle Offiziere, die so etwas zuließen, vor ein Kriegsgericht gestellt würden«. Jede Annäherung oder gar ein längerer Waffenstillstand sei »*absolutely unauthorized*«.

Den Weihnachtsfrieden 1914 hat das nicht verhindert, denn dass diese Verbrüderung keine Einzelerscheinung war, sondern eine Massenbewegung, das merkten sie erst nach dem Fest. Danach wurde alles unternommen, um den Frieden als eine unbedeutende Randerscheinung darzustellen, ihn kleiner zu halten, als er war, und möglichst wenig darüber in England bekannt werden zu lassen. Was den Generälen ebenso wenig gelang wie ihren Artgenossen in Deutschland. Handschriftlich steht bei den Westminster Rifles unter der Notiz, dass drei Riflemen seit gestern vermisst werden: »Diese Männer gingen idiotischerweise in die deutschen Schützengräben, weil es eine Art von Vereinbarung zwischen den Gegnern gab, dass zwischen Dämmerung morgens und Dämmerung abends nicht geschossen werde. *Bitte veröffentlicht das nicht.*«

Der letzte Satz wurde geradezu flehentlich unterstrichen. Alle drei übrigens überlebten den Krieg. Im Kriegsgefangenenlager. Ihnen hat die Waffenruhe an Weihnachten wenigstens das Leben gerettet. Und was passierte mit Frieden stiftenden Offizieren? War etwas dran an den Gerüchten, dass sie im Jahr darauf stillschweigend zur Strafe in Himmelfahrtskommandos eingesetzt wurden, von denen nur wenige zurückkehrten? Stimmte es, dass vor allem sächsische Truppen wegen ihrer unter Beweis gestellten Friedfertigkeit an der Westfront in die russische Steppe verlegt und in Flandern von preußischen Regimentern ersetzt wurden, die kein Pardon kannten, geschweige denn gaben?

Oder waren das nur bewusst verbreitete Gerüchte, gezielt erfunden von Propagandaabteilungen in Berlin, Paris, London, um mögliche weitere Fraternisierer abzuschrecken, die vielleicht bereits über Weihnachten hinaus dachten? Es gibt darüber keine Belege, und jetzt, nach neunzig Jahren, kann niemand mehr danach befragt werden.

Protokolle eines Verfahrens gegen Captain Miles Barne und Captain Iain Colquhoun, beide von den Scots Guards, aber sind erhalten. Beide wurden ein Jahr später angeklagt, weil sie, ungeachtet aller Befehle von oben, wie 1914 auch an Weihnachten 1915 bei sich unten an der Front eine Waffenruhe zuließen. Ob sie einen *Christmas truce* erlaubten oder nichts dagegen machen konnten, weil ihre Männer ihn wollten und sich einen Teufel scherten um Befehle von oben, hielten ihre Vorgesetzten für unwesentlich. Sie wurden unter Arrest gestellt und Anklage gegen sie erhoben. Die öffentliche Meinung in England, gestützt auf Veröffentlichungen in der Presse, nahm sich der Fälle an. Ganz anders allerdings, als sich das die Ankläger erhofft hatten, wie man erfahren wird. Entgegen vieler Behauptungen habe es eben »doch keine Zensur gegeben in England«, sagt Malcolm Brown.

Widerstand von unten gibt es schon 1914. Karl Aldag trifft auf einen englischen Offizier, der achselzuckend bekennt, dass ihm seine Leute nicht mehr gehorchen würden. »Sie hatten keine Lust mehr.« Keine Lust mehr auf Krieg und keine Lust mehr, im nassen Graben zu liegen und auf den nächsten Angriff zu warten, der ihr Leben beenden könnte. »Es sind ja Söldner, sie streiken einfach«, vermutete Aldag, schmutziger als bei ihren deutschen Gegnern sei es außerdem, sie »haben mehr Wasser im Graben als wir und mehr Kranke«. Als Söldner bezeichnet er das britische Expeditionsheer, das zur Unterstützung der Verbündeten nach Frankreich gekommen war. »Ob das ganze englische Heer streikt und den Herren in London einen Strich durch die Rechnung macht?«, hofft er, doch hoffte er bekanntlich vergebens.

Von einigen Frontabschnitten wurde berichtet, dass es auf der anderen Seite preußische Offiziere gewesen sind, die – allerdings zwei, drei Tage nach Weihnachten – mit gezogener Waffe ihre Untergebenen in die Gräben zurückzwangen, als die sich sträubten, erneut mit dem Schießen zu beginnen. Bei Armentières lassen sich Sachsen von den 139ern etwas besonders Listiges einfallen. Sie spielen Krieg. Ihr Regimentskommandeur kommt überraschend an die Front zur Inspektion. Vielleicht will er sich nur leutselig zeigen, nachdem es ihm im Quartier gestern am Heiligen Abend ungleich besser gegangen ist als den Soldaten hier. Bis der Kommandeur wieder nach hinten in die Sicherheit verschwindet, tun die Soldaten so, als lauerten sie auf eine falsche Bewegung des Feindes, dann legen sie ihre Gewehre beiseite und klettern nach draußen.

Wie ihre Pendants im britischen und französischen Hauptquartier beschlossen zwar auch die deutschen obersten Kriegsherren, alles zu unternehmen, damit in Zukunft der Frieden keine Chance mehr hatte. Sie ließen sich tatsächlich für 1915 etwas einfallen. Nichts Gutes. Aber am ersten Weihnachtstag 1914 hätten sie keine Chance gehabt.

Die Koalition der Unwilligen steht.

Einig gegen die sonst den Ton angebenden Kommissköpfe – Unteroffiziere und Sergeants, Hauptleute und Captains –, denen jedwede Verbrüderung suspekt ist, die lieber Handgranaten werfen würden, als einem Feind die Hand geben. Selbst diese Hardliner bleiben aber nicht unberührt von der Kraft der Botschaft, die da lautet: Friede auf Erden. Besonders auf dieser Erde vor ihren Augen. Manche lassen sich von der Stimmung anstecken und mischen sich wie zufällig unter die Fraternisierer. Manche unternehmen nichts, warnen aber vor allzu vertraulicher Nähe.

Keiner hört auf sie. Die Soldaten unterbrechen nicht mal ihre Gespräche. Die Verständigung ist selten ein Problem. Viele Infanteristen sprechen Englisch, weil sie in England mal zu Hause waren. Die Kriegsfreiwilligen haben die Sprache des Feindes auf den Gymnasien gelernt, von denen sie direkt und ohne Umwege in den Krieg gezogen sind. Selbstverständlich waren vor dem Krieg, den keiner für möglich gehalten hatte, auf den höheren Schulen Europas die wichtigsten Fremdsprachen unterrichtet worden, Französisch, Englisch, Deutsch, Italienisch. Über hohe Politik wird im Niemandsland nicht geredet, das interessiert heute keinen, weil man doch eh nichts ändern könne.

»Englishmen, where are your Christmas trees?«, ruft ein Sachse

und haut dem nächstbesten Englishman auf die Schulter. Erklärt sich bereit, ihnen heute Abend einen Baum zu überlassen, falls sie im Gegenzug ein bestimmtes Lied singen. Ein anderer begründet ganz ernsthaft die Lust auf Frieden mit simpler, aber überzeugender Logik: »*We are Saxons, you are Anglosaxons, why should we shoot each other?*«, was von den Angelsachsen, die ebenso keinen Sinn darin erkennen können, aufeinander zu schießen, bestätigt wird. Mit einem Schluck Rum oder einem Schluck Brandy oder einem Schluck Whisky bekräftigen die Brüder ohne Waffen ihre neu gewonnene Erkenntnis. Vielleicht ist es tatsächlich so, meinte der sächsische Oberleutnant Johannes Niemann, dass »die Tommys in uns Sachsen ihre Vorfahren, die Angelsachsen, vermuteten«.

Niemann steht auf einem Acker bei Frelinghien inmitten der Feinde von vorgestern, und sie machen weiter, womit sie gestern beim Wettstreit der Sänger aufgehört haben: mit Musik. Die Schotten spielen auf ihren Dudelsäcken, die Deutschen auf ihren Mundharmonikas, hier setzt ein Kornett ein, von dort klagt eine Geige. Ist der da hinten vielleicht genau jener Mann, der gestern in der Heiligen Nacht mit klammen Fingern auf seiner Violine Händels Largo gespielt hat? Und die Trompeter, haben sie noch gestern die »*Wacht am Rhein*« geschmettert oder waren die schon umgeschwenkt auf »*Stille Nacht*«? Schotten singen das Lied von »*The Boys of Bonnie Scotland, where the heather and the bluebells grow*«, und Sachsen geben »*O, du fröhliche*« zurück, denn so lautet heute die Parole. Die anderen bieten ihre üblichen Gassenhauer auf, also »*Tipperary*« und »*Home, Sweet Home*«, doch bevor es zu lauthals-lustig wird, was angesichts der noch herumliegenden Toten nicht angebracht gewesen wäre, beginnt einer mit dem wehmütigen »*Auld Lang Syne*«.

Alle stimmen ein.

Nach dem Gesang scheint der »ganze Krieg in bürgerliche Seligkeit zu versinken, überall wurde shake hands gemacht... Sollte plötzlich der Frieden ausgebrochen sein? Bald stand ich mitten im Trubel. Was war da zu tun?« Niemann kann gar nichts tun. Also macht er mit.

Eine schöne Bescherung.

Freund und Feind tun so, als wäre tatsächlich ein allgemeiner Friede ausgebrochen. Sie tauschen spontan, was sie zufällig dabeihaben: Tabak, Schokolade. Manche sind besser vorbereitet, haben Schnapsflaschen in die Taschen gesteckt und geben sie für Büchsen mit Rindfleisch. Ist das nicht wahnsinnig, mitten im Krieg mit dem Gegner keine Kugeln auszutauschen, sondern Konserven? Auf einem Foto, das diese Gruppe von Deutschen und Briten im Niemandsland zeigt, hält ein Engländer sogar eine kleine Puppe, aus Holz geschnitzt, in der rechten Hand.

Es war schon irre genug, sich überhaupt bei Tageslicht im Niemandsland bewegen zu können, was vorgestern den sofortigen Tod bedeutete. Hätte es sogar heute noch für einen britischen Offizier bedeuten können, der einfach wie zu einem Spaziergang aus seiner Stellung kommt, ohne auf die anderen zu warten, dann über die Stacheldrahtverhaue klettert, Pfeife im Mund und fröhlich paffend, sich nicht schert um die Rufe der Deutschen, er solle stehen bleiben, sonst müssten sie schießen, und einfach weiter auf sie zugeht. Als sie immer noch nicht bereit sind, ihre Waffen zu senken, macht er eine wegwerfende Handbewegung, eher bedauernd als verächtlich, und geht wieder zurück. Sie schießen aber nicht.

Rifleman Turner – ist es Alfred George Turner oder ist es Gordon oder ist es Walter oder ist es Walter John?, denn vier Turners sind im Register der London Rifle Brigade aufgelistet, das wie die Stammrollen aller gefallenen britischen Soldaten von der Commonwealth War Graves Commission geführt wird – nimmt seine Kamera mit ins Niemandsland. Kurt Zehmisch und die Soldaten des 134. Sächsischen Infanterieregiments sind in Sichtweite, noch näher die Gegner vom 104. und 106. aus dem Schützengraben gegenüber.

Sie alle stehen mit den Füßen stampfend, denn es ist kalt auf dem gefrorenen Boden, einige haben bereits Schaufeln und Spaten mitgebracht für die Bestattung der Toten. Aber zunächst genießen sie nur einfach diesen unglaublichen Augenblick. Da alle rauchen, bleibt der übliche Geruch nach Verwesung am Boden. Über jeder Gruppe schwebt eine Wolke von Tabak. Wenn es per Zeichensprache nicht mehr geht, denn Deutsch sprechen nur die wenigsten Briten, dann holen die Sachsen als Dolmetscher einen aus der Nachbarkompanie. In den Stellungen ist keiner geblieben. Kein Zweifel, dass die so genannte Fraternisierung in der Hauptsache ausgenutzt wurde, um sich vom Anblick der Toten zu befreien, sie alle zu begraben. Aber miteinander zu reden war ebenso wesentlich und hat in »ähnlicher Weise bei den benachbarten Regimentern stattgefunden. Die Verbrüderung Weihnachten 1914 war einmalig und hat in dieser Form nie wieder stattgefunden«, schrieb Augenzeuge Niemann.

Wie wäre es denn, unter uns, mit einem Fußballspiel zwischen den Stellungen? Natürlich erst dann, wenn auch genügend Platz zur Verfügung steht, nach den Beerdigungen. Für die Briten war ein *Football Match* hinter ihren Linien die liebste Beschäftigung, wenn sie sich da vom Frontdienst ein wenig erholt hatten. Bei *»Footer«* gab es keine Klassenunterschiede, entscheidend war nur die Klasse auf dem Feld. Gespielt wurde mit Lederbällen, wie es sich gehörte, die bei vielen Soldaten des Vereinigten Königreiches zur selbstverständlichen Ausrüstung gehörten, als sie sich zum Dienst auf den anderen Feldern gemeldet hatten. Die Schotten spielten das ebenso leidenschaftlich gern wie die Iren, die Engländer wie die Waliser.

Und die Deutschen? Zumindest die aus Sachsen, und da besonders die aus Leipzig, sind sofort bereit zu einem Spiel. Letztes Jahr noch, in wahrlich anderen Zeiten, gibt einer an, habe er mit seiner Mannschaft aus Leipzig gegen die Celtics in Glasgow mit 1:0 gewonnen. Also, abgemacht, wir machen das. Vielleicht heute noch, aber spätestens morgen am Boxing Day.

Turner steht irgendwo und raucht. So viel ist sicher, denn er hat dort fotografiert, und seine Fotos haben ihn überlebt, sind Zeitdokumente geworden. Aber wer ist Turner? Wer war Turner? Sein Äußeres beschreiben kann man immerhin, denn auf einem Foto ist er selbst zu sehen. Er steht zwischen zwei lachenden deutschen Offizieren, dem einen, Stabsarzt, platzt fast die Manteltasche von dem, was er gerade eingetauscht hat. Beide gehören zu einer sächsischen Einheit. Der eine zum 104., der andere zum 106. Infanterieregiment.

Der Mann mit dem verlorenen Blick hinter runden Brillengläsern, das ist Turner. Er trägt eine weiche wollene Mütze, einen Mantel aus Ziegenfell, um den Hals hat er einen dicken Schal geschlungen, es scheint wirklich ziemlich kalt zu sein. Die Ärmel seines Pullovers hat er so weit heruntergezogen, dass sie die Knöchel seiner Hände berühren. Oder sind es Handschuhe, die abgeschnitten wurden? Die Finger jedenfalls sollen frei bleiben, die muss er bewegen können. Nicht wegen der Zigarette, die er in der rechten Hand hält. Er muss den Auslöser seiner Kamera bedienen.

Auf der Gegenseite, die heute keine ist, fotografiert ein Unteroffizier namens Holland aus Plauen die Gruppen von Deutschen und Briten, die da rauchen und reden. Auch von ihm ist nicht viel bekannt, nicht einmal sein Aussehen kann beschrieben werden, aber dass er fotografiert hat, steht fest. »Einmal machte unser Unteroffizier Holland drei fotografische Aufnahmen, auf denen wir uns mit den Engländern gruppiert hatten«, trug Leutnant Kurt Zehmisch in sein Tagebuch ein, das er seinem Vater zur Aufbewahrung nach Hause schickte. Hollands Fotos sind verschollen. Die von Turner sind erhalten, weil sein Freund J. Selby Grigg den Film nach London geschickt hat, an seine Familie, und weil sie von der an die Presse gegeben wurden, die sich diese Sensation, Frieden an der Front, nicht entgehen ließ und die Bilder veröffentlichte.

Die entsprechende Ausgabe von »The Graphic« ist archiviert

in der British Newspaper Library in Colindale, einem Vorort von London. Die Folianten mit den einzelnen Nummern aus welchem Jahrhundert auch immer sind schwer. Sie riechen nach Staub, manche Seiten sind so brüchig, dass sie beim Blättern fast zerfallen. Vier Fotos von Turner wurden am 23. Januar 1915 im »Graphic« abgedruckt, einem wöchentlich erscheinenden Magazin. Die Überschrift: »THE POWER OF PEACE IN THE TIME OF WAR«. Die Unterschrift: »*British and German soldiers fraternising during the Christmas and New Year's truce, which, though unofficial, was welcomed on both sides. ›At this point‹, writes the officer, who sent us the photographs, ›a crowd of some hundred Tommies of each nationality held a regular mother's meeting between the trenches. We found our enemies to be Saxons.‹*«

Es war selbstverständlich den Armeeangehörigen aller Nationen untersagt, während des Einsatzes an der Front zu fotografieren, aber eine kleine Kodak hatten viele Briten und Deutsche im Tornister – wie man sehen wird, auch die Franzosen –, und dass sich an einem Tag wie heute an Vorschriften nun wirklich keiner hält, ist ebenso selbstverständlich. Der Friede war kein offizieller, wie es »Graphic« wahrheitsgemäß geschrieben hatte, aber eben willkommen auf beiden Seiten. Englische Blätter boten für Fotos aus Flandern gute Honorare, die höher waren als der monatliche Sold eines Soldaten. Turner etwa bekam umgerechnet zweiundzwanzig Pfennig pro Tag.

Dass Hollands Fotos ebenfalls die Verbrüderung zwischen Deutschen und Briten zeigen, belegt nicht nur die Eintragung in Kurt Zehmischs Tagebuch, sondern auch ein Brief, den er von seinem Vater Ende Februar 1915 erhielt: »Unteroffizier Holland macht wohl keine Fotos mehr. Warum schickst du die Bilder von der Weihnachtsbegegnung nicht?« Ob Holland jener Deutsche war, an den sich Bairnsfather erinnerte, der plötzlich zurücklief in den Schützengraben und mit einer Kamera wieder auftauchte, sie alle in gemischter Gruppe, deutsch und englisch, ein paarmal fotografierte?

Der englische Soldat Turner zwischen sächsischen Offizieren im Niemandsland (oben). Er machte viele Fotos vom Christmas Truce, vom Weihnachts-Waffenstillstand, darunter auch das vom ersten Treffen der Feinde (unten).

Wäre ihm doch rechtzeitig eingefallen, ärgerte sich Bairnsfather, wie er an einen Abzug hätte kommen können, doch schon im nächsten Satz gewinnt er dem Ereignis einen zynischkomischen Aspekt ab: »Kein Zweifel, gerahmte Abzüge von diesem Foto schmücken jetzt irgendeinen Kaminsims der Hunnen und zeigen klar und unmissverständlich den Bewunderern, wie eine Gruppe von perfiden Engländern sich gerade bedingungslos an Weihnachten einer Gruppe tapferer Deutscher ergibt.«

Hollands Fotos sind wahrscheinlich im Fotogeschäft Lehmann in Plauen ausgestellt worden. Solche Fotos waren auch in Deutschland, wie immer man sie betrachtet, eine Sensation gewesen, aber nach wenigen Tagen wurden sie aus dem Schaufenster entfernt. Man kann nur spekulieren, wer dafür gesorgt hat, denn sicher ist nur, dass sie seitdem verschwunden sind. Lehmanns Fotogeschäft in der Jägerstraße ist einen Krieg später ausgebombt worden.

Sie war nicht gut angekommen an der so genannten Heimatfront, diese weihnachtliche Verbrüderung an der echten. Schon am 5. Januar 1915, also wenige Tage nach dem Ereignis, von dem ihm sein Sohn Kurt berichtet hatte, schrieb ihm Vater Zehmisch zurück. Er pflegte nicht nur die Briefe aufzubewahren, die er bekam, sondern in einem Kopierbuch auch alle zu sammeln, die er wegschickte. Das Kopierbuch hat das Jahrhundert der Kriege überlebt.

Nun hütet es sein Enkel Rudolf, inzwischen auch ein alter Mann. Er hütet es so wie die Kladden des Vaters. Im Brief seines Großvaters an seinen Vater in Flandern steht: »Die englischen Zigaretten sind gut aufgehoben, auch dein Tagebuch. Die Begegnung von dir, resp. aller, denn viele haben geschrieben, dass sie sich mit den Engländern getroffen und unterhalten haben, werden hier und überall zum Teil schwer kritisiert... wären es nur Franzosen gewesen... besonders die Bierpolitiker sprechen sich sehr scharf gegen solche Unternehmen aus.«

Mit Bierpolitikern meinte der Rosenzüchter aus Weischlitz bei Plauen seine Mitbürger fern vom Schuss, aber national gesinnt bis in die Knochen, die sie selbst nicht hinhalten mussten. Erwas ganz anderes liegt dem Gärtnereibesitzer Zehmisch mehr am Herzen: dass dieser verdammte Krieg »bald vorbei sein möge«. Sein zweiter Sohn Alfred ist seit vier Monaten vermisst. Der Vater berichtet Kurt von den so verächtlich Bierpolitiker genannten Strategen. Vor allem das Fraternisieren mit den Engländern, die zu hassen sie aufgefordert waren von höchster Stelle, ihrem Kaiser, missfiel denen. Zur moralischen Aufrüstung auf Kasernenhöfen gehörte schließlich das von Kompaniechefs gern geforderte Gebrüll nach den schlichten Reimen: »Wir lieben vereint, wir hassen vereint. / Wir haben alle nur einen Feind: England.«

In einem solchen Umfeld dünkte den Plauener Bürgern, aber Plauen lag überall und in jedem Land, »das Fotografieren mit den Engländern... das Schändlichste. Welche behaupten, die das gemacht haben, müssten bestraft werden. Also sei darum auf weiteres vorsichtig. Wir wissen ja nicht, was eure oberste Heeresleitung dazu sagt, vor allem aber muss wohl berücksichtigt werden, dass es den Hauptgrund bezweckt hat, die gefallenen Kameraden beerdigen zu können.«

So fängt bei Leutnant Kurt Zehmisch vom 134er Regiment der Weihnachtsmorgen tatsächlich an. Die in Abschnitt A in der Nähe liegende Einheit der 133er hatte er per Feldtelefon, das heute zufällig funktioniert, von dem nächtlichen Abenteuer bereits unterrichtet, die macht mit beim Frieden. »Man verhandelte über die toten Kameraden, die schon lange vor der Front gelegen hatten und noch nicht begraben werden konnten.« Die Engländer warten in gebührendem Abstand, bis die Deutschen so weit sind. Zehmisch unterhält sich mit einigen britischen Offizieren, Sprachprobleme gibt es keine. Inzwischen haben die Sachsen mit dem Ausschachten der Gräber begonnen und die ersten Toten, manche waren schon ganz eingetrocknet, zur letzten Ruhe gebettet. Sie machen dabei keine Unterschiede zwischen deutschen und englischen Leichen, das halten die Briten, die ihnen helfen, dann ebenso.

Auch hier wird über zugeschüttete Gräber hinweg vom Leben geredet. Auch hier wird abgemacht, am Nachmittag ein bisschen Fußball zu spielen, und für morgen ein richtiges Match beschlossen. Wunderbarer Wahnsinn. »So kam es auch den englischen Offizieren vor. So bewirkte doch das Weihnachtsfest, das Fest der Liebe, dass die verhassten Feinde für kurze Zeit zu Freunden wurden«, freute sich Zehmisch, dem dies »unvergesslich bleiben« wird. »Bald hatten auch ein paar Engländer einen Fußball aus ihrem Graben gebracht, und ein eifriges Fußballwettspiel begann.« Bruce Bairnsfather auf der anderen Seite geht in seinen wahren Empfindungen ein Stück weiter. Der Tag sei so wunderschön klar und frostig kalt, geradezu ein idealer Tag, um einen allgemeinen Frieden zu verkünden. »Das wäre ein gutes Finale gewesen.«

Ein ganz bestimmtes Foto, das Turner an diesem ersten Weihnachtstag 1914 macht – »schießt« sollte in diesem Zusammenhang vermieden werden–, ist berühmt geworden. Es zeigt einige Soldaten im Niemandsland. Deutsche und Briten am Vormittag des 25. Dezember 1914, also noch vor dem nachmittäglichen Fußballmatch. Rechts zwei sächsische Infanteristen vom 104. und vom 106. Regiment. Ein Bärtiger mit Pickelhaube, die Zigarette, die er gerade angesteckt hat, hängt an seiner Oberlippe. Sein Blick eher schon resigniert als noch skeptisch. Man mag ihn auch als gequält, angstvoll, verzweifelt interpretieren. Hinter ihm steht mit schmalem Lächeln ein kaiserlicher Offizier. Links von ihm zwei Engländer. Der eine ist Rifleman Edward Joseph Andrew von der London Rifle Brigade. Der andere heißt J. Selby Grigg.

Und der beschreibt in einem Brief an seine Eltern, wie dieses Foto entstand. Es wurde – neben drei anderen Aufnahmen Turners – gedruckt in »The Graphic«. Dieses Foto macht auf einen einzigen Blick deutlich, was im Text am Beispiel vieler Augenblicke aufgeblättert wird: das Wunder der Verbrüderung im Niemandsland mitten im Krieg. Und deshalb wurde genau dieses Foto zum Titelbild dieses Buches. Weil Grigg jener Offizier ist, der das *»regular mother's meeting«* – der Begriff kommt aus der anglikanischen Kirche und bedeutet etwa so viel wie eine Runde, die zusammensteht – vor Ort erlebt hat, kann die Geschichte des Bildes erzählt werden. In seinen Worten:

»Nach Tagesanbruch am Christmas Day machten sich kleine Gruppen aus ihren Schützengräben auf, alle waren unbewaffnet, und wir hörten, wie ein deutscher Offizier versprach, sie würden nicht schießen, wenn wir es auch so hielten. Als Turner und ich uns aufmachten, fanden wir eine Menge von hundert Tommys aus allen Nationen, *holding a regular mother's meeting*. Wir erfuhren, dass unsere Feinde Sachsen waren. Meist unter einundzwanzig und über fünfunddreißig. Ich kratzte mein *rusty German* zusammen und unterhielt mich mit einem. Keiner hatte eine persönliche Animosität gegen England, alle sagten, sie seien *jolly*, also glücklich, wenn der Krieg endlich vorbei sein würde. *Turner took some snaps with his pocket camera*, von denen ich hoffe, dass ihr sie einmal sehen werdet. Ich erhielt einen Uniformknopf, einige deutsche Munition und eine deutsche Feldpostkarte, auf die der Besitzer seinen Namen und seine Adresse geschrieben hatte. Ich schicke sie hier mit. Bitte bewahre sie sorgfältig für mich auf. Einer, der gut Englisch sprach, erzählte, dass er Kellner im Savoy gewesen sei.«

Dann berichtet er, dass auch in seinem Frontabschnitt wie überall die Toten aus dem Niemandsland geborgen wurden: »Ein Deutscher wurde in unserer Nähe begraben. Und einer von den Deutschen sagte, wir danken unseren englischen Freunden, dass sie uns unsere Toten gebracht haben. Sie wünschten uns in gebrochenem Englisch ein fröhliches Weihnachtsfest und ein gutes neues Jahr. Sie steckten ein schlichtes

Holzkreuz auf das Grab, kein Name drauf, nur: Für Vaterland und Freiheit... Dann gingen alle wieder zurück. Kein Schuss war gefallen... Am nächsten Morgen waren wir wieder draußen, um die Deutschen zu treffen, tauschten Zigarren gegen Plumpudding. Obwohl die britische Artillerie an diesem Tag ihr Motto *business as usual* unter Beweis gestellt hat, haben wir den Feinden zugewunken und uns mit ihnen unterhalten. Als zu ihnen eine Mine 'rüberflog, schrien wir: Wir waren es nicht, und da einige gut Englisch verstanden, geschah nichts weiter, alle schienen die Situation zu genießen.«

Turner fotografiert die Gruppe auf dem Acker, auf dem sich die Sachsen vom 104. und vom 106. Regiment mit den Schützen von der London Rifle Brigade treffen. Was wohl aus Turner wurde? Wie lange er den Weihnachtsfrieden überlebte? Gar den Krieg?

Es gibt weitere Belege außer dem Brief von Grigg. Auch Emil Curt Gumbrecht von der 5. Kompanie des 104. Regiments hat seine Erlebnisse in eine schwarze Kladde eingetragen, die im Archiv des Imperial War Museum in London aufbewahrt wird: »1. Feiertag. Es herrscht weiterhin große Ruhe. Mittags der Befehl einen Tag Waffenstillstand zwecks Beerdigung unserer Toten. Alles strömt aus den Schützengräben, mit Spaten bewaffnet, um die Toten zu begraben. Wir unterhalten uns auch mit den Engländern. Den ganzen Tag über fällt kein Schuss, und man fragt sich, ob bald Frieden zu erwarten wäre.«

Ein unwahrscheinlicher Zufall, wenn einer der beiden Deutschen auf Turners Foto ausgerechnet dieser Gumbrecht wäre. Doch auszuschließen ist es nicht. In den amtlichen Kriegstagebüchern des Regiments wird die Wahrheit zurechtgerückt, damit sie ins Weltbild passt: »Der Engländer uns gegenüber versuchte am ersten Feiertag, die milde Stimmung zu einer Verbrüderungs-Zusammenkunft zwischen den Gräben auszunutzen, was durch rechtzeitiges Eingreifen der Offiziere im Regimentsabschnitt verhindert wurde. An anderen Frontstellen

Turners Vermächtnis: Die Fotos von den Begegnungen britischer und deutscher Offiziere am ersten Weihnachtstag 1914 wurden in englischen Zeitungen als Sensation vom Frieden gedruckt. Die Schützen Grigg und Andrew stehen links vom deutschen Soldaten mit der Pickelhaube (oben).

sind vertrauensselige deutsche Soldaten, die dem Ansinnen der Engländer Folge geleistet hatten, in Gefangenschaft geraten... Nur eine kurze Waffenruhe zur Bestattung der Toten... sie war ein Akt der Pietät gegenüber den gefallenen Kameraden.«

Selbstverständlich ist das alles gelogen, denn »Soldaten von beiden Seiten kamen aus ihren Löchern heraus, um dann im Niemandsland zwischen den Schützengräben zu fraternisieren«, bestätigen im Gegenteil Frank und Maurice Wray von der 5th London Rifle Brigade, und genau dies hat die Engländer ja so verblüfft. Dass es die Deutschen waren, tatsächlich die als kriegslüstern verschrienen Deutschen, die den Krieg heute hatten beenden wollen. Sie haben angefangen und gerufen, dass sie »keine bösen Absichten haben würden und nicht daran dächten, zu schießen«. Weil man sich näher kommt, haben auch die Sachsen ein paar Gräben weiter ein verblüffendes Aha-Erlebnis. Sie können sich gar nicht beruhigen. Die Schotten seien nicht nur mächtig große Kerle, die in »Faltenröckchen ohne Waffen« herumstehen und winken und *Merry Christmas* rufen. Sie würden wirklich nichts tragen unterm Rock, so »dass das Hinterteil deutlich sichtbar war, sobald der Rock ins Flattern kam. Das ergötzte uns sehr, und wir wollten es anfangs gar nicht glauben.« Später gewinnen sie beim Fußball weitere Einblicke dieser Art.

Die Soldaten tauschen nicht nur Tabak und Konserven. Sie tauschen nicht nur Rangabzeichen gegen Taschenmesser und Schals gegen Handschuhe. Bairnsfather hat als Sammler – *»being a bit of a collector«* – für alle Fälle eine Drahtschere mit nach draußen genommen, und mit der schneidet er einem Deutschen, der dafür von ihm zwei englische bekommt, ein paar Uniformknöpfe ab.

Die Soldaten tauschen sich vor allem aus, erzählen sich mithilfe von Dolmetschern oder per Körpersprache oder einfach nur mit weitergereichten Schnappschüssen ihrer Frauen, Kinder, Eltern gegenseitig von ihrem kleinen normalen Leben vor dem Krieg und entdecken dabei Parallelen. Ein Werftarbeiter aus Glasgow oder Liverpool ist einem aus Hamburg oder Kiel eben näher als dem eigenen Offizier, dessen Sprache er spricht, aber nicht versteht. Für den Fall, dass man den Krieg überlebe, tauschen sie das Wichtigste aus: ihre Adressen.

Es »durchzitterte alle Herzen ein sonderbares, in Worten gar nicht wiederzugebendes Gefühl bei dieser Begegnung«, steht in der Chronik des 55. Westfälischen Infanterieregiments, aber ob so ein Frieden lange halten kann? Das habe er sich auch gefragt, notierte ein Regimentsoffizier, als er auf der Brustwehr stand und die Szenen im Niemandsland beobachtete. Vielleicht noch morgen. Dann aber »geht das Morden von neuem los. Aber wir sind nicht schuld daran, das deutsche Gewissen ist rein, das weiß Gott.«

Wo ist der eigentlich, Herr Gott?

Zwar ist ER laut Psalm 23 ein guter Hirte, der sie alle führen wird auf eine grüne Wiese, doch die kann es nur im Jenseits geben, nicht hier im Diesseits. Baumstümpfe ragen wie Reste von Knochen aus dem Skelett einer Landschaft. Mehr hat von ihr nicht überlebt. Dazwischen liegen die vielen Toten. Da es heute so windstill ist, kann der Geruch nicht verwehen. Der wird bleiben, dagegen können die gemeinsam rauchenden Briten und Deutschen nichts machen, aber wenigstens dem Anblick der Leichen wollen sie sich heute entziehen und sie endlich beerdigen. Manche der Toten sind jetzt erst sichtbar, sie lagen nicht im Blickfeld der Schützen, sondern unter der Oberfläche in Ackerrinnen oder den Kratern. Weil heute ja nicht geschossen wird, weil heute ja der aufrechte Gang gefahrlos ist, treffen die Lebenden mitunter ganz plötzlich auf sie – und erschrecken eben doch noch.

Schütze P. H. Jones von den Queen's Westminster Rifles hat das erfahren. Er steigt über die Brüstung seines Frontabschnitts in Richtung der deutschen Stellung, um sich der Gruppe anzuschließen, die dort steht und redet und lacht und tauscht. Er kommt an einem lange schon aufgegebenen Graben vorbei, der ein wenig tiefer liegt, deshalb haben sie ihn bislang nicht sehen können. Der steht unter Wasser und »war schlicht gesagt zugepackt mit toten Deutschen. Ihre Gesichter braun wie Leder. Tief eingefallene Wangen. Augenbrauen steif gefroren. Augen offen. Die starrten schrecklich durch die Oberfläche.«

Sie zu begraben, wo auch immer an der Front sie liegen, soll überall, wo der Frieden die Nacht überlebt hat, die erste Tat sein heute an Weihnachten. So ist es gestern bei allen Begegnungen im Niemandsland beschlossen worden. Endlich geht das, ohne beim Bergen der Toten das eigene Leben zu riskieren. Eine Erleichterung. Deshalb wird nach den schlichten Trauerfeiern wieder fröhlich gelacht. Der Tod ist ihnen einfach zu vertraut, als dass sie ihn weiter ernst nehmen können. Es ist völlig normal, auf beiden Seiten, es war schon oft vorgekommen, es war Alltag, dass sie beim Ausschachten neuer Stellungen auf Leichenteile stießen, die noch nicht verwesten Reste vergangener Schlachten. Es war normal, dass sie dabei deren letzte Würde mit Füßen traten, um das eigene Leben zu schützen, und auch daran hatten sie sich gewöhnt, dass die Sanitäter regelmäßig Chlorkalk auf sie schütteten.

Zunächst kümmert sich jede Seite um ihre eigenen Toten. Die Namen werden notiert. Brieftaschen und andere persönliche Gegenstände geborgen und eingesammelt. Falls je nach Lage die eine Seite mehr Tote zu bewältigen hat als die andere, hilft man sich aus. Mal die Briten, mal die Deutschen. Aushelfen heißt nicht nur, den anderen einen Spaten zu leihen. Aushelfen bedeutet, ihnen die Toten vor die eigenen Gräben zu schleppen, damit sie die dort beerdigen können.

Dass es ohne Zwischenfälle gelingt, ist bereits ein kleines Wunder. Denn der Anblick toter Kameraden hätte eher den Hass auf die steigern können, die an ihrem Tod schuld sind. Doch das eigentliche, das für ihn größte Wunder, meint Malcolm Brown, sind die gemeinsam abgehaltenen Gedenkfeiern.

Die Berichte von solchen Beerdigungen im Niemandsland haben ihn einst vor zwanzig Jahren bei den Recherchen für sein Buch am meisten beeindruckt: »Weil sich in diesen Totenfeiern zeigte, was die Menschen wirklich bewegte und wie unwichtig die unterschiedlichen Parolen waren, mit denen sie alle in die Schlacht gejagt wurden.«

Im War Diary der 6th Gordon Highlanders ist ein bestimmtes *joint burial*, eine gemeinsame Beerdigung, in allen Details beschrieben. Im Regimentstagebuch des 15. Westfälischen Infanterieregiments dagegen nur in dürren Zeilen. Es sind aber tatsächlich Soldaten von diesen beiden Regimentern, die sich treffen, um die Toten zu bestatten. Und wieder ist die Geschichte, wie es dazu kommt, von einem Zufall bestimmt. Kaplan J. Esslemont Adams von den Highlandern hatte hinter den britischen Linien gerade einen Soldaten zur letzten Ruhe begleitet, der am gestrigen Morgen von einem deutschen Scharfschützen getötet worden war. Auf dem Weg zurück in die Gräben sehen er und der kommandierende Colonel McLean viele Soldaten, die entweder rauchend auf den Sandsäcken ihrer Unterstände sitzen oder sich bereits mit den Deutschen von gegenüber im Niemandsland unterhalten. Der Offizier befiehlt den Männern sofortigen Rückzug, doch sie ignorieren seine Order.

Adams erkennt seine Chance und nützt die Situation aus. Ob es nicht eine günstige Gelegenheit sein könnte, fragt er McLean, da nicht geschossen wird und offensichtlich auch niemand daran denkt zu schießen, die Toten zu begraben, die seit der vergangenen Woche vor dem Stacheldraht liegen? Er wartet dessen Antwort erst gar nicht ab, kann sich wahrscheinlich denken, wie die im Zweifelsfall lauten wird, klettert über die Brustwehr und geht auf die deutschen Linien zu. Verlangt nach einem Offizier, der Englisch spricht, und wird zu dem geführt. Sein Vorschlag, gemeinsam die Toten zu beerdigen, wird sofort angenommen. Der Deutsche bittet sogar den schottischen

Priester, die Zeremonie zu leiten. Es geht um ein passendes Gebet für alle. Sie selbst hätten leider keinen Regimentsgeistlichen hier. Nur einen Studenten der Theologie. Kennt der den Psalm 23, den Adams sprechen will? Kennt er, natürlich. Also gut, nehmen wir den dazu. In Gottes Namen.

Zunächst werden die Leichenhaufen nach Nationen getrennt, die Briten zu den Briten, die Deutschen zu den Deutschen gelegt. Dann ohn' Ansehen der Nation an alle Soldaten Spaten und Schaufeln verteilt, um die Gräber auszuheben. In einem nahen Frontabschnitt hatten neunundzwanzig Leichen vor den deutschen Stellungen gelegen, schon seit Tagen, keiner hat sie bergen können, geschweige denn begraben, ohne nicht selbst abgeknallt zu werden. Auf solche Gelegenheiten warteten sie ja nur, die Scharfschützen.

Ein deutscher Offizier lässt auch die toten Schotten zu den Engländern auf deren Teil des gefrorenen Ackers bringen und salutiert, auf die Soldaten weisend, tapfer seien die gewesen, was für ein Jammer. Er kann kein Englisch, er sagt es auf Französisch, wie Captain Edward Hulse von den Scots Guards in einem seiner Briefe nach Hause berichtet: »*Les braves, c'est bien dommage.*«

Der fünfundzwanzigjährige Hulse ist auf den ersten Blick nicht als Offizier erkennbar. Er hat einen langen Mantel an, auf dem keine Rangabzeichen zu sehen sind, auf dem Kopf trägt er nicht die übliche Schirmmütze, sondern eine flache Kappe. Er gilt den kleinen Leuten drüben als einer von ihnen, zwar ein Brite, aber gleiche Schicht. Volk eben. Vor einem Offizier hätten sie eher geschwiegen, als offen zu reden. Dadurch erfährt Hulse mehr als andere. Er mischt sich unter die Soldaten, die gerade beim Schaufeln der Gräber, was wegen des Frosteinbruchs mühsamer ist als gedacht, abgelöst wurden.

Ein Deutscher erzählt ihm, wie sehr es ihn zurückziehe nach London, wo er vor dem Krieg gearbeitet habe. Hulse erwidert trocken, diese Sehnsucht könne er nicht nur verstehen, er teile sie. Bietet ihm und möglichen Kameraden an, falls der Waffenstillstand zu Ende sei, herüberzukommen in die englischen Schützengräben. Er garantiere ihnen anschließend eine kostenlose Überfahrt zur Isle of Man. Da wurden während des Krieges Deutsche interniert.

Einem anderen ist Hulse bei einer geheimem Botschaft behilflich, aber der Mann ist kein Spion. Dem Mann fehlt seine englische Freundin, und an die will er eine Nachricht senden. In Suffolk hatte er gearbeitet, als ihn der Ruf zu den Waffen des Vaterlandes ereilte. Dem geliebten Mädchen kann er aus dem deutschen Graben heraus ja nicht schreiben, die Zensoren würden einen Brief in Feindesland gleich konfiszieren und ihn dazu. Ob Hulse nicht…?

Der lässt ihn eine Postkarte mit ein paar Zeilen ausfüllen, prüft aber nach, da es in Englisch geschrieben ist, ob nichts drin steht, was Aufschluss geben könnte über die wirklich anderen Umstände hier, aber außer der Liebe wird nur ein schweres Motorrad erwähnt, das der Deutsche in ihrer Obhut hatte zurücklassen müssen. Hulse verspricht, die Karte mit dem nächsten Postsack am Abend des Christmas Day abzuschicken. Sagt dem verliebten Jerry aber, er glaube nicht, dass die junge Frau in Suffolk sich freuen werde über den Gruß ihres ehemaligen Freundes, der jetzt zu den Feinden gehörte.

Unter Männern, deren Gedanken sich in normalen Zeiten natürlich nur um die Liebe gedreht hätten und nicht wie hier um den Tod, wird der zwanzigjährige John Wedderburn-Maxwell um einen ähnlichen Gefallen gebeten, als er sich mit einem gleichaltrigen deutschen Soldaten unterhält. Auch dem fehlt sein Mädchen. Wedderburn-Maxwell war einundneunzig Jahre alt, als er interviewt wurde, und seit jener Zeit, an die er sich erinnerte, sind schon über siebzig Jahre vergangen. Seine Stimme, die vom Tonband kommt, klingt schwach. Doch die Szene der Verbrüderungen hat er nicht vergessen. Es sei wie eine Party gewesen, nur die passenden Getränke hätten gefehlt. Und die

Geschichte von der Liebe? Ach ja, dieser Deutsche, verrückt. »Er gab mir einen Brief und fragte, ob ich den seiner Freundin in Manchester schicken könnte. Ich habe ihn entgegengenommen und frankiert und abends im Schützengraben zu den anderen Briefen gelegt, die nach England versandt wurden.«

Ein anderer junger Deutscher dichtete sich seine Wünsche und damit auch die seiner Kameraden unsentimental von der Seele. »Kriegers Sehnsucht« ist eines der letzten Gedichte geworden, die Alfred Lichtenstein, Freiwilliger im 16. Bayerischen Infanterieregiment, an der Front geschrieben hat. Seine Verse haben ihn überlebt.

> *Möchte in meinem Bett*
> *Liegen im weißen Hemd,*
> *Wünschte, der Bart wäre weg,*
> *Der Kopf gekämmt.*
> *Die Finger wären rein,*
> *Die Nägel dazu,*
> *Du, meine weiche Frau,*
> *Sorgtest für Ruh.*

Die Aufzeichnungen von Edward Hulse sind 1916 als Privatdruck veröffentlicht worden, da war auch er schon tot. Er ist gefallen am 12. März 1915, als er einen verwundeten Kameraden bergen wollte. Sein Grab liegt auf dem Soldatenfriedhof von Fleurbaix bei Armentières. Malcolm Brown hat die Briefe ausgewertet, die Hulse an seine Mutter richtete. Dass der von Hulse beschriebene deutsche Offizier von den Ereignissen ganz anders berichtet, ist wiederum eine Frage des Datums und nicht verwunderlich. Die Nazis waren schon ein Jahr an der Macht, als Major Thomas 1934 seine Version des Weihnachtsfriedens veröffentlichte. Der Gefreite Adolf Hitler, der laut gegen den Waffenstillstand an der Westfront polemisiert hatte, stand als Führer an der Spitze des Reiches, aus dem er ein Weltreich machen wollte, und in seiner Welt durfte der vergangene Krieg nur groß gewesen sein.

Thomas schlug innerlich die Hacken zusammen und beugte das Haupt vor dem Zeitgeist. Fraternisieren galt schon wieder als Vaterlandsverrat. Obwohl diese besondere Verbrüderung längst Geschichte war, musste selbst die noch geklittert werden, um der Deutschen Taten Ruhm zu mehren. Also schrieb Thomas die Wahrheit zu einer wohlfeilen Legende um. Am ersten Weihnachtstag hätten hundertfünfzig Meter von seiner Kompanie entfernt die Briten aus ihrem Graben mit einer weißen Flagge gewunken. »Danach kletterten einige Engländer über die Brüstung und kamen auf uns zu.« Er habe sich mit denen auf halbem Weg getroffen, begleitet von einem Kriegsfreiwilligen, der Englisch konnte, und während des Gesprächs erfahren, dass die Feinde ihre Toten beerdigen wollten und für diese Zeit um einen Waffenstillstand baten. Sein Kommandeur habe die Bitte erfüllt, unter der Voraussetzung allerdings, dass innerhalb von zwei Stunden alles vorbei sein müsse, dass »der lokale Waffenstillstand nur bis ein Uhr mittags gilt«.

Genau so sei es geschehen.

Genau so ist es nicht geschehen.

In den Aufzeichnungen des 15. Westfälischen Infanterieregiments, zu dem Thomas damals als Leutnant gehörte, wird der »unverlöschliche Eindruck der weihnachtlichen Waffenruhe im vordersten Graben« als das eigentliche Ereignis an den Weihnachtstagen erwähnt. Nur in einer solchen lange andauernden Waffenruhe war es überhaupt möglich, über hundert Tote zu bergen, um die zu bestatten. Es sei eine außergewöhnliche und geradezu wunderbare Szene gewesen, schrieb der neunzehnjährige Arthur Pelham-Burn, ein Highlander, an einen Schulfreund in Schottland. »So was wird man wohl nie wieder sehen«, und Leutnant Thomas, ebenjener, schilderte nicht nur das gemeinsame englische Gebet für einen baldigen, ehrenvollen Frieden, ein Wunsch, dem er sich anschloss, sondern auch das: »Manche

Liebesgabe und manche heimatliche Zigarre wanderten in den englischen Graben, während unsere Leute in Jam und englischen Konserven schwelgten.«

Die Männer, rechts die Briten, links die Deutschen, stellen sich in eine Reihe um ein großes Grab, Soldaten und Offiziere gemischt, nehmen ihre Kopfbedeckung ab und sprechen Kaplan Esslemont Adams das Gebet nach, erst auf Englisch – »*The Lord is my shepherd: I shall not want. He maketh me to lie down in green pastures. He leadeth me beside the still waters*« –, dann auf Deutsch. Der Theologiestudent aus Leipzig, der sich freiwillig zur Völkerschlacht gemeldet hatte, aber längst nur noch glaubt, was er sieht, übersetzt es für seine Kameraden: »Der Herr ist mein Hirte: Mir wird nichts mangeln. Er weidet mich auf einer grünen Aue und führet mich zum frischen Wasser.«

Danach bringen sie alle Toten, denen zuvor die Soldbücher abgenommen wurden und die Brieftaschen mit den Fotos und Adressen ihrer Familien, unter die Erde. Wie lange sie dort ruhten, hing vom nächsten Artilleriebeschuss ab. Einschlagende Mörsergranaten trafen ja nicht nur Lebende. Die Habseligkeiten werden den Kommandeuren vor Ort übergeben, die dann dafür sorgen, per Eintrag ins Regimentsregister, dass alles seine Ordnung hat mit dem Tod. Und entsprechend die Familien in Deutschland und in England benachrichtigt werden können, dass ihre Söhne, Männer, Väter, Brüder gefallen sind. Gestern zum Beispiel, so steht es im offiziellen Tagebuch des 16. Bayerischen Reserveinfanterieregiments, gab es einen traurigen Zwischenfall: »Bei den meisten Kompanien finden stimmungsvolle Weihnachtsfeiern statt. Ersatz Res. Eggel getötet durch ein Versehen beim Gewehrreinigen.«

Dann beten sie alle gemeinsam das Vaterunser, ein jeder in seiner Sprache. Es klingt deshalb wie ein einziges von allen: »*Our Father who art in heaven Vater unser der du bist im Himmel*«. Nach einer Schweigeminute schütteln sie sich die Hände und setzen wieder ihre Mützen und Helme auf. Ein paar Kreuze aus

Holz werden sogar aufgestellt, die der nächste Mörsereinschlag wieder zerstört. Die Engländer haben sie aus dem Holz der Kisten gebastelt, in denen sie ihre Kekse aufbewahren. Deutsche und Briten setzen ihre Unterhaltungen fort, wenig wird dabei über den Krieg geredet, was sollte man auch dazu sagen, alle kannten irgendwelche Geschichten, und keine von denen war gut. Ein Schreiber der Norfolks trägt ins offizielle War Diary ein, die Deutschen seien fest davon überzeugt, dass »der Krieg spätestens in zwei Monaten vorbei ist«.

Im Notizbuch von Kaplan Adams stehen Name und Heimatadresse eines jungen schottischen Offiziers. Der ist nicht hier beerdigt worden, jetzt und heute an der Rue Petillon nahe der Straße von Sailly nach Fromelles, sondern auf dem Friedhof von Fromelles. Der deutsche Offizier, mit dem er diese Zeremonie abgesprochen hat, gab sie ihm und bat ihn, der Frau des Toten mitzuteilen, wie ihr Mann gestorben sei. Man habe nichts mehr für ihn tun können. Krampfhaft hat der Sterbende immer wieder versucht, die Brusttasche seines Khakihemdes zu öffnen. Das schaffte er nicht, bis ihm der Gegner half. In der Tasche war das Foto einer jungen Frau. »Ich hielt es ihm vor die Augen«, erzählt der Deutsche dem britischen Kaplan, der das Wort für Wort aufschreibt, »und so blieb er liegen, den Blick auf sie gerichtet, bis er nach ein paar Minuten starb.« In den »Görlitzer Nachrichten« vom 8. Januar 1915 wird genau diese Geschichte gedruckt. Der Deutsche hatte davon nach Hause geschrieben.

Joint burials, gemeinsame Beerdigungen, finden noch einige statt an diesem Vormittag, aber die bei Fleurbaix ist die größte. Es war an sich nur beschlossen worden, dass jeder die eigenen Leichen zur letzten Ruhe bette, aber bald bot sich »ein eigenartiges Bild... auf dem Niemandsland zwischen den beiderseitigen Stellungen. Unsere Leute halfen dem Feinde, deren Gefallene zu bergen«, staunte der Kriegsfreiwillige Eduard Tölke. Die vom 17. Bayerischen Infanterieregiment ehren einen toten Engländer, werfen eine Hand voll Erde auf die Leiche und geben ihr ein Vaterunser mit auf den Weg in die Ewigkeit. Nördlich der Linien vom Ploegsteert-Wald beerdigen Deutsche und Engländer gemeinsam zwei Franzosen, und hier ist es ein deutscher Offizier, der das Gebet spricht. Danach lässt er sich von einem englischen Sergeant die Haare schneiden, kniet voller Vertrauen im Niemandsland, während der mit Messer und Schere an seinem Nacken herumsäbelt.

Es bleibt den ganzen Tag ruhig. Kein Schuss, kein Artilleriefeuer. Kanoniere beobachten zwar durch ihre Scherenfernrohre das seltsame Treiben, aber schießen nicht dazwischen, es könnte die eigenen Leute treffen. Angelockt durch die Stille, kommen am ersten Weihnachtstag sogar ein paar Vögel zurück auf die Erde. Captain Maurice Mascall, der den Frieden nutzt, um Skizzen der zerstörten Landschaft zu zeichnen, sieht zum ersten Mal seit Wochen wieder etwas vom normalen Leben. Er zählt fünf Spatzen auf einem abgestorbenen Baum. Edward Hulse fällt auf: »Von allen Seiten kehrten die Vögel zurück. Wir sehen sonst eigentlich nie welche. Am Nachmittag habe ich fünfzig Spatzen vor meinem Unterstand gezählt und sie gefüttert.«

Der deutschnationale Major Thomas war übrigens nicht der Einzige, bei dem sich im Laufe der Jahre die Erinnerung ans Weihnachtsfest 1914 verflüchtigte, der sich eine passende neue zurechtbastelte. Philipp Witkop, ein Professor für Literaturgeschichte in Freiburg, hatte nach dem Ersten Weltkrieg ein kleines Buch mit den letzten Briefen gefallener Studenten herausgegeben. Angehörige der Kriegsfreiwilligen hatten ihm diese geschickt. Im Vorwort der ersten Auflage, die noch recht gering blieb, denn in der Weimarer Republik waren Deutsche erstmalig mehr an den Lebenden interessiert als an den Toten, drückt er sich einigermaßen anständig aus. Es gehe ihm einfach darum, ihrer zu gedenken, sie nicht zu vergessen.

Deshalb druckt er vereinzelt noch Briefe ab, die sich für einen nationalen Totenkult nicht eignen würden, weil sie ohne das übliche Pathos vom alltäglichen Grauen erzählen. Der Stu-

Nach der gemeinsamen Trauerfeier werden zum Gedenken an die Toten Holzkreuze aufgestellt. Szene aus dem Niemandsland bei Fromelles.

dent Wilhelm Spengler zum Beispiel schrieb nach seiner ersten Begegnung mit dem Tod, vom unmittelbar miterlebten Sterben eines Kameraden: »Mutter, wimmerte er. Wo?, rief ich... Mitten in den Leib, durch und durch. Ich gab ihm schmerzstillende Tropfen und verband ihn rasch. Spengler, Spengler, nimm den Ring und bring ihn meiner Braut... auch Grüße an meine liebsten Eltern. Ich nahm beides und machte Mäntel und Zelte von den Tornistern der Toten los und deckte ihn und den Feldwebel zu... Ich kann mich über nichts mehr freuen. Warum ich davonkam, verstehe ich nicht. Ein Wunder...«

Groß und deutsch wurde es wieder um sie, als das Reich ein großdeutsches war. Die Auflage des Bandes betrug dann hundertfünfzigtausend. Nachdenkliche Worte, gar kritische, waren nicht mehr opportun. Der Krieg war wieder der Vater aller Dinge. Mütter hatten ihre Söhne zu opfern, nicht um sie zu trauern. Rudolf Fischers Brief passte besser in die neue Zeit: »Der Tod ist ein täglicher Genosse, der alles weiht... Ich bin stolz, kämpfen zu dürfen für Eltern, für Geschwister, fürs liebe Vaterland, für alles, was mir bislang das Höchste war. Für Dichtung, Kunst, Philosophie, Kultur geht ja der Kampf.«

Ach, die deutsche Kultur. Wilhelm Klemm, Militärarzt an der Westfront, ist zunächst voller Begeisterung wie Fischer. »Der Krieg ist etwas ungeheuer Großartiges. Wir leben in einer großen Zeit.« Doch nach einigen Wochen schon ist er befreit von allen Illusionen und schreibt seiner Frau: »Der Krieg kann so scheußlich sein, dass man sich nach der Kugel förmlich sehnt, die einen all dieser Aufregungen und Qualen enthebt, das ist z. T. auch das Geheimnis, das den Leuten zu so unsäglichen Leiden die Ausdauer gibt.«

An einen großen Frieden nach dem Beispiel des kleinen war nie gedacht, denn »dass in Flandern ein Separatfrieden mit England geschlossen werden würde – der übrigens politisch gar nicht so dumm gewesen wäre –, brauchte man nicht zu befürchten. Die Waffenruhe kam auch uns sehr gelegen«, gab ein

Offizier des 55. Westfälischen Infanterieregiments offen zu. Weil endlich »die vielen Leichen verschwanden«, die keinen guten Einfluss hatten auf die Kampfmoral, aber auch deshalb, um mit Holz und Weidengeflecht, das bereitlag in den Versorgungsstellungen, die vorderen Gräben auszubessern, ohne von Scharfschützen gehindert zu werden. Harrington-Brown sieht einen deutschen Offizier, der auf einem halb zerbrochenen Sessel sitzt und die Arbeiten seiner Leute mit entsprechenden Anweisungen dirigiert. Den Engländern wendet er sorglos den Rücken zu.

Der Schlamm, in dem sie sonst versinken, ist durch den Frost fester als gestern, er wird ausgebuddelt und auf die Brustwehr gehäuft, Abflussrinnen vor den Gräben sollen bei der nächsten Regenflut das Wasser ableiten. Die Briten machen es ihnen nach. Wo die Stellungen der Deutschen ein wenig höher lagen als die ihren, ein halber Meter reichte schon, hatten die immer wieder versucht, per Pumpe ihr Grabenwasser Richtung Feind zu leiten und den unter Wasser zu setzen.

Hulse fragt scheinheilig ein paar Sachsen, ob sie denn von ihren Offizieren mit einem bestimmten Auftrag losgeschickt worden seien ins Niemandsland. Erstaunen. Auftrag? Na ja, zum Beispiel auszuspähen, wo die feindlichen Maschinengewehre versteckt sind, von denen sie normalerweise beschossen werden. Nein, sie hätten das Gefühl gehabt, dass es der richtige Moment sei. »Ich glaube, sie sagten die Wahrheit, als sie beteuerten, dass sie sich nichts sehnlichster wünschten, als nie mehr schießen zu müssen.« Aber wenn es doch sein müsse, denn Befehl sei nun mal Befehl, dann doch lieber mit den alten Kugeln, den runden, die machten nicht so große Löcher. In dieser Beurteilung stimmten sie überein, Briten und Deutsche. Fachgespräche werden geführt, als wäre das Töten ein ehrbares Handwerk.

Andere Themen sind ihnen lieber. Als es im Niemandsland zu voll wird, kein Platz mehr ist, denn noch sind nicht alle Toten beerdigt, gehen sie um die Schützengräben herum, die anderen machen es auf Zuruf ebenso, und treffen sich dort, wo die Gräben sich nur noch zwanzig, dreißig Meter gegenüberliegen. »Wir liefen hinter den *trenches* herum, und nach einer kleinen Weile gingen wir raus und sahen, dass die Deutschen das Gleiche machten.« Als sie sich dort begegnen – laut Augenzeugen sind es zehn Männer, fünf von den Deutschen, fünf von den Briten –, beginnen sie, Abzeichen und Knöpfe auszutauschen. Das spricht sich herum. Solche Souvenirs sind begehrt. Sergeant McEwan erzählt seinem Vorgesetzten davon, dem das aber offensichtlich egal ist, denn er ist selbst gerade unterwegs zu den Feinden von gestern.

Mit den Offizieren unterhält er sich auf Französisch, das können einige Deutsche. Ihre Soldaten haben inzwischen beschlossen, dass sie gegeneinander Fußball spielen wollen, auch hier. In der Nähe nämlich, in ihrer Sichtweite, da spielen sie schon. Die Dublin Fusiliers sind gut, gibt einer an, die schlagt ihr nie. Und wie unter Männern, die ein gemeinsames Hobby haben, aber ganz bestimmte Vorlieben für ganz bestimmte Vereine, in Treue fest, reden sie über große Spiele, die sie gesehen haben und die ihnen unvergesslich sind. Einig sind sie sich allerdings, dass es tatsächlich unvergesslich wäre, wenn hier im Niemandsland zwischen Trichtern und Löchern auf rissigem Boden ein Spiel stattfände.

Das müsste gehen bei Messines und Wulvergem, weil da nicht die gesamte Landschaft zerschossen ist, so wie oben bei Ypern, das sollte machbar sein in der Nähe des Ploegsteert-Waldes bei St. Yvon, auch das Niemandsland bei Le Touquet wäre geeignet, wo Johannes Niemann mit dem 133. Sächsischen Infanterieregiment liegt.

Wieder wird fotografiert, woran sich ein Soldat des 16th London Regiments erinnert. Ein deutscher Hauptmann holt seine Kamera und bittet die Männer, sich für ein Gruppenfoto aufzustellen. Er bekommt nicht alle aufs Bild, denn auf diesem ganz besonderen Tauschmarkt stehen laut Quinton »etwa zweihundert Engländer und zwanzig Yards von ihnen entfernt dreihundert Deutsche, tauschten Mützen und Knöpfe ihrer Uniformen. Ich bekam *some fags* ab, einige Glimmstengel, ein paar Knöpfe, eine Mütze und Zigarren. Es schien das Wahnsinnigste auf der Welt zu sein, dass man sich mit den Männer unterhielt, die wir gestern noch versucht hatten zu töten.«

Die britischen Offiziere wissen natürlich, was sie nicht tun dürfen, aber viele tun so, als wüssten sie es nicht. Sie sind froh, sich endlich aus ihren Löchern erheben zu können, ohne dabei gleich erschossen zu werden, und folgen dem Vorbild ihrer Männer. Sie unterhalten sich auf Augenhöhe mit deutschen Offizieren, und auch die haben es zumindest heute aufgegeben, die Ordnung des Krieges durchzusetzen gegen die Spontaneität ihrer Leute. Einer hat in Oxford studiert und war vor dem Krieg Professor in München. Er fragt nach einem gewissen Captain, mit dem er in England die Studentenbude teilte, bisher hätten sie sich immer zu Silvester Glückwunschkarten geschickt. Das werde in diesem Jahr wohl nicht mehr möglich sein.

Alle haben vom Krieg die Schnauze voll, alle. Hätte es der Beginn eines dauernden Friedens sein können? Wenn alle Soldaten auf beiden Seiten sich einfach geweigert hätten weiterzukämpfen? Wäre dann der Krieg aus und vorbei gewesen? Wenigstens hier an der Westfront, denn in Russland an der Ostfront wird ohne Pause weitergekämpft? Darf man spekulieren, ob der Weihnachtsfrieden 1914 der Vorläufer gewesen ist zum Streik ganzer französischer Einheiten, vierzigtausend Mann waren es, die sich drei Jahre später weigerten, in die Schützengräben zurückzukehren, oder war der kleine Aufstand an der Westfront gar das Vorspiel zum großen der deutschen Matrosen 1918 in Kiel?

Nächstes Jahr um diese Zeit, hofft ein Schotte, sitzen wir alle wieder Weihnachten am Kamin, und es ist Frieden. Eigentlich will ich an Ostern heiraten, sagt ein Deutscher, der gut Englisch spricht, weil er zu Friedenszeiten jedes Jahr zwei Monate geschäftlich in den USA verbracht hat. In Chicago habe er ein Mädchen kennen gelernt, und die solle es sein. Das sei zu schaffen, antwortet der Schotte, denn bis Ostern »haben wir euch besiegt«, und dann stehe dem nichts mehr im Wege. Alle sind sehr jung, alle lachen viel, *a very funny day*, schließt er seinen Brief, den die »Norfolk News« am 9. Januar 1915 abdruckte, und: »B… machte ein Foto von D… und mir, umgeben von zwanzig Deutschen.« Namen und Einheit durften da offenbar nicht gedruckt werden. Feind las vielleicht mit.

Was hätte er aber erfahren können, wovon er nicht schon wusste? Es traf alle gleichermaßen. Der Regen. Der Schlamm. Die Trostlosigkeit. Die Kälte. Die Granaten. Oft habe er sich eine simple Frage gestellt, eine allerdings ganz konkret an dieser Wirklichkeit orientierte, schreibt Jacques Tardi im Vorwort zu seinem Cartoonband »*Grabenkrieg*«, nämlich die Frage, wie man es in den Schützengräben überhaupt aushalten konnte, auch dann, wenn zufällig gerade mal nicht geschossen wurde: »Wie konnte man schlafen? Wie erwachte man? Woher nahm man die Hoffnung, um ein bisschen Kraft zu schöpfen?«

Er hat seine Geschichte aus der Sicht der Franzosen geschrieben, hat die alltäglichen Tragödien in eine literarische Form gebracht, die zwar der Wirklichkeit entspricht, weil sie recherchiert ist, aber Tardi hat sie dann durch seine Bildersprache verdichtet, künstlerisch überhöht. Das steigerte die Wirkung der Geschichte. Die realistischen Zeichnungen machen den Horror nicht erträglicher. Nur plastischer. Wenn es hell ist, kann sich keiner bewegen. Jede Bewegung könnte die letzte sein. Das gilt für alle. Franzosen. Belgier. Briten. Deutsche. Wenn es dunkel ist, müssen sie sich bewegen. Dann geht es nur darum, zurückzukommen in den Dreck, den schützenden. Keiner von denen, die es schafften, wird die Schreie der Verwundeten im Niemandsland vergessen. Die nach ihren Müttern riefen. Nach ihren Frauen. Nach ihren Kindern.

Bis Stille einkehrte.

Steh doch auf!
Mach' kein so weißes Hängegesicht!
Dein Gewehr ist doch noch geladen!
Und das bisschen Blutschaum auf den Lippen?
Deine Glieder sind steif, kalt, merkwürdig schwer.
Das ist die so genannte Totenstarre.
Grad über uns zerblitzt ein Schrapnell –
Kamerad, eigentlich ist es ganz egal.

Hauptsächlich nachts wurde der Krieg geführt, tagsüber verkrochen sich alle in ihrer Unterwelt, in ihren Höhlen. Die Belgier in ihren Stellungen zwischen der Nordsee und den nördlichen Vororten von Ypern, die Briten in ihren zwischen Ypres und Fricourt, die Franzosen in ihren von Fricourt bis zur Schweizer Grenze. Die Deutschen allen gegenüber. Manchmal hatten sie sich unterirdische Festungen in den Boden gerammt, bis zu neun Meter tief und versehen mit heizbaren Schlafkabinen für die Offiziere. Das geht hier nicht wegen des Schlamms. Nach übereinstimmenden Aussagen aller Soldaten war der Schlamm schlimmer als jeder Beschuss, schlimmer als jeder Scharfschütze, schlimmer als Läuse und Ratten.

Nachts schafften sie Munition aus den hinteren Stellungen nach vorne. Holten Trinkwasser. Kalk für die Toten. Füllten die Sandsäcke auf, die vor dem Einschlag der Granaten schützen sollten. Gruben sich tiefer in die Erde und stießen dabei auf die Toten einer anderen Schlacht. Man gewöhnte sich daran, trug ein britischer Captain ins War Diary ein, man gewöhnte sich an alles. Auch daran, dass der Spaten durch Leichenteile stieß: »Wichtiger war es doch, die Lebenden zu schützen«, bemerkte er kühl und fügte hinzu, er habe anschließend an seine Leute eine Extraration Rum austeilen lassen.

Tags schrieben sie Briefe voller Heimweh nach Hause, die zweimal pro Woche befördert wurden. Manche schrieben Gedichte über das, was sie erlebt hatten, so wie Wilhelm Klemm über den toten Kameraden mit dem blutigen Schaum vor den Lippen, als brauche es für den Wahnsinn eine feste Form und als ließe sich der Horror nur so fassen. Sie spielten Karten. Langweilten sich. Fluchten über diesen verdammten Krieg. Das schlechte Essen. Zähneknirschend dann, wenn Brot mal wieder in Säcken verpackt ankam, in denen vorher Sand transportiert worden war. Träumten von dem Leben zuvor, aber nicht von dem danach. Hätte man einem Soldaten aus jeder Nation zehn Fragen zum Krieg gestellt und zu seinem Alltag, man hätte wohl zehnmal die gleiche Antwort bekommen.

»Schlamm und Wasser füllen den Schützengraben, Wasser von unten und Regen von oben. Tag und Nacht wird geschanzt, Erde geschaufelt, Wasser geschöpft und gepumpt. Und dabei die Fruchtlosigkeit, dass alles vergeblich ist! Das Wasser bleibt. Dabei eine das ganze Gemüt bedrückende Nachtdunkelheit, weil jedes Licht verraten würde. Unglaublich düster die Stimmung, wenn in dem Regen die Dämmerung undurchdringlich einfällt. Ich kann gestehen, dass oft Ekel mich ergreift gegen das Leben in diesem Schlamm und Dreck und das unausgesetzte, nasskalte, vergebliche Arbeiten.« Vierzehn Tage nach diesem Eintrag in sein Tagebuch, bar jeglichen nationalen Geschwafels, musste Karl Aldag den Ekel nicht mehr ertragen. Er fiel, fünfundzwanzig Jahre alt, in der Nähe von La Bassée, wo die Unterwelt lag, die er so plastisch beschrieben hat.

Die Gräben, in denen oft riesige Pumpen standen, um das Wasser aufzusaugen, waren verstärkt mit Holzlatten, Brettern, Balken. Was immer die von der Artillerie zerstörten Häuser im Hinterland an Material hergaben. Auf der anderen Seite genauso. Die Männer lagen auf den Lattenrosten im Schlamm, bei den Engländern *duckboards* genannt, eine Wolldecke als Unterlage gab es nicht. Man schlief in Uniform, »die Knochen drückten auf das Holz, alles tat weh, und dennoch dämmerte man erschöpft vor sich hin«. Die Soldaten standen mit Anbruch des Tageslichts im Schlamm ihrer Gräben, Gewehr im Anschlag, schweigsam, gespannt, falls der Feind in der Dämmerung angreifen sollte. Die meiste Zeit ihres viertägigen Fronteinsatzes lagen oder standen sie im nassen Dreck. Selbst die besten Pumpen schafften es nicht, den Wasserspiegel zu senken.

Die Krankheiten, die sie dadurch zu erleiden hatten, waren bei allen die gleichen: Lungenentzündungen. Schützengrabenfüße, weil die Beine durch das Stehen im Wasser aufgequollen waren, wund und blau gefroren. Erkältungen und Rheuma und, wie sich nach dem Krieg herausstellte, Prostataerkrankungen in vorher nie gekannter Zahl. Waren die Gummistiefel der Deutschen besser als die gefütterten Stiefel der Briten? Deren Pelzjacken aus dem Fell schottischer Schafe wärmer als die feldgrauen Mäntel?

Sie hatten es schon alle ausprobiert, aber unter welchen Umständen, das ist kein Gesprächsstoff an Weihnachten. Ausprobiert dann, wenn sie die Toten der anderen Seite plünderten, denn auch das war normal im Stellungskrieg. Bei Treffern in den Gräben flogen gleichermaßen Exkremente wie kaum verscharrte Leichen durch die Luft. Die Reste der Toten blieben liegen oder wurden zum Füllen der Lücken in der Befestigung benutzt. Es kümmerte keinen. Zu überleben war der einzige Gedanke.

Einen gemeinsamen Feind haben sie also: die unmenschlichen Zustände in den Gräben. Die ersten Gespräche nach dem ersten Händedruck im Niemandsland drehen sich deshalb um Themen wie Läuse. Schlamm. Ratten. Da lassen sich Tipps austauschen, ohne irgendein militärisches Geheimnis zu verletzen. Ratten waren furchtbar, weil sie sogar die Hunde auffraßen, mit denen sächsische und bayerische Regimenter sie bekämpfen wollten. Die meisten Hunde außer den speziell ausgebildeten Meldehunden an der Front waren schwierig zu halten, denn sie konnten sich nicht an die Einschläge gewöhnen, ganz im Gegensatz zu Katzen, deren Ruhe unerschütterlich ist. Doch am schlimmsten sind wirklich die Läuse. Millionen von Läusen. Sie saßen in den verdreckten Uniformen, sie saßen in den Haaren, sie saßen in den Bärten, sie saßen in der Haut. Auch sie kannten wie die Ratten keine Fronten, und wie denen ging es auch ihnen im Krieg so gut wie nie zuvor.

Blutsatte Läuse mit den Daumennägeln zu knacken, haben die Soldaten schnell gelernt, aber es gibt zu viele von den Biestern. Die Männer in den Schützengräben, die im Prinzip nach vier Tagen, aber bei entsprechendem Beschuss oft erst nach einer Woche abgelöst werden, haben in dieser Zeit keine Gelegenheit, sich zu waschen. Trinkwasser schon ist knapp. Muss an die Front geschafft werden. Sie hatten zunächst das Wasser aus den Trichtern geholt, die voller Regenwasser standen. Bald wurden sie gewarnt vor den tödlichen Folgen, es lagen auf dem Grund zu viele Leichen, wie sich herausstellte.

Die Soldaten konnten ihre Wäsche nicht wechseln, die Socken nicht, die Stiefel nicht ausziehen, und der Eigengeruch mischte sich mit dem Schweiß der Angst. Sie standen Wache in der Uniform, sie schliefen mal ein paar Stunden in der Uniform, sie starben in der Uniform. Dann erst ließen die Läuse von ihnen ab und überließen sie den Ratten. Und falls ein Soldat auf der Wache schlafend erwischt wurde, drohte ihm ein anderer Tod, ein sauberer. Die Urteile der Militärgerichte in solchen Fällen lauteten stets: Tod durch Erschießen.

Die Sachsen berichten den Angelsachsen, dass es ihnen gelungen sei, aus toten Läusen eine Art Fett zu gewinnen, mit dem sie sich einreiben, um die lebenden abzuhalten. Gesammelt in einer leeren Konservenbüchse, dann über eine brennende Kerze gehalten, bis sich das Ungeziefer aufgelöst hat. Klingt widerlich, und an die Wirksamkeit glauben mag keiner, aber man wird es versuchen. Zwar sind in den Stellungen im Hinterland Entlausungsstationen in Betrieb, und nach dem ersten Vollbad, auf das sich alle mehr freuen als aufs Essen, werden sie frequentiert, aber bereits zwei Stunden danach hatten frische Läuse die dort getöteten ersetzt. Die Gegner tauschen Pulver und Salben aus, jeder hoffend, dass die der anderen besser sind.

Der Weihnachtsfrieden hat deshalb außer dem gemeinsamen Erlebnis von Ruhe vor dem nächsten Sturm, außer dem Gefühl, unter Menschen zu sein, die alle ein ähnliches Schicksal teilen, ganz praktischen Nutzen. Der geht mancherorts so weit, dass die Gegner sich gegenseitig mit dem passenden Handwerkszeug aushelfen, denn es wird der Tag dafür genutzt, die eigenen Stellungen aufzurüsten und zu verstärken. Auch das gehört zum Wahnsinn.

Und es gibt, wie immer in den Epen von Kriegen, nacherzählte Geschichten, die es in die Geschichtsbücher schafften. Manche Heldensagen begannen in den Latrinen – daher der Begriff Latrinengerücht, und im Übrigen stank es aus denen auch auf beiden Seiten gleich gewaltig –, Geschichten von ganz normalen Männern, die bis zu vierzig, fünfzig Tage in der vordersten Linie ausharren mussten, weil das gegnerische Artilleriefeuer einen Entsatz verhinderte. Geschichten von preußischen Lichtgestalten, die sich im Namen des Vaterlandes für jedes nächtliche Himmelfahrtskommando meldeten, Horchposten in vorgeschobenen Sappen, die als Ausstülpungen aus der vordersten Linie ins Niemandsland ragten. Die Wahrheit lag eher da in der Mitte: Leichen.

Über die Länge der Stellungen an der Westfront, die als umgekehrtes S in Nieuwpoort begannen, existieren keine genauen Zahlen, nur Schätzungen, denn keiner hat sie vermessen. In den Unterständen sorgten Straßenschilder dafür, dass die Soldaten sich zurechtfanden. Die hießen Piccadilly Lane oder Imperial Avenue oder Hexenkessel oder Südstraße. Wichtiger die Warntafeln, als ab 1915 der Tod unsichtbar, unhörbar wurde, als Giftgas eingesetzt wurde. Zuerst von den Deutschen bei Ypern, dann von allen. Zwei rote Sterne bedeuteten: Feind greift an. Zwei grüne hießen: Eigene Artillerie zu kurz, in den Unterständen bleiben. Ein roter, ein grüner Stern: feindlicher Gasangriff.

Holztafeln aus deutschen Schützengräben stellt das »In Flanders Fields Museum« aus, und sie gleichen in ihrer banalen

Normalität als Wegweiser archäologischen Fundstücken aus einer vergangenen Epoche. Die waren nicht als *jokes* gedacht, die waren nicht zum Spaß montiert. Wer sich im System der Gräben verlief, konnte allzu leicht dort enden, wo andere schon ihr Leben beendet hatten, nämlich im Schusskreis eines gegnerischen Schützen. Wie beim Waggonrad, das für sich genommen eben ein Rad aus alten Zeiten ist, werden die Wegweiser erst dann grauenvoll, wenn man weiß, durch welches Grauen sie führten. Denn alles zusammengerechnet – Frontgräben, Nachschubgräben, Reservegräben –, dürfte jede Seite, in den üblichen Zickzackwindungen, um der feindlichen Artillerie Treffer zu erschweren, etwa zwanzigtausend Kilometer unter sich gehabt haben. So viel? So viel. Durch die Windungen betrug eine Grabenlänge bis zu sechstausend Kilometer, mit den Laufgräben, den Nachschubgräben, den Reservestellungen kam diese irre anmutende Länge zustande.

Man hätte also theoretisch die Strecke von der Nordseeküste bis zur Schweizer Grenze bei Beurnevisin im Elsass ungesehen durchmarschieren können, ohne je die eigentliche Erdoberfläche zu betreten. Was würde aus einem Wort werden, fantasierte Stanley Casson, wenn es an der Nordsee oben dem ersten Soldaten dort eingeflüstert und dann weitergegeben würde bis hin zum Ende der Gräben, von Soldat zu Soldat, vergleichbar dem Stille-Post-Spiel der Kinder? Wahnsinn.

Normaler Wahnsinn brauchte Methoden. Die waren im Prinzip bei allen gleich. Grabentiefe zwischen zwei und zweieinhalb Metern, höchstens anderthalb Meter in der Breite. Im schon erwähnten Leitfaden des deutschen Infanteristen, diesem ganz besonderen Lesebuch, war jeder Handgriff vorgeschrieben. Etwa vierhundert Mann brauchten, falls sie ungestört blieben von Scharfschützen, für zweihundertfünfzig Meter Unterstand etwa sechs Stunden. In die Wände hauten die Grabenbauer in gewissen Abständen dunkle Höhlen ein, Schlaflöcher genannt, in denen zwei bis drei Mann für ein paar Stunden im Sitzen schlafen konnten. Lattenroste bedeckten den gestampften Grund der Gräben. Ab Ende Oktober lagen die im Schlamm, weil der Lehmboden das Regenwasser nicht aufnahm. Sandsäcke oder aufgeworfene Erde bildeten die Brustwehr, die etwa einen halben Meter über die Oberfläche ragte. In diese Brustwehr führten alle paar Meter Feuertreppen.

Auf denen standen sie, hier wie dort, wenn der Feind über Drahtverhaue, Stacheldraht, Granattrichter heranstürmte. Was natürlich wahnsinnig war, aber Krieg ist wahnsinnig, denn bei solchen Angriffen musste es zwangsläufig Dutzende von Toten geben. Ganz egal, wer auf wen zustürzte. Manche blieben, kaum heraus aus ihren Gräben, gleich in den ersten Stacheldrähten hängen und verbluteten dort.

Sergeant David Lloyd Burch, der am Ploegsteert-Wald eingegraben war, hat das alles genauso erlebt, aber was er nie vergessen hat, das sind die Ereignisse an diesem einen Tag. »Gegenüber waren die Sachsen, wenn es die Preußen gewesen wären, sagten die von gegenüber, hätte es bestimmt keinen Waffenstillstand gegeben über Weihnachten.« Sie kauften sich beim Freundfeind ein Fass Bier und liehen sich von denen sogar »ein Piano und feierten in einer Scheune, singend und Princess-Mary-Liebesgaben austauschend. Es war ruhig und schön, und es fielen keine Schüsse.«

Scharfschützen waren als Experten des Tötens besser geschützt. Sie lauerten entweder getarnt irgendwo hinter den Linien oder hinter gepanzerten Platten, in denen sich ein kleines Guckloch befand. Geübte Killer der jeweiligen Gegenseite warteten geduldig, bis sich das öffnete. Und schossen dann dem Feind direkt ins Auge. Keiner von denen hat Tagebuch geführt. Keiner in Briefen von seiner Arbeit berichtet. Weder bei den Deutschen noch bei den Alliierten. Erwähnt wurde einer, der angeblich nach jedem Treffer eine Tafel mit dem neuesten Stand seiner Erfolge hochhielt, 87, 88, 89 usw., um den Gegner wütend und unvorsichtig zu machen.

In dieser Hölle starb auch die Natur. Bäume gab es auf den Schlachtfeldern keine mehr. Nur Strünke im Niemandsland der Krater. Manche von denen wurden von den Scharfschützen als Nest benutzt, falls es ihnen gelang, unverletzt dorthin zu kommen. Briten bauten solche Strünke nach, begehbare Attrappen, in denen dann die Snipers auf Beute lauerten. Ein Beispiel solcher Kriegskunst steht heute, ehrfürchtig bewundert von der Urenkel-Generation, im Imperial War Museum. Auf deutscher Seite verließ man sich mehr noch als auf Tarnung darauf, dass die eigenen Schützen die besseren waren.

Das kam aus der Tradition der deutschen Schützenvereine, und es scheint so zu sein, obwohl auch kein Deutscher seine Erinnerungen aufgeschrieben hat, dass sie in der Tat die geschickteren Killer waren. Sie blieben übrigens selbst dann vor Ort, wenn ihre Einheit von einer anderen abgelöst wurde. Weil sie inzwischen jeden kleinen Hügel, jeden toten Baum, jede Aufschüttung so genau kannten, dass sie jede Veränderung registrierten und sich zielend darauf einstellten.

In der Erde klafften tiefe Wunden. Geschlagen von den Granaten. Darin sammelte sich das Regenwasser, darin lagen auch die Toten, denn Verwundete im Niemandsland versuchten stets, sich in solche Löcher zu retten. Sie krepierten darin. Ein Bild »absoluten Grauens« nannte es später mal Paul Nash, der als Maler besonders empfänglich war für optische Eindrücke, eine »furchtbare Landschaft, die eher von Dante oder von Poe als von Mutter Natur geschaffen schien, unsagbar, einfach unbeschreiblich. Nur der leibhaftige Teufel und der Böse können Herr dieses Krieges sein, nirgends die geringste Spur von Gottes Hand.«

Die Soldaten, die um Löcher wie die jetzt herumstehen, drehen sich nicht um. Sie behalten den Tod im Rücken. Als könnten sie ihm damit ein Schnippchen schlagen. Heute zumindest kriegt er sie nicht. Sie reden sich warm. Gewagt der Vergleich, aber er passt: Wie Schlachtenbummler preisen sie die eigene

Mannschaft. Hier ein Hoch auf den Kronprinzen und da es lebe der König, und bald sind wir in Paris, und euch jagen wir zurück an den Rhein usw. Aber es sind nur wenige, denen selbst heute der Größenwahn zu Kopfe steigt.

Neunzig Jahre ist das her, aber nicht alle Löcher von damals sind wieder dem Erdboden gleichgemacht. Riesig bis heute die Krater, die nach unterirdischen Minenexplosionen entstanden, als die Briten heimlich deutsche Tunnelsysteme untergraben und in die Luft gejagt hatten. Das konnten die Deutschen auch. Man brauchte nur im Stollen- und Tunnelbau geübte Bergleute, und die hatten sie, die einen aus Wales, die anderen aus dem Ruhrgebiet. Der größte Krater bei Wijtschate heißt »*Pool of Peace*«, was politisch korrekt ist und pervers klingt wie bei George Orwell das als Friedensministerium getarnte Kriegsministerium. Das Loch ist unter dem Namen »Teich des Friedens« eine der zum Besuch empfohlenen Sehenswürdigkeiten auf der touristischen Spezialkarte »Kraters en mijnen«, craters and mines, Krater und Minen, die mehrsprachig für Schlachtenbummler in Flandern bereitliegt. Diesen Namen erhielt das Loch erst nach dem Krieg.

In manchen Wäldchen stehen zwar keine Grabsteine, was nicht bedeutet, dass hier keine Toten liegen. Denn überall hier waren sie, Mann für Mann, aufgestellt, abgestellt, eingestampft, festgesogen in der Erde. Nein, natürlich riecht es nicht mehr nach Verwesung. Aber der Tod ist spürbar nah. Er legt sich über die Lebenden. Er lockt mit dem Versprechen ewiger Ruhe. Er zieht an ihnen. Weglaufen hilft. Der Untergrund aber bleibt tückisch. Munition. Granaten. Rostreste. Löcher. Lieber vor jedem Schritt vorsichtig den Boden abtasten. Nicht denken an die Geschichten von Soldaten, die hier verreckten, die in solchen Löchern versanken. Der Lehmboden wirkt zwar fest. Ist es aber nicht immer.

An Weihnachten ist er fest genug, um darauf zu stehen und darauf zu spielen. Für viele ist bis heute die eigentliche Geschichte nicht das Ereignis des Waffenstillstandes, des Friedens, sondern irgendein Fußballspiel. Die »Times« meldete schon am Neujahrstag 1915, als erste Zeitung überhaupt, sich dabei stützend auf den Bericht eines Majors, sogar ein genaues Ergebnis des Spiels, und dass die Deutschen dort als Sieger genannt werden, spricht für britischen Sportsgeist. Es wäre allerdings glaubhafter, wenn »der Name des Regiments oder der des Majors gefallen wäre«, sagt Malcolm Brown, der über den Fußball zum kleinen Frieden kam, denn sein ursprünglicher Auftrag von der BBC war 1981 eine TV-Dokumentation über die Geschichte des *Football played in Great Britain*. So stieß er auf sein eigentliches Thema, den *Christmas truce*.

Den Weihnachtsfrieden in Flandern. Vor diesem Ereignis wäre einer sofort tot gewesen, der auch nur ganz kurz den Kopf über die Deckung erhoben hätte. Im Westen ja nichts Neues. Bis zum Einbruch der Dunkelheit lauerten die Snipers. Den letzten Schuss dann nannten sie zynisch Gute-Nacht-Kuss. Nun heben die Soldaten nicht nur ihre Köpfe über die Brüstung, nun klettern sie raus, nun stehen sie herum, und die Scharfschützen sind in ihrer Mitte.

Vögel waren längst verstummt, waren dem Lärm der heulenden Granaten, der Artillerie, der detonierenden Minen entflogen. Tod bedeutete ja nicht gleich ewige Ruhe. Er kam laut daher, bevor er alle zum Schweigen brachte. Die Menschen konnten ihm nicht wie die Vögel in den Himmel entfliehen. Sie blieben im Dreck liegen. Falls sie den freien Himmel sahen, war ihre Zeit auf Erden vorbei. Nur in der Deckung tröstete sie der Anblick des Himmels, denn der Blick darauf war das Einzige, was die Gräben von Gräbern unterschied.

Lerchen gehören zu Flandern wie der weite Himmel, und sie sangen hoch oben auch im Krieg über Flanderns Feldern, und es blühte wie im Frieden der Mohn »zwischen Reihen von Kreuzen, wo unser letzter Ruheplatz ist«, wie John McCrae in seinen berühmten Versen *»In Flanders Fields«* dichtete, die am

Von Menschen zur Hölle gemacht: Niemandsland im Ypernbogen. Granattrichter. Schlamm. Baumstrünke. Ein wüstes Land.

8. Dezember 1915 im »Punch« erschienen und deren Entstehung eine ganz eigene Geschichte wert ist.

> *In Flanders fields the poppies blow*
> *Between the crosses, row on row*
> *That mark our place; and in the sky*
> *The larks, still bravely singing, fly*
> *Scarce heard amid the guns below.*
>
> *We are the Dead. Short days ago*
> *We lived, felt dawn, saw sunset glow,*
> *Loved and were loved, and now we lie*
> *In Flanders fields.*
>
> *Take up our quarrel with the foe:*
> *To you from failing hands we throw*
> *The torch; be yours to hold it high.*
> *If ye break faith with us who die*
> *We shall not sleep, though poppies grow*
> *In Flanders fields.**

---

* Auf Flanderns Feldern blüht der Mohn
zwischen Reihen von Kreuzen,
wo unser letzter Ruheplatz ist; und am Himmel
fliegen immer noch die prächtig singenden Lerchen;
kaum hörte man ihren Gesang unten bei den Geschützen.
Wir sind die Toten. Vor kurzem noch
lebten wir, nahmen die Morgendämmerung wahr;
liebten und wurden geliebt. Und jetzt liegen wir
auf Flanderns Feldern.
Führt unseren Kampf mit dem Gegner fort!
Euch werfen wir aus kraftlosen Händen
die Fackel zu; sie hoch zu tragen sei eure Pflicht.
Haltet ihr uns Toten nicht die Treue,
werden wir nicht ruhen, auch wenn der Mohn blüht
auf Flanderns Feldern.

Das unsterbliche Lied der Gefallenen ist als Faksimile des handschriftlichen Originals in den Patisserien von Ieper auf Packungen mit Pralinés abgedruckt, die vor allem englische Touristen kaufen und wie eine Beute mitnehmen auf ihre Insel. Es gibt Naschwerk in Form von Helmen, es gibt Figuren aus Schokolade, die einem angreifenden Tommy im Niemandsland nachgebildet sind. Ein Metzger des Ortes musste mühsam überzeugt werden, dass es nicht angebracht sei, eine Pâté ähnlich deutlich zu gestalten und in seinem Schaufenster anzupreisen.

Im kollektiven Unterbewusstsein der Briten lebt der Erste Weltkrieg, der Zweite ist tot. *The Great War* hat größere Narben hinterlassen. Der Korrespondent der Londoner »Times« Charles à Court Repington hat zuerst in einem Artikel 1918 den Begriff Erster Weltkrieg gebraucht. Auf dem Friedhof des Dorfes in Nordengland, in dem Malcolm Brown geboren ist, hat die »Gedenktafel für die Gefallenen des Ersten Weltkrieges ganz viele Namen und viele aus einer Familie, die Tafel daneben für den Zweiten Weltkrieg ist klein, das reicht für die Liste der Toten«. In den vier Schlachten des Großen Krieges um Ypres wurden fast fünfhunderttausend Mann der British Expeditionary Forces verwundet oder getötet, im gesamten Great War waren es nach offiziellen Angaben siebenhundertvierundsechzigtausend. Darum sind die *Flanders fields*, ist Ypres für die Briten mehr als ein Stück Geschichte. Hier ist die Vergangenheit Gegenwart.

Flandern lebt von diesen Toten, die von den Belgiern geehrt werden, weil nie vergessen wurde, dass es die Briten waren, die ihnen halfen gegen die Deutschen. Und die Touristen kommen, um ihrer zu gedenken. Manche buchen Pauschalreisen, wo dann zum Beispiel Tag sechs so aussieht: »*Ploegsteert Wood • Christmas truce & Bruce Bairnsfather • Hill 63, the Catacombs • Hyde Park Corner Cemetery • Lunch at Ploegsteert • Messines Ridge • Mining & Mine Craters • Successful 1917 Assault • Irish Tower • Kemmel Hill • Dinner not included this evening...*« Die per Bus und mit Führung für Tagestouren angebotene »*In Flanders Fields Route*« führt über zweiundachtzig Kilometer, und auf der Strecke werden Museen und ehemalige Schlachtfelder angefahren sowie einunddreißig der weit über hundert Gedenkstätten und Friedhöfe.

Die weißen Steine auf ihnen leuchten. Die Wege sind gepflegt, die Rasen geschnitten. Die Memorials prägen Flanderns Felder. Stets laufen Menschen zwischen den Toten und suchen nach Namen, die keiner mehr nennt. Nur nachts bleiben die Toten unter sich. Nicht mehr nach ihrem militärischen Rang geordnet wie im Leben. Im Tod sind sie schließlich alle gleich. Sie wurden damals verscharrt, und selbst die wenigen, die an Weihnachten begraben worden sind, blieben da allenfalls bis zum nächsten Einschlag liegen. Keiner hat ihnen eine »fromme Weise ins Grab« gespielt, wie das auf den kitschigen Gedenkpostkarten zu lesen ist, die in den Zeitungen jene Seiten schmücken, auf denen die Namenslisten der Gefallenen täglich länger werden.

Nach Kriegsende wurden sie oder das, was von ihnen noch übrig war, was man einem Namen zuordnen konnte und einer Biografie, würdig bestattet. Man erwies ihnen, wie das in allen Sprachen pathetisch heißt, die so genannte letzte Ehre. Wofür sind sie verreckt? *Pour la patrie. He died for us.* Gestorben, damit Deutschland lebe. Ihren Angehörigen waren die Phrasen kein Trost, doch während die auch längst tot sind, blieben die Lügen in Stein gehauen lebendig auf Denkmälern, hier wie dort. Überdauerten den nächsten Großen Krieg, den Zweiten Weltkrieg, in dem doppelt so viele starben. *Their name liveth for evermore.* Ihr Name lebt in Ewigkeit. Statt in der Erinnerung anderer zu leben, hätten sie lieber selbst gelebt.

Die Oberfläche der Felder Flanderns täuscht Normalität nur vor. Scharfe Munition kann der Boden verbergen, und die mag zudem im Gestrüpp lauern. Im Wald von Wijtschate, der damals rechts von der Stellung der 3. Kompanie lag, zu der Carl

Mühlegg gehörte, der den Christbaum zwischen den Fronten schleppte, wo ausgerechnet der Gefreite Adolf Hitler einem Sniper entkam, wird vor dem Tod von einst heute noch dringend gewarnt. Schilder stehen da mit großen Buchstaben: GEVAAR und DANGER. Gemeint sind kaum verdeckte Minenkrater, rostige Granaten, einstürzende Altbauten, Gräben.

Sie sind der Natur überlassen worden. Der Zaun, den zu übersteigen verboten ist, der ist neu. Aber daneben das halb verfallene steinerne Nest eines Scharfschützen könnte sofort benutzt werden. Die Schießscharte ist von Moos bedeckt. Der Weg führt ins Dickicht, wird zum Trampelpfad. Grün schimmert ein Tümpel. Ein Granattrichter. Daneben hinter dem Gebüsch beginnt ein Graben, deutlich erkennbar noch immer, nur die Wände sind eingefallen, aus den Ritzen wächst es wild. Er führt um Kurven und zwischen rostigen Unterständen, aus denen verschreckte Hasen hoppeln, tiefer in den Wald. Endet am Feld, das damals ein Schlachtfeld war.

Woanders kostet der Eintritt in die Unterwelt Geld. Sieben Euro. Bevor man sie beim Hill 62 betritt, werden die Kriege durcheinander gemischt. An den Wänden hängen Fotos von beiden Großen Kriegen. Im Raum dahinter liegt der Hakenkreuzdolch aus dem Zweiten neben dem Bajonett aus dem Ersten Weltkrieg. Dann geht es raus zu den Schützengräben. Den Originalen nachgebaut, was hier nicht besonders schwer war, man musste nur die alten Gräben von damals so abstützen, dass sie wieder begehbar wurden. Bewehrt mit den einst üblichen Sandsäcken, abgestützt mit rostigen Platten oder mit Holzbalken, und hier und da ein wenig Stacheldraht. Bevor es wird wie im Legoland, bricht die Wirklichkeit in die Kunstwelt. Irgendwo lehnen Stapel von nicht mehr scharfen, aber gefährlich aussehenden Granaten. Dort künden verwitterte Grabsteine vom längst vergessenen Tod. Daneben stecken die Remembrance-Kreuze mit den künstlichen roten Mohnblumen im Lehmboden, und dann weiß man wieder, wo man ist.

Regen, und von dem gibt es in Flandern mehr als anderswo in Europa, kann in diesem tonerdigen Boden nicht versickern. Er sammelt sich. Denn das obere Erdreich ist bedeckt von einer feinen Lehmschicht, Löss genannt, bis zu zwanzig Meter ohne Beimischung steiniger Bestandteile. In trockenem Zustand hat diese Schicht eine große Standfestigkeit, die das »Abstechen senkrechter Grabenwände von mehreren Metern Tiefe ohne Gefahr des Nachstürzens gestattet«, wie es in einem Handbuch für deutsche Pioniere hieß.

Fallen auf Flanderns Felder die von der nahen Nordsee mit gespeisten sintflutigen Niederschläge aus grauen Wolken, so saugt sich der Boden voll Wasser, die schwer gewordene obere Schicht drückt die sauber abgestochenen Grabenböschungen ein, die lockeren Lehmmassen der aus dem Graben aufgeworfenen Brustwehr werden zu einem zähflüssigen Tonerdenbrei, der unaufhaltsam in den Graben zurückfließt. In dem standen sie. Divisionen. Armeen. Auf beiden Seiten. Warteten auf das Zeichen zum Angriff oder auf die Kugel, die ihnen galt. »Unsere Hände sind Erde, unser Körper Lehm und unsere Augen Regentümpel. Wir wissen nicht, ob wir noch leben«, spricht einer für alle in Remarques Roman »*Im Westen nichts Neues*«.

Mit Zunahme der Regenfälle stieg das Grundwasser, je nach Örtlichkeit begann das schon nach fünfzig Zentimetern. Abschöpfen zwecklos. Die herbstlichen Schauer machten aus den Gräben ein Schwimmbassin, dessen Inhalt am natürlichen Abfluss gehindert war und immer neuen Zulauf erhielt. Das Holz, mit dem sie die Gräben abgestützt hatten, verfaulte langsam. Jedes noch brauchbare Material hatten sie benutzt. Und als es keine Bäume mehr gab, haben sie nachts aus den zerstörten Häusern und Scheunen aus dem jeweiligen Hinterland herangeschafft, was sie brauchten, zersplitterte Türen, halb verkohlte Dachbalken, Bretter, Fensterläden, alles wurde ausgeschlachtet und in die Unterstände eingebaut.

In ihre Gräben sind viele Soldaten am 25. Dezember um die Mittagszeit kurz zurückgekehrt. Die eigenen, denn bei aller Euphorie wird darauf geachtet, nicht zu viel von der eigenen Stellung preiszugeben. Das könnte morgen schon wieder ein verhängnisvoller Fehler sein. Wer sich dennoch unerlaubt in die Unterstände des Gegners wagt, wird kurzerhand gefangen genommen. Darüber gibt es keinen Streit, diese Regel gilt auf beiden Seiten. Ausnahmen von ihr sind nur dann gestattet, wenn einer sich per Zuruf quasi als Besucher anmeldet, die Augen verbinden und sich dann blind hinüberführen lässt, um etwas zu bringen oder abzuholen, aber anschließend auf jeden Fall in die eigenen Linien zurückkehren will.

So ist es geschehen beim zeitweiligen Rücktausch eines gerade erst erworbenen Souvenirs. Ein Brite hat einen Deutschen überredet – und viel dafür gegeben, Bully Beef und Tickler's Apple und Plum Jam –, ihm seine Pickelhaube zu überlassen. Stolz zeigt er sie seinen neidischen Kameraden. *Spiket Helmets*, Pickelhauben, sind Symbol für den Hunnen an sich und als Beute entsprechend begehrt. Sonst nur greifbar, wenn ihr Besitzer nicht mehr lebt. Plötzlich von drüben eine Stimme mit der Bitte um Rückgabe. Weil überraschend für morgen eine Inspektion anberaumt worden sei, müsse er unbedingt, um nicht bestraft zu werden, seinen Helm vorzeigen können. »Leih ihn mir wieder, und ich bring ihn danach zurück.« Die hundert Meter sind heute schnell überwunden, der Helm landet wieder bei seinem ursprünglichen Besitzer – und tatsächlich gibt der ihn nach der Inspektion dem Briten zurück.

Andere haben sich um ein großes Feuer geschart und essen dort, halten Würste oder ihr Bully Beef an Stöcken über die Flammen. Ein Picknick an Weihnachten. Die Deutschen steuern zum Festessen ein paar beschlagnahmte Fässer Bier bei, berichtete J. Singleton von den Welch Fusiliers seiner Schwester, die seinen Brief dem Heimatblatt gab, dem »Cheshire Observer«.

An einem anderen offenen Feuer wird ein ganzes Schwein gebraten, das sich genau am falschen Tag im Niemandsland in Ruhe im Schlamm wälzen wollte. Es hatte gegen die geballte Macht beider Seiten keine Chance. Ein Hase, der aus einem Gebüsch am Rande brach, sieht sich ebenso umzingelt. »Die Hasen im Gelände waren natürlich wild geworden. Ihr Eldorado war plötzlich von Menschen belebt«, notiert Johannes Niemann, VIEW HOLLOA, schreit Edward Hulse, und die Jagd beginnt. Deutsche und Briten rennen hinter dem Hasen her, rutschen auf dem gefrorenen Boden aus, wenn der wieder mal einen Haken schlägt. Leutnant C.H. Brewer, Sohn des Organisten der Kathedrale von Bristol, findet besonders lustig, dass »alle Deutschen und Engländer rannten, als hinge ihr Leben davon ab«, aber schließlich grabschen sie ihn. Zwei Soldaten, ein Deutscher und ein Brite, haben ihn unter sich begraben.

Bevor es zu einem Streit kommen kann, wer die Beute kochen darf, erwischt es ein zweites Langohr. »Waren beide ziemlich fett«, stellt Hulse fest, »hatten sich offenbar von den Kohlköpfen ernährt, die seit Monaten in einem Feld in der Nähe lagen.« Rebhühner werden von Scharfschützen erlegt, von denen viele im Zivilberuf Jäger sind, und anschließend wird die Beute brüderlich geteilt.

Einige Offiziere, deutsche vor allem, versuchen anschließend, ihre Männer mit Waffenreinigen zu beschäftigen oder damit, die Stacheldrahtverhaue zu verstärken, um sie so von weiteren Fraternisierungen abzuhalten. Der eigentliche Zweck der Waffenruhe sei ja erfüllt, die Bestattung der Toten.

Aber sie haben keine Chance. Denn jetzt wird Fußball gespielt im Niemandsland. Als Torpfosten dienen entweder ein paar Holzstücke oder aber Mützen und Pickelhauben. Woher die Bälle plötzlich kommen, ist meist nachprüfbar. Von den Briten. »Wir schickten einen mit dem Fahrrad nach hinten in unsere Reservestellung, und der holte den Ball«, erzählte Harold Bryan von den Scottish Guards in einem Brief an seine El-

Coverabbildung von Michael Foremans Buch über Fußballspiele im Niemandsland. Seine Darstellung beruht auf den tatsächlichen Ereignissen zwischen den Fronten an Weihnachten 1914.

tern. Allerdings war für ihn nicht das erwähnte Fußballspiel so wichtig, an sich ja wahnsinnig genug im Krieg, sondern ein Boxkampf zwischen einem Schotten und einem Deutschen. »Die beiden hämmerten so aufeinander ein, dass wir sie stoppen mussten, denn ihre Gesichter hatten sie sich bereits zu Brei geschlagen.« Selbstverständlich, was gar nicht so selbstverständlich war, ist ein anderer Vorschlag sofort von allen abgelehnt worden, einen Briten und einen Deutschen in einem Duell aufeinander schießen zu lassen. Jeder nur einen Schuss im Gewehr, hundert Meter Distanz, stehend oder liegend, freie Wahl. »Schließlich hatten wir einen Waffenstillstand abgemacht.«

Hunderte spielen Fußball zwischen den Fronten, es wird gebolzt und gekickt, und wenn einer in den Dreck fällt dabei, denn in Uniform und in Stiefeln lässt sich nun mal schwer elegant spielen, hilft ihm sportlich der Gegner, der ein Feind ist, wieder auf die Beine. »Auf dem gefrorenen Acker war das nun so eine Sache. Einer von uns hatte einen Fotoapparat bei sich. Da ordneten sich schnell die beiderseitigen Fußballer zu einer Gruppe, immer hübsch bunte Reihe, der Fußball in der Mitte«, erinnerte sich Niemann, aber auch dieses Foto ist nicht mehr auffindbar.

Wo kein Ball aufzutreiben war, tut es ein zurechtgepresstes Stück Stroh, umwickelt mit Draht, den es zuhauf gibt. Und wenn es auch dafür nicht reicht, muss es halt eine leere Konservenbüchse tun. Wie die Kinder rennen sie hinter ihren seltsamen Fußbällen her. Angefeuert von denen, die auf den Tribünen sitzen, ihren Brüstungen, und zuschauen. Auch britische Offiziere haben ihre Kameras parat und fotografieren das *War Game*. Von irgendwoher sei der Ball plötzlich aufgetaucht, erinnerte sich Ernie Williams von den Cheshires und erzählt von einem Spiel bei Wulvergem: »Wir bauten irgendwelche Tore auf, zwei Jungs gingen hinein, und dann haben alle gekickt, das waren schon ein paar hundert Mann.« Beim allgemeinen Gebolze haben alle ihren Spaß, das Ergebnis interessierte keinen:

»Es gab keinen Schiedsrichter, woher auch, es gab keinen Torstand, schon allein die Stiefel, die wir trugen, verhinderten ein richtiges Spiel, denn die waren voller Dreck und entsprechend schwer.«

Die naturalistischen Zeichnungen in Michael Foremans Buch »*War Game*« sind ebenso lebendig wie die Erzählungen der Augenzeugen und haben außerdem noch eine ganz eigene Geschichte. Die Geschichte von ein paar englischen Jungs, aber genauso könnten es auch deutsche sein, die auf ihrem Dorfacker Fußball spielen. Bis der Krieg beginnt und überall die Aufrufe zu lesen sind, *join the army* oder: Das Vaterland braucht dich. Sie nehmen ihren Fußball mit nach Frankreich, auch wenn sie den vorn im Graben nicht brauchen werden. Da wird nicht gespielt, sondern gestorben. Das schlammige Feld mit den Trichtern, Kratern, Rissen, Toten wäre für ein Match ungeeignet.

Heute nicht. Die Toten sind bestattet. Der Boden ist gefroren, und die Löcher müssen halt, wie der Gegner, im Spiel umspielt werden. Das schaffen nur Profis. Sie gehörten meist zu der scherzhaft *Footballers Battalion* genannten Einheit, in der sich die besten Spieler des Königreiches sammelten. Jedes Spiel gegen andere Truppenteile gewannen sie nach Belieben, bis auch bei ihnen der Tod mitspielte und ihre Reihen lichtete.

Es gab englische Offiziere, und dies ist keine Legende, die sich selbst den absoluten Kick gaben, den Ball eng am Fuß auf die gegnerischen Stellungen zudribbelten, gefolgt von ihrer Mannschaft, also ihrer Kompanie, und manchmal mit solchen Angriffen Erfolg hatten, weil sie drüben bei den Deutschen angelangt waren, bevor die sich von ihrer Verblüffung erholt und geschossen hatten. Passierte allerdings öfter, dass für den Verrückten dieser ultimative Kick der letzte seines Lebens war und er tot neben seinem Ball im Niemandsland liegen blieb.

So verrückt sind die Deutschen zwar nicht, doch hätte es ohne die an Weihnachten kein Fußballspiel gegeben. Hätten die nicht die Tannenbäume aufgestellt, hätten die nicht die Kerzen angezündet, hätten die nicht gesungen und hätten die nicht einen Waffenstillstand vorgeschlagen, dann wäre Weihnachten ein normaler Tag gewesen. *War* statt *War Game*. Deshalb lässt Foreman sie in seinem Buch alle bolzen auf von Raureif bedecktem Boden, die Feldgrauen und die Khakifarbenen, Mann gegen Mann und voller Spaß. Noch so ein Bild: Ein Engländer schießt den Ball aus dem Graben wie bei einem Freistoß, und hinter ihm folgen ihm seine Männer. Es sieht noch so aus wie heute auf dem Spielfeld, alle laufen durcheinander und alle rennen. Doch der Unterschied wird beim Umblättern klar. Wer fällt, steht nicht mehr auf. Ist gefallen für immer. Der Krieg hatte wieder begonnen.

Die junge amerikanische Filmregisseurin Leanna Creel hat durch das Buch Foremans zum ersten Mal etwas erfahren über diese höchst ungewöhnlichen Fußballspiele. Wahrscheinlich waren es ja die ungewöhnlichsten überhaupt in der Geschichte des Fußballs. Sie war nicht nur professionell fasziniert von dem Stoff, sie sah auch die Botschaft: Dass Frieden selbst dann möglich ist, wenn keiner damit rechnete. Ihr Kurzfilm *»Offside«*, der damit beginnt, dass von irgendwoher ein Ball zwischen die Schützengräben fliegt, dauert dreizehn Minuten, wurde im Jahre 2001 produziert und ist als »wahrhaft wunderbares Kinomärchen« auf Festivals von Oldenburg bis San Francisco gezeigt worden. Gedreht hatte Leanna Creel ausgerechnet in Los Angeles, doch das stets wechselnde Licht dieser Stadt »und die Zauberkraft des Kinos« hatten es ermöglicht, einen kalten europäischen Wintertag an der Westfront 1914 in Kalifornien nachzustellen, ohne dabei die blutige Realität des Krieges in Europa zu verkitschen.

Dass es an verschiedenen Abschnitten richtige Matches gegeben hat, mit Schiedsrichtern und mit pünktlich an- und abgepfiffenen Halbzeiten, am Ende einen Sieg der Sachsen über die Schotten mit 3:2, ist eine Legende. Die nährte mit genau diesem Ergebnis 3:2 Johannes Niemann in seinen Aufzeichnungen. Im Tagebuch der Lancashire Fusiliers wurde sie bestätigt, Fritzens schlugen Tommies mit 3:2, und gespielt worden sei mit einer leeren Konservenbüchse. Allerdings wäre das dritte Tor der Deutschen unter normalen Umständen nie gegeben worden, der Schütze stand im Abseits. In anderen Quellen ist es das Bedfordshire-Regiment, das gegen die Sachsen verloren hatte, und da hatte der Bericht bereits einen neuen Schluss. Das Spiel habe abgebrochen werden müssen beim Spielstand von 3:2 für die Jerries, weil der Lederball, auf die Spitze eines Stacheldrahtverhaus geflogen war und dort zischend seinen Geist habe aufgeben müssen. Die Kriegs-Jahrbücher des Deutschen Fußballbundes erwähnten gar kein Spiel im Niemandsland. Für die Verfasser der dort abgedruckten Texte war der Krieg an sich der eigentliche Wettkampf, die in Friedenszeiten antrainierte Fitness – »Anspannung aller körperlichen und geistigen Fähigkeiten und Stählung der Nerven« – eine wertvolle »Vorbereitung« für die folgenden Spiele auf Flanderns Feldern.

Augenzeuge Jimmy Prince behauptete 1974 im »Sunday Express«, dass es einen klaren Sieg der Schotten über die Deutschen gegeben habe, und zwar mit 4:1. Bei ihm war ein richtiger Ball im Spiel gewesen. Die Quelle des Eintrags bei den Lancashire Fusiliers war ein General J.C. Letter, der aller Wahrscheinlichkeit nach an diesem Tag gar nicht an der Front gewesen ist, und wenn doch, dann hätte er nicht zugeschaut, sondern den Spaß beendet. Zwischen Franzosen und Deutschen gibt es ein einziges Fußballspiel, kein allgemeines Gekicke wie im Niemandsland zwischen Briten und Deutschen. Zumindest wurde nur von einem einzigen Match berichtet. Was nicht bedeuten muss, dass es so war.

Die französische Presse bekam früher als die deutsche oder gar die britische von der Zensur einen Maulkorb umgehängt. Gefragt waren wie bei den anderen Kriegsteilnehmern nicht Tatsachenberichte, gewünscht waren die Moral stärkende Artikel. Damals hieß vaterländische Pflicht, was etwa hundert Kriege später *embedded journalism*, eingebetteter Journalismus, genannt wurde, aber damals wie heute hatte das mit Journalismus nichts zu tun. Und weil es tatsächlich um die Verteidigung des besetzten Vaterlandes ging, stellten die Redakteure diese vaterländische Pflicht grundsätzlich nicht infrage. Lieber druckten sie, dass jegliche Verbrüderung mit dem Feinde »vor dem Kriegsgericht enden und mit der Todesstrafe geahndet wird«, wie in »Le Matin« zu lesen stand, statt Briefe von Poilus über die Wirklichkeit an der Front zu publizieren.

Briefe über Kälte und Schlamm, über Leichen und Todesangst, über lausige Zustände und verdreckte Uniformen, über menschenverachtende Offiziere und das große Heimweh. Geschweige denn einen, in dem ein Soldat berichtet, dass Frieden geherrscht hatte an Weihnachten.

Der herrschte nicht vor, der fand nur statt. Dass die Gefallenen beerdigt werden mussten, sah sogar ein französischer General ein. Dafür gab es eine Erlaubnis. Weitere Annäherungen blieben streng verboten. In den offiziellen *Journaux de marche et opérations*, die deutschen Regimentstagebüchern und britischen War Diaries entsprechen, aber zeigen wortkarge Eintragungen zwischen dem 24. und dem 27. Dezember, was an der deutsch-französischen Front wirklich geschah: fast nichts. Keine Gefechte müssen dokumentiert, keine Toten benannt, keine Landgewinne oder -verluste verzeichnet werden. Es finden sich nur Hinweise darauf, dass nicht geschossen wurde, dass *weiterhin* nicht geschossen wird etc.: »*rien a signaler... relativement calme...*«

Die Ruhe nach dem Sturm begann wie überall an der Westfront auch hier mit deutschem Gesang. Musik schafft Vertrauen. Wer singt, der schießt nicht, oder, wie es in einem Sprichwort der Boches heißt, böse Menschen haben keine Lieder. Dann warfen Franzosen quasi als Test Zeitschriften und Tabak in die deutschen Stellungen. Die revanchierten sich mit

Zigaretten und Brot. Dann setzte Sprache ein. War kaum schwieriger als oben in Flandern, denn Französisch konnten viele hier und Deutsch viele dort. Immer noch waren alle in Deckung. Die vertrauensbildenden Maßnahmen – Gesang, Geschenke, Gerede – führten zu Schritt vier. Dem aufrechten Gang. Heraus aus den Gräben, ab ins Niemandsland.

Von da an läuft alles so ab wie überall an diesem ersten Weihnachtstag. Mehr als dreihundert Poilus des 99. Infanterieregiments zum Beispiel treiben sich, Wein trinkend und rauchend, im Niemandsland herum und fraternisieren mit den Boches. Die gehören zum 20. Bayerischen Infanterieregiment und sind als Erste aus den Gräben geklettert, in Massen, Manteltaschen voller Tauschobjekte, mit den Armen winkend. Die Todfeinde klopfen sich auf die Schultern, wünschen sich *Joyeux Noël* und Frohe Weihnachten und tauschen Schnaps gegen Wein. »*Trêve complet*, Waffenstillstand perfekt«, notierte der französische Regimentsschreiber lakonisch über den ersten Weihnachtstag, erwähnt voll Genugtuung, dass wütende Preußen von nebenan gedroht hätten, auf die Bayern zu schießen, also auf ihre eigenen Landsleute, doch ein deutscher Offizier habe das verhindert in ziemlich lauten Worten.

Bayern und Franzosen beschließen unter sich, also unter Brüdern, dass sie in den nächsten Tagen bei einem Feuerbefehl über die Köpfe schießen werden, um bloß nicht aus Versehen einen zu treffen. Sie zeigen sich Fotos ihrer Familien. Schau hier, das sind meine beiden Töchter, und da hinten, das ist unser Haus, und hier, mein Sohn, zwei Monate alt, mein erster, ich könnte ihn auf meinen beiden dreckigen Pranken tragen, ganz sanft und ach was, ich habe schon vier Kinder, aber keine Fotos, aber erzählen kann ich euch von denen, ich sag euch ...

Szenen aktiver Verbrüderung sind an diesem Frontabschnitt zwar selten, ein Waffenstillstand aber wurde oft bis ins neue Jahr eingehalten. Es war nicht populär, sich mit den Besatzern zu unterhalten, sich mit denen auf menschliche Nähe einzulassen, das Thema bleibt ein Tabu, deshalb erfuhren Historiker erst nach dem Krieg, was wirklich geschehen war. Briten beschwerten sich sogar darüber, dass sie beim Rückmarsch in ihre Reservestellungen hinter der Front von französischen Frauen am Wegesrand beschimpft und bespuckt worden seien, weil die von der Verbrüderung mit dem Feind erfahren hatten.

Zwar hat die Episode mit dem deutschen Varietékünstler tatsächlich stattgefunden, bei Armentières, doch wird erst der Schriftsteller Robert Graves aus dem Auftritt eines deutschen Jongleurs, der vor dem Krieg in London gearbeitet hatte und an Weihnachten des Jahres 1914 mit seinen Tricks Briten wie Deutsche begeistert, eine wunderbar wahnsinnige Geschichte machen. Sie steht am Ende dieses Buches.

Zur Legendenbildung trug auch Bertie Felstead bei, der 2002 im Alter von hundertsechs Jahren in einem Altenheim in Gloucester gestorben ist, also mehr als sechsundachtzig Jahre lang Zeit hatte, die Geschichte vom Fußball im Niemandsland so zu erzählen, dass sie immer besser wurde. Auf der Homepage des Duisburger Spielvereins ist unter der Überschrift »Tod eines Kriegshelden« ein Nachruf auf Sportskamerad Bertie anklickbar, zitiert wird ein Artikel aus der »Westdeutschen Zeitung«, und so im virtuellen Raum verewigt, wird die Legende wieder zur Wirklichkeit:

»Helden wurden in all den vielen Kriegen geehrt. Wer sich mutig der Kugel des Feindes entgegenwarf, wurde von der Obrigkeit gefeiert. Und auch, wer besonders viele Feinde tötete. Im englischen Gloucester starb nun ein Kriegsheld ganz anderer Art. Bertie Felstead war Frontkämpfer. Im zarten Alter von neunzehn Jahren stand er im Schützengraben. Jede Minute konnte ihn die tödliche Kugel des Feindes treffen. Doch Bertie starb nicht durch eine Kugel, sondern im gesegneten Alter von hundertsechs Jahren friedlich in einem Pflegeheim. Bertie Felstead gehörte zu jenen britischen Soldaten, die sich zu Weihnachten 1914 zwischen den Frontlinien mit den Deutschen trafen, um die Geburt Christi zu feiern. Wie Männer so feiern. Man spielte Fußball, man rauchte Zigaretten, und sicherlich wurde auch so mancher Schnaps gekippt. Und weil Bertie feierte, statt zu schießen, konnte er diese Story sechsundachtzig Jahre lang erzählen, immer wieder. Solange es Fußball und Menschen wie Bertie Felstead gibt, hat die Menschheit noch Hoffnung. Farewell Bertie.«

In Wirklichkeit kam er erst im Januar 1915 an die Front, und da wurde schon wieder mit anderen Kalibern geschossen. Dennoch hörten sie ihm zu, über Generationen hinweg, auch über Nationen hinweg. Der alte Bertie war vor allem ein lebenskluger Mann. In irgendeinem der zahlreichen Interviews, die er zum Thema Fußball im Niemandsland geben musste, hat er eine ganz andere Erkenntnis zur Verbrüderung am ersten Weihnachtstag untergebracht: »Die Deutschen waren Männer ihres VATERLANDES und wir Männer unseres MUTTERLANDES, und weil die menschliche Natur nun mal ist, wie sie ist, hatten sich über Nacht Gefühle entwickelt, und so standen beide Seiten auf von ihren Schützengräben und trafen sich auf halbem Weg im NIEMANDSLAND.«

Das leert sich nach Einbruch der Dunkelheit. Alle gehen wieder zurück in ihre eigene Welt. Sie haben sich viel zu erzählen, jeder hat eine andere Anekdote. Wachen werden zwar wie üblich aufgestellt, aber auch die kommende Nacht bleibt hier vorn an der Front ruhig. Nur die Stabsoffiziere hinten in den Hauptquartieren haben eine unruhige Nacht vor sich. »Wie wütend wären die Politiker und Generäle erst gewesen«, malte sich Leslie Walkinton genüsslich die Situation aus, wohl wissend, dass es eine reelle Chance nie gegeben hatte an Weihnachten 1914, »wenn die normalen Leute, die John Citizens beider Seiten beschlossen hätten, okay, das war's, es ist nass, unbequem, kalt, es ist uns zu blöd, wir gehen heim.«

Kurt Zehmisch kritzelte am nächsten Tag zwei Seiten in seiner Kladde voll, obwohl es streng verboten war, an der Front ein Tagebuch zu führen. Rifleman Turner verknipste die restlichen Fotos in seinem Film. Natürlich wurde wieder gebolzt, es war schließlich Boxing Day, und an dem pflegte man in England immer Fußball zu spielen, warum also nicht morgen auch. Und oben bei Diksmuide wurde an einem Seil ein Jutesack über die dünne Eisschicht der Yser gezogen. Als den der belgische Kaplan Jozef van Ryckeghem vorsichtig öffnete und erkannte, was darin eingewickelt war, schlug er das Kreuz. Die beiden Offiziere neben ihm, Robert de Wilde und Willelm Lemaire, machten es ihm nach.

Aber wie wird es weitergehen?

Manche Soldaten weigerten sich, auf die neuen Freunde zu schießen.

Es riecht nach Frieden.

So durfte es nicht weitergehen.

Die Hunde des Krieges nehmen Witterung auf.

Sie beginnen ihn zu jagen.

The ones who call the shots won't be among the dead and lame, and on each end of the rifle we're the same. Aus der Ballade »Christmas in the Trenches« *von John McCutcheon*

3

Sie sollen wieder schiessen, die Soldaten vom 107. Königlich-Sächsischen Infanterieregiment, aber sie wollen nicht. Ihre Vorgesetzten beschimpfen die widerspenstigen Feldgrauen als Meuterer. Das beeindruckt die Männer wenig. Sie stehen unter Drogen. Die sind ihnen gestern und vorgestern verabreicht worden und bestanden aus einer wahnsinnigen Mischung, deren Wirkung anhält: Ruhe. Kerzen. Musik. Fußball. Lagerfeuer. Gebete. Gespräche. War wunderbar gewesen, nach vielen schlechten Tagen mal zwei gute. Der erste Weihnachtstag hatte die Verheißung Friede auf Erden erfüllt – was will man hier an der Front mehr? –, auch dieser jetzt, der zweite Weihnachtstag, in England Boxing Day genannt, begann vor dem Krach in den deutschen Gräben viel versprechend.

Es ist nach wie vor frostig kalt, in der Nacht hat es geschneit, und Schneeflocken haben den Stacheldraht weiß gemalt. Deshalb wird zwar aus dem Niemandsland noch lange keine romantische Brueghelsche Winterlandschaft, denn die Narben auf Flanderns Feldern sind zu tief, doch friedlich sieht es aus. Der Anblick hebt das Gemüt und prägt die Stimmung. Die Soldaten machen sich keine Illusionen. Es wird bald wieder losgehen mit dem Krieg, dies ist nur eine Pause, aber noch scheint ihnen ein bisschen Frieden machbar, und deshalb halten sie den fest, solange es geht. Ihren Leutnants und Hauptleuten geben die Sachsen lautstark Widerworte, allein das schon ist verblüffend, denn gewohnt sind die Offiziere im Zweifelsfall blinden Gehorsam.

Zwar wäre es eine »Unwahrheit, wenn jemand behaupten wollte, dass bei uns die Manneszucht... überall gut gewesen sei«, bekannte ein Generalleutnant aus Dresden nach dem Kriege. Es habe keinen Zweck, über diese Tatsache stillschweigend hinwegzugehen, doch erfahrungsgemäß »sind die Verhältnisse des Krieges nicht dazu angetan, die Disziplin zu fördern«. Dagegen halfen seiner Meinung nach nur harte Strafen. Nicht etwa der Krieg als solcher wirke verrohend auf die Soldaten, eine verheerende Wirkung habe er nur auf deren Disziplin. Lobend erwähnte er britische und französische Kriegsgerichte, die gnadenlos Todesurteile wegen Meuterei gefällt und umgehend vollzogen hätten, während sich ausgerechnet die Deutschen als Weicheier entpuppt hatten: »Einer Anregung des Deutschen Reichstages entsprechend, wurden während des Krieges eine Anzahl von im Militär-Strafgesetzbuche festgesetzten Strafen gemildert.«

Ein einmaliger historischer Vorgang sei das gewesen, empörte sich in einer Geschichte des 133. Sächsischen Infanterieregiments der Chronist, verkneift sich aber die Aussage, dass man sich daher nicht wundern müsse, warum die Deutschen den Krieg verloren hätten.

Ohne große Worte begründen am Samstagmorgen die Männer vom 107. ihre Verweigerung des Wehrdienstes. Die Boys da drüben beim Feind seien gute Jungs. Das haben sie selbst gesehen, persönlich erlebt. Die hätten Heimweh wie sie. Angst wie sie. Den Krieg satt wie sie. Auf die könnten sie heute nicht schießen, als ob gestern im Niemandsland nichts gewesen wäre. Auf die würden sie am liebsten gar nicht mehr schießen. Falls es nach ihnen ginge.

Aber nach ihnen geht es nicht.

Die Offiziere wissen keine Antwort auf diese Antwort, denn

einen solch spontanen Aufstand von unten gab es nie zuvor. Nach der ersten Verblüffung aber reagieren sie. Sie drohen an, selbst zu schießen – und zwar auf ihre eigenen Leute, falls die nicht zu ihren Waffen greifen, sich sofort in die gewohnten Feuerstellungen begeben. Zögernd, murrend geben die Soldaten auf, im Ungehorsam waren sie schließlich nicht geübt. Wie man Widerspruch in Widerstand umsetzt, hatten sie noch nicht gelernt. Erst vier Jahre später setzten Matrosen in Kiel solche Leckt-uns-doch-am-Arsch-Gefühle in Taten um, als sie gegen ihre Vorgesetzten meuterten und das Ende des Krieges begann.

Die Sachsen lassen sich aber eine Kriegslist der anderen Art einfallen und tun einfach nur so, als beginne wieder der Krieg. Sie schießen zwar nach drüben, doch drüber. Die Briten merken bald, dass es ein Schaukampf ist. Gestern hatte es schon einmal so etwas gegeben. Ein deutscher Scharfschütze verfehlte dabei zielsicher gezielt einen Engländer drüben auf der Brüstung, als ihm sein Vorgesetzter befahl, den Mann abzuknallen.

Die Widerspenstigen halten über die Köpfe der Engländer hinweg, und keine Kugel trifft. Eine bestechend einfache Lösung. Den Befehlen gehorchen und sie dennoch nicht befolgen. Also machen es die *soldiers*, deren Vorgesetzte nicht weniger Druck ausüben als die der Soldaten drüben, genauso. Auch sie schießen irgendwohin, nur nicht dahin, wohin sie schießen sollen.

Auf beiden Seiten übrigens gibt es zwar Offiziere, die sehr wohl merken, was ihnen da vorgespielt wird, aber die spielen mit. In den Eintragungen des North Staffordshire Regiments wird ein deutscher Hauptmann von ebenjenem aufmüpfigen 107. Regiment des Feindes erwähnt. Bei einem kurzen Gespräch mit dem britischen Captain habe er darum gebeten, tagsüber die Köpfe unten zu behalten, weil ihnen ihr Oberst, der gleich eintreffen wird, bestimmt befehlen werde zu schießen. Sobald der am Nachmittag wieder abrücke in die Etappe, würden sie Bescheid geben.

Den ganzen Tag über müssen an diesem Abschnitt zwar alle

in ihren Gräben bleiben, weil es ihnen so befohlen wird, dürfen sich nicht wie gestern auf eine Zigarre und einen Plausch im Niemandsland treffen, aber zumindest trifft sie keine Kugel. Sie nutzen die Waffenruhe, um auszuruhen. Ruhig bleibt es in Messines und am Ploegsteert-Wald und bei Frelinghien und Houplines; eigentlich ist es überall so friedlich wie gestern.

Die Taktik hilft allen, wenigstens Weihnachten zu überleben. Man feiert nicht lautstark einen Waffenstillstand, um die hoffentlich noch, tatsächlich aber längst nicht mehr schlafenden Hunde in den Generalstäben zu wecken, man überdeckt ihn mit lautem Schusswechsel. An diese Geräusche sind hohe Militärs gewöhnt, das sind die normalen, die alltäglichen, die ihnen vertrauten Melodien an der Front. Solange sie die hören, schöpfen sie erst mal keinen Verdacht, dass irgendwas nicht stimme mit ihrem Krieg.

Es sei eine Vergeudung von Munition gewesen, diese gemeinsamen Versuche, die »Sterne vom Himmel herunterzuholen«, erinnerte sich Unterfeldwebel Lange. Bei einem Heimaturlaub erzählte er davon einer Zufallsbekanntschaft, einer australischen Pianistin, die in Leipzig Musik studierte. Caroline Ethel Cooper schrieb von diesem Versuch eines Aufstandes ihrer Schwester. In ihren Erinnerungen »*Behind the Lines: One Woman's War, 1914–1918: the Letters of Caroline Ethel Cooper*« ist der Brief gedruckt: »Herr Lange sagt, in all seinen Dienstjahren bei der Armee habe er nie solche Ausdrücke gehört, wie sie von den Soldaten gegen ihre Offiziere benutzt wurden.« Von den Tantiemen des Buches hat Ethel Cooper an der Universität von Adelaide eine Stiftung finanziert, und die vergibt nach wie vor jedes Jahr ein Stipendium von achthundert Dollar an einen jungen Pianisten, eine junge Pianistin.

Es gab während der Weihnachtstage ungeachtet aller Warnungen dröhnende Szenen der Verbrüderungen zwischen den Feinden, es wird die auch heute geben, und es gab heimliche Abmachungen wie die hier zwischen den Sachsen und den Briten. Man ist sich einig, so zu tun, als sei wieder Krieg, und alle machten ihn mit, aber in Wahrheit kein Wort darüber zu verlieren, was sie wirklich taten, nämlich nichts. Diese Taktik hat nur ein Ziel: Denen in den Hauptquartieren keinen Vorwand zu liefern, ihren kleinen Frieden mit ein paar der üblichen großartigen Ideen zu brechen.

Solche Ideen hatten die hohen Militärs aller Seiten, und die hielten sie für gute Einfälle. Zum Beispiel Attacke. Wer schießt, denkt nicht nach. Wer aber nachdenkt, schießt nicht. Je mehr Zeit die einfachen Soldaten in Flandern haben, um nachzudenken, desto geringer würde ihre Neigung sein, wieder mit dem Morden zu beginnen. Jeder Tag Frieden macht sie ein Stück menschlicher, unter Uniformen schälen sich Zivilisten heraus, und die pflegen zivile Umgangsformen und nicht auf Befehl ihre Mitmenschen zu töten. Diesen unmittelbaren Zusammenhang zwischen Frieden und Friedfertigkeit erkennen sogar Generäle, und die deutschen berufen sich dabei auf Friedrich den Großen: »Denn nichts geht rascher verloren als die Zucht und Gewandtheit des Soldaten, wenn man ihn nicht von Zeit zu Zeit seine Lektion wieder hersagen lässt.«

Der britische Generalmajor J.A.L. Haldane hatte diese preußische Maxime offenbar gekannt. Er lud zu einem Angriff der unter seinem Kommando stehenden 3. Divison der Britischen Armee, bei dessen Planung schon er den Verlust vieler Männer kühl in Kauf nahm, sogar seine Vorgesetzten ein. Die sollten erleben, wie geschickt er die Moral seiner Truppe stärkte, koste es die, was es ihn wolle. Die Beobachter standen auf einem sicheren Posten – in dem Fall war es der Turm auf dem Kemmelhügel bei Wijtschate – und erlebten von dort oben wie bei einem Manöver live ein Gefecht. Der Angriff, der ihnen vorgeführt wurde, kostete siebenhundert britische Soldaten das Leben, vierhundert von ihnen waren Schotten, die mit *»Scotland the brave, nae mair, nae mair...«* in den sicheren Tod marschiert waren. Wie von Haldane befohlen in Reih und Glied.

Traditionell griffen die Briten so an. An dieser Tradition hielten die Generäle selbst dann noch fest, als längst klar war, dass diese Taktik in einem Krieg wie dem Großen sinnlos war. Nicht mehr Infanterie oder gar Kavallerie entschieden Gefechte und Schlachten, das Material war entscheidend. Die Schützen hinter den deutschen Maschinengewehren brauchten deshalb beim Angriff der Haldane-Truppen ihre Waffen immer nur ruhig von links nach rechts und von rechts nach links zu schwenken. So leicht war die Arbeit des Tötens selten.

General Haldane war mächtig stolz darauf, dass von seinem Frontabschnitt an Weihnachten kein Fall von Frieden zu berichten war: »*On my front no fraternisation took place.*« Er hatte diesen weihnachtlichen Stimmungswandel nicht mitgemacht, hatte seine Geisteshaltung durchgesetzt. Piet Chienens nennt die 3rd Division unter Haldanes Kommando »die Meister des Kampfgeistes«, und er meint dies nicht bewundernd. »Sie war die einzige Armee-Einheit in Flandern, bei der es nicht einen einzigen Waffenstillstand gegeben hat.« Deshalb gab es zum Beispiel auch keine Gefechtspausen, um wenigstens die Gefallen zu beerdigen. Die Überreste von dreißig Gordon Highlanders konnten erst knapp zweieinhalb Jahre nach Haldanes Schaukampf vom 14. Dezember 1914 geborgen und bestattet werden. Man will sich lieber nicht vorstellen, was die Ratten noch übrig gelassen hatten von ihnen.

Krieg beförderte die Karriere von seinesgleichen. Wenn zu lange Frieden herrschte – und in Europa dauerte der immerhin schon seit 1871 –, wurden die Ausgaben für Rüstung gekürzt, ließ der Einfluss der Militärs auf die Politiker nach. Also hielten sie den Krieg so fest, wie ihre Untergebenen jetzt den Frieden festhalten. Ein ungleicher Kampf.

Dass so viele fallen wie in der vorgeführten Szene beim Kemmel Hill, nennt Haldane *business as usual*, normales Geschäft in Kriegszeiten. Dieses Business hieß *killing*. Außerdem musste er für den bestellten Tod nicht selbst bezahlen, der Herr blieb ja am Leben und hatte anschließend die Aufgabe, den Angehörigen der von ihm in den Tod Gejagten die traurige Botschaft zu übermitteln.

In solchen Briefen, Form und Inhalt vorgeschrieben von den Bürokraten des Krieges, ist wie in denen der anderen Seite nie von Schuldigen die Rede, obwohl man die hätte nennen können, obwohl die aus der jeweiligen Unterschrift klar hervorgingen, immer nur von Tapferkeit, Heldentum, Vaterland, Ehre. Verantwortlich für den dreckigen Tod sind solche längst sinnentleerten Begriffe und nicht die üblichen Verdächtigen wie Haldane und Konsorten. Die Generäle schrieben stattdessen ihre Erinnerungen.

Haldane bekannte sich sogar dazu, die Kampfbereitschaft seiner Soldaten zusätzlich durch einen moralisch fragwürdigen, aber effizienten psychologischen Trick gestärkt zu haben. Er ließ an seine Einheiten Kopien der Berichte über Grausamkeiten verteilen, die von deutschen Besatzern in Belgien begangen worden waren. *Angeblich* begangen worden waren, denn für viele der dort aufgelisteten Verbrechen fehlten die Beweise. Das aber störte ihn nicht. »Sie sollten daran erinnert werden, von welcher brutalen Sorte der Feind war, der ihnen gegenüberlag.«

Die schlimmen Gerüchte über deutsche Grausamkeiten in Belgien und Frankreich hätten Männer wie Haldane gerne im Bild dokumentiert gesehen. Fotos hatten eine größere Wirkung, förderten besser als Texte die Lust aufs *killing business*. Viel zu viele dieser Gerüchte entsprachen zwar der Wahrheit – die Stadt Löwen in Brand gesetzt, Zivilisten standrechtlich erschossen, Frauen und Kinder ermordet, Dörfer niedergebrannt –, aber es gab keine Fotos von den deutschen Verbrechen. Der belgische Priester Karel Cruysberghs sah in diesem von oben geförderten kollektiven Hass eine der hauptsächlichen Ursachen dafür, dass es trotz des friedlichen Weihnachtsfestes anschließend weiterging mit dem Töten. Sobald nämlich wie gestern und vorgestern die »Soldaten im anderen Soldaten das Individuum erkannten, war es vorbei mit dem Hass«.

Und wenn es vorbei war mit dem Hass, würde es vorbei sein mit dem Krieg. Leicht sei es, die Menschen für Krieg zu begeistern, schrieb Sigmund Freud an Albert Einstein nach diesem Krieg, weil in ihnen ein »Trieb zum Hassen und Vernichten« wirksam sei, der sie für »solche Verhetzung« empfänglich mache.

Betrifft hauptsächlich Männer. Die Lust zu töten ist männlich. Ihr Todestrieb so stark wie der zu lieben. An Weihnachten war die Liebe stärker. Die Stärke der Einzelnen wie Haldane & Co. wurde vorübergehend gebrochen durch die »Vereinigung mehrerer Schwacher«. In den ersten Meldungen, die über *Christmas truce* in englischen Zeitungen erschienen, wurde an konkreten Fällen deutlich, was Cruysberghs und Freud meinten. Sie hätten sich mit den Deutschen gut unterhalten, bekennt da ein Offizier, der anonym blieb, *»most of them were quite affable«*, die meisten von denen waren ganz umgänglich, um nicht zu sagen freundlich, was aber »von uns weder erwartet noch erwünscht war«.

Um den aufgebauten Hass zu erhalten, auch um von eigenen Verfehlungen abzulenken, wurden die Verbrechen der anderen publik gemacht. Oder gezielt als Gerücht gestreut. Die Männer in den Schützengräben hatten in den Gefechtspausen, nachdem die Waffe gereinigt, die Latrine gegraben, der Sandsack aufgefüllt, die Konserve geleert war, zwar dauernd Angst vor dem nächsten Angriff, der ihr Leben beenden konnte. Aber bis dahin hatten sie vor allem Langeweile. Sie redeten dagegen an. Sprachen aber nicht von sich und ihren Gefühlen, sondern erzählten weiter, was ihnen irgendwann mal erzählt worden war – *Hearsay*, Hörensagen. Ob es stimmte, war nicht nachzuprüfen.

Der Brief eines bayerischen Schützen zum Beispiel, der von Briten in den Taschen des Erschossenen gefunden worden war und folgenden Wortlaut hatte: »Liebe Greta Maier, in nur fünf

Minuten habe ich mit meinem Bajonett bei den Kämpfen in Batoville sieben Frauen und vier junge Mädchen durchbohrt.« Angeblich habe ihn der blutdürstige Hunne nicht mehr abschicken können, weil ihn zuvor die gerechte Strafe ereilt hatte.

Erfunden von der Abteilung Propaganda in London.

Der Bericht eines Briten, der auf der deutschen Seite übersetzt und vervielfältigt wurde und in dem der lustvoll beschrieb, wie er um Gnade bittenden Deutschen in einem gerade erstürmten Graben mit seinem Spaten die Schädel spaltete.

Erfunden von der Abteilung Propaganda in Berlin.

Beweise gab es keine. Der Glaube an das Böse in den Feinden versetzte die Berge des Zweifels. Aus vagen Andeutungen wurden Gerüchte, aus Gerüchten endlich Geschichten und aus denen schließlich Legenden. Nicht nur blutige, nicht nur blutrünstige, was noch verständlich wäre unter den Umständen, in denen sie erzählt wurden. Sondern gespenstisch anmutende Legenden wie jene von dem unterirdischen Lager halb wahnsinniger Deserteure aller am Krieg beteiligten Nationen, die in verlassenen Gräben und Bunkern vegetierten, nur nachts herauskamen und sich von dem ernährten, was sie Leichen fleddernd im Niemandsland fanden. Von Monat zu Monat, von Jahr zu Jahr wurde das Treiben der Geisterarmee mit immer mehr Einzelheiten ausgeschmückt, bis mehr und mehr Männer in den Schützengräben davon überzeugt waren, dass die Geschichte stimmte.

Diese Horde wilder Männer, Deutsche wie Briten, Franzosen wie Belgier, und im Laufe des Krieges auch Australier, Österreicher, Italiener, Kanadier, sei zu einer Gefahr für alle Nationen geworden und hätte am Ende des Krieges getötet werden müssen. Mit Gas, das in ihre unterirdischen Verstecke geleitet wurde. Paul Fussell nennt dieses Szenario des Schreckens im Kapitel »Myth, Ritual, and Romances« seines Buches »*The Great War and Modern Memory*« zwar die »beste Legende des ganzen Krieges«, geradezu brillant erfunden, ein »Meisterwerk der Fantasie«, aber er schreibt, dass es keinen einzigen Beweis für dieses und auch keine Beweise für die anderen Gräuelmärchen gebe.

Der täglich erlebte Wahnsinn zeugte nicht nur solche wahnsinnigen Geschichten. Der Soldat müsse auf den »mächtigen seelischen Aufschwung verzichten, den das erfolgreiche Vorwärtsschreiten gewährt«, begründete jener sächsische Generalleutnant 1924 in nachgereichter Soldatenlogik, warum es viele nicht mehr zu leugnende Fälle von Krankheiten gegeben hatte, die durch zu großen Stress – einen Begriff, der damals noch nicht existierte – ausgelöst worden waren: »Wie viele unserer braven Soldaten haben dieses reinste Soldatenglück nie empfinden dürfen. Sie sahen kaum etwas anderes als Schützengräben und Geschosstrichter, in denen und um die sie wochen-, ja monatelang mit dem Gegner rangen. Welch ein Nervenverbrauch und welch geringe Nervennahrung.«

Der Stress machte tatsächlich viele wahnsinnig. Hinter kargen Zeilen wie diesen: »Lieber Freund: Acht Wochen lagen wir im Schützengraben bis an die Knie im Wasser, hundert Meter den Engländern gegenüber«, abgedruckt im »Vorwärts«, verbarg sich das alltägliche Grauen. Das traf alle, das betraf alle. Rudolf G. Binding verdichtete es auf seine Art, aber in ihrem Namen. Die lyrische Form von *»Unruhige Nacht«* machte den Horror sogar deutlicher:

> *Unheimlich wetterleuchtet die Front.*
> *Aus Träumen auffahrend bellen Geschütze*
> *weit in die Nacht hinaus,*
> *schlagen mit feurigen Tatzen sinnlos um sich*
> *und fallen wieder in Schlaf.*
> *Fratzen im Schein weißer Leuchtkugelsonnen,*
> *starren Steine, Menschen und Säcke voll Sand.*
> *Maschinengewehre, seltsamen Wahnsinns voll,*
> *hacken eintönigen Takt in das Dunkel.*
> *Unzufrieden murmelt nervöses Feuer der Infanterie*

aus der Ferne, murrt und verhüllt sich.
An zehntausend Leichen hocken schlaflose Heere,
werden aufgescheucht von irren Befehlen
und sinken wieder in Wald und Sümpfe.

Schlachttag hängt in den Schollen.
Totgeglaubte schreien auf und verenden.
Mensch und Gefilde lechzen nach Nacht.

Aber die Erde, allunerschüttert,
wendet sich,
unbegreiflich Gestirn,
neuer Sonne entgegen.

Da sie gegen die sichtbaren, fühlbaren, riechbaren Feinde – Schlamm, Ratten, Verwesung – nichts ausrichten konnten, meint Piet Chielens, hätten sich die Soldaten auf die unsichtbaren hörbar eingestellt: »Ein typischer Dialog aus den jeweiligen Schützengräben hörte sich etwa so an: Guten Tag, Fritz. *Bonjour Monsieur.* Bad war. Kalt. *Jawoll, pas chaud.* Scheißkrieg. *Yes and not over.*« Die Zustände waren für alle nervtötend.

Normale Krankheiten wie Lungenentzündung, Grippe, Durchfall wurden in den Reservestellungen behandelt. Normale Verwundungen wie Lungenschüsse, zerschmetterte Glieder, Amputationen in Lazaretten. Wer die Handarbeit der Chirurgen überlebte, durfte nach Hause. Vom Krieg augenscheinlich Versehrte wurden anfangs da noch bemitleidet und bewundert und geehrt und als leuchtendes Beispiel für die Jugend vorgeführt. In London, in Berlin, in Paris. Bald waren es viele, die auf ihren Krücken oder auf Beinstümpfen hockend das Straßenbild und damit ein anderes Bild vom Krieg prägten. Zu viele. Manche bettelnd. Lebende Mahnmale. Also bekamen sie eine Invalidenrente oder irgendeine Arbeit, damit sie bloß schnell aus der Öffentlichkeit verschwanden.

Die mental gestörten, fürs Leben zerstörten Soldaten, die dem Stress in der realen Unterwelt nur dadurch hatten entfliehen können, dass sie sich in andere, irreale Welten absetzten, galten anfangs als Drückeberger, als Feiglinge, weil die Verwundungen der Seele und des Geistes nicht sichtbar waren. Den Begriff des *shell shock*, des Granatentraumas, der Kriegsneurose kannten die Militärärzte zwar, aber das alles schien mit ein paar Tagen oder Wochen Ruhe heilbar.

Englische Offiziere wieder waren es, die als Therapie empfahlen und darauf so stolz waren wie Haldane auf seine mörderische, die verstörten Männer für dreißig Sekunden im Niemandsland an einen Stacheldraht zu binden, da würden sie ihre Angstanfälle schnell verlieren und seien danach gesund. Noch im November 1914 schrieb Dr. Albert Wilson im angesehenen »British Medical Journal«, er glaube nicht, dass die Psychiater viel zu tun bekommen würden in diesem Krieg, und die Meinung, im Notfall sei es sogar mit einem kräftigen Schluck Alkohol an der Front getan, teilten seine deutschen Kollegen in Berlin.

Alles Schwachsinn.

Die Wirklichkeit trieb sie in den Wahnsinn. Es musste nichts Wahnsinniges vorgetäuscht werden. Nach dem Krieg gab es nur vage Schätzungen, wie viele Männer den Krieg überlebt, aber nie mehr aus dem Kopf bekommen hatten, denn im Gegensatz zu den anderen Verlustzahlen wurden in keinem Land darüber Statistiken geführt. Eine einzige Untersuchung aus England fand heraus, Anzahl der Probanden: siebenhundertachtundfünfzig, dass nur jeder Dritte in der Lage war, wieder ein normales Leben zu führen. Als das Ergebnis feststand, gab es keine weiteren Untersuchungen mehr.

Waren es fünfzigtausend, waren es hunderttausend, die den Rest ihres Lebens den Geruch der Leichen, auf und neben denen sie gelegen hatten, nicht mehr losbekamen? Die den Einschlag der Granaten Tag und Nacht hörten? Die vorwärts stürmen wollten gegen nur für sie noch sichtbare Feinde? Die mit Freunden redeten, die längst schon tot waren? Die buchstäblich alles von sich abschütteln wollten und nie mehr aufhören konnten, sich zu schütteln?

Behandelt wurden sie, in England wie in Deutschland und Frankreich, mit Elektroschocks, aber gegen den erlittenen Schock im Krieg halfen keine Stromstöße. Der englische Schriftsteller Robert Graves, als Zwanzigjähriger begeistert nach Flandern in den Krieg gezogen, schrieb sogar von »der Pflicht, wahnsinnig zu werden«, weil der »Schrei nach innen« sonst nicht zu ertragen gewesen sei.

Weil die Wirklichkeit wahnsinnig ist, finden Briten, Franzosen, Deutsche, Belgier an Weihnachten wahnsinnig anmutende Alternativen. Auch das ist eine Ursache für das Wunder, das so erklärt kein Wunder ist, sondern eine natürliche, gesunde Reaktion auf den Schrecken. Sie schaffen sich Frieden und heilen sich dadurch vorübergehend selbst. Laut singend, laut feiernd, solange es ihnen nicht verboten wird, denn nichts auf der Welt ist so still wie der Tod, und den kennen sie.

Eine solche Alternative zum Krieg passiert erneut zwischen Le Touquet und Frelinghien, kurz vor der französischen Grenze. Die Front machte hier eine von vielen Kurven. Dieser Bogen folgte der Biegung des Flusses. Am rechten Ufer der Lys haben sich die Deutschen eingegraben, auf dem linken gegenüber das 1st Battalion der Royal Welch Fusiliers. Die Briten liegen ein paar hundert Meter entfernt von der Böschung. Das hatte einen strategischen Grund, denn die Gebäude einer großen Brauerei drüben sind vom 6. Jägerbataillon der Sachsen besetzt, und von dort aus hätten die nach Belieben von oben in britische Stellungen schießen können, falls die unmittelbar am Fluss gebaut worden wären.

Nach der wechselseitigen Versicherung, nicht schießen zu wollen, fand der Krieg gestern nicht mehr statt. Die Deutschen kamen über eine Brücke rüber ins Niemandsland vor die britischen Stellungen, um einen Waffenstillstand für den ersten und den zweiten Weihnachtstag zu besprechen. Doch blieb es nicht bei den üblichen Tauschgeschäften Kekse gegen Kommissbrot, Plumpudding gegen Tabak. Ob die Gentlemen vielleicht interessiert seien an ein paar Fässern Bier? Der Keller der Brauerei sei voll. Nein, keine Sorge, sie wollten sie nicht etwa betrunken machen, es handele sich um ziemlich leichtes, ziemlich dünnes Bier. Die Sachsen sprachen aus Erfahrung. Erst zögerten die Briten, doch das Zögern hielt nicht lange vor.

Her damit.

Heute rollen ein paar Soldaten vier kleine Fässer herüber, gefolgt von zwei Offizieren mit einem Tablett und Gläsern. Zunächst prosten sich die Herren Offiziere zu, ein Toast gilt dem König, einer dem Kaiser, dann lässt der britische Kommandeur Plumpudding verteilen, denn er will sich revanchieren, und schließlich dürfen sich alle Soldaten einen Schluck genehmigen. Haldane wäre wahnsinnig geworden, wenn er diese friedlichen Kampftrinker gesehen hätte. Die Fässer werden schnell geleert. Keiner ist betrunken. Es habe nicht so labberig geschmeckt wie das dünne französische Bier, schrieb einer nach Hause, die Belgier könnten ebenso gutes Bier brauen wie die gegnerischen Deutschen, mit denen sie heute gefeiert hatten. Bei Einbruch der Dunkelheit marschieren alle wieder in ihre Gräben.

Was sich in denen des 107. Sächsischen Regiments an Weihnachten und über Weihnachten hinaus ereignete, musste wie alle Ereignisse gemäß Heeresdienstvorschrift in den Meldekarten protokolliert werden. Wilhelm Kunze hieß der zuständige Chronist in jenen Tagen. Als Oberleutnant war er vielleicht einer von denen, die ihre Soldaten mit Waffengewalt zurückjagten. Wie erlebte Kunze den lautstarken Streit um die Fortsetzung des Krieges, und wie umschrieb er den Versuch eines Aufstandes?

Gar nicht. Er drückte sich vor der Wahrheit.

Was nicht stattfinden durfte, fand nicht statt, selbst wenn es stattgefunden hatte. Eine Methode, die nicht etwa Oberleutnant Kunze anlässlich des Weihnachtsfriedens erfand, er setzte sie an diesem Beispiel nur fort. Denn zur Taktik aller Generalstäbe dieses Krieges – und aller ihm folgenden Kriege – gehörten das Verschweigen und das Vertuschen. In diesem Sinne wurden und werden Niederlagen als geplante Rückzugsgefechte bezeichnet, Erschießungen von Zivilisten als Einsätze gegen Partisanen, gezielte Bombardierungen von Städten als Fehler bei der Zerstörung von Munitionsfabriken.

Kunzes Eintragungen beginnen am 23. Dezember mit der Feststellung, dass nichts los sei und Regen falle, vermischt mit Schnee. Was stimmte, wie man aus anderen Berichten weiß. Weiter: »**24.12.** zehn Uhr vormittags sprengen Pioniere und Teile der 7/107 ein dicht vor der Front liegendes Haus, das den Engländern vortreffliche Deckung bot. Tagsüber Ruhe, von sechs Uhr abends ab fällt kein Schuss mehr. II. bringt sechs angetrunkene Überläufer ein. Englischer Offizier schlägt für 25.12. Waffenruhe zur Beerdigung der Toten vor, die vom 25.12. neun Uhr ab angenommen wird… **25.12.** kein Schuss. Von neun Uhr vormittags bis Mittag werden vor der I und II die seit den Oktoberstürmen zwischen den Linien liegenden Toten beerdigt, genaue Grenzen, die von keiner Partei überschritten werden dürfen, werden festgelegt. Nachm. Stellungsbau. Wetter kalt, schön. **26.12.** Vor I und II fällt kein Schuss. Englische Zurufe, dass bis Neujahr nicht geschossen werden solle. Arbeiten an den Gräben… Regen. **27.12.** Bei III gegenseitiges schwaches Infanteriefeuer, das Infanteriefeuer der I und II wird vom Gegner nicht beantwortet, oder er schießt absichtlich hoch, wie aus Zurufen hervorgeht… Regen. **28.12.–30.12.** Gegenseitiges schwaches Artilleriefeuer. Furchtbares Regenwetter. Kein englisches Infanteriefeuer. **3.1.** Englische Infanterie vor der I und II schießt noch immer nicht.«

Kein Wort darüber, was in Wirklichkeit passiert war. Weder

etwas von den Verbrüderungen im Niemandsland noch Hinweise auf die Auseinandersetzungen zwischen Offizieren und Soldaten am zweiten Weihnachtstag. Indirekt immerhin wurde enthüllt, wie lange der Frieden noch anhielt, nämlich offensichtlich bis zum 3. Januar 1915, und dass er nicht so klein gewesen war, wie man ihn klein darstellte. Kunzes Notizen fern der Wahrheit sind dennoch eine ausführlichere Erwähnung wert, weil seine Eintragungen typisch waren für alle aus jenen Tagen.

Die Aufzeichnungen der Regimenter wurden in den Hauptquartieren aller Kriegsteilnehmer sorgfältig studiert, bevor man sie freigab für die Tagebücher. Die Zahl der täglich anfallenden Toten war ein Fall für die Statistik, ebenso die der Verwundeten. Genau zu notieren, wer wann und wie oft auf wen feuerte, eine selbstverständliche Pflicht, die zu den Regularien des Krieges gehörte. Für Gefühle wie Trauer, Wehmut, Heimweh, Depressionen, Sehnsucht, Angst gab es keine Rubriken – und deshalb auch keine für Ereignisse, die aus solchen Gefühlen entstanden.

Christmas Dinner im britischen Hauptquartier gestern Abend war aus anderen Gründen ein angenehmes Ereignis gewesen, es gab edle Speisen und Getränke, und der Prince of Wales als Ehrengast hatte in einer kurzen Ansprache freundliche Worte für seine Truppen und besonders die Herren Offiziere in diesen schweren Zeiten gefunden. Einer von denen, General Horace Smith-Dorrien, ist am Boxing Day schon früh auf den Beinen. Die Meldungen von den Verbrüderungen im Niemandsland, diesen höchst unerlaubten, aber offensichtlich höchst beliebten Treffen mit den Deutschen, lassen ihm keine Ruhe. Er möchte überprüfen, mit eigenen Augen sehen, ob die Anweisung von Feldmarschall French, jede Fraternisierung zu unterlassen, in den vorderen Gräben eingehalten wird.

Sie hatte rein gar nichts bewirkt, wie er schon nach zwei Stippvisiten feststellt. An beiden Frontabschnitten, an die er sich bringen lässt, herrscht weihnachtliche Ruhe. Er geht zurück und diktiert einem Adjutanten, wie tief enttäuscht er sei »über den Stand der Dinge und die allgemein herrschende Apathie«, die er vorgefunden habe. Er kann nicht begreifen, dass sich plötzlich Deutsche und Briten gut verstehen, von den französischen Linien hört er zudem Ähnliches. Es passt nicht in sein Weltbild. Er kann sich nicht vorstellen – was für nachkommende Generationen eine wunderbar einfache Vorstellung war –, es sei Krieg und keiner ginge hin. Er sucht nach Erklärungen. Warum haben die alle den Krieg satt, in den sie doch vor wenigen Monaten noch geradezu begeistert gestürmt sind, Lieder auf den Lippen, Blumen am Helm, Fahne voran?

Die Erklärung liegt nahe.

Es war nicht ihr Krieg, und das haben sie gemerkt. Er ist ihnen eingeredet und eingebläut worden. Ihre Begeisterung vom August ist längst gestorben. Ihre Illusionen sind im Schlamm erstickt. Sie lebten und sie starben in Ruf- und Sichtweite. Diese Nähe verbindet. Die einfachen Soldaten scheinen an Weihnachten 1914 überraschend begriffen zu haben, dass diejenigen, die ihnen zu schießen befehlen, selten unter den *dead and lame* sind, den Toten und den Verkrüppelten, und dass sie, die auf deren Befehle hin schießen mussten, an jedem Ende des Gewehrs, *on each end of the rifle*, im Grunde die gleichen armen Schweine sind, ganz egal, zu welcher Nation sie gehören.

Das verbindet sie. »Die Männer auf beiden Seiten hatten das richtige Gespür zur richtigen Zeit«, erklärte G.A. Farmer von den Queen's Westminster Rifles ganz einfach das, was sich ein General nicht hatte erklären können.

Rückblickend aus zukünftiger Perspektive war es unwesentlich, ob einer als Deutscher, als Brite, als Franzose, als Belgier fiel. Tot waren sie alle gleich. So dachten damals nur Pazifisten, für ihre Parolen aber gab es keinen Markt. Der war okkupiert von selbst ernannten Patrioten. Die hielten, ganz im Geist der Zeit, den Krieg schlicht für eine Fortsetzung der Politik mit ein paar anderen Mitteln. Die einzusetzen galt als normal. Dass ein von unten beschlossener Frieden gegen den Willen der Befehlshaber überhaupt stattfand, muss die oben also zutiefst verstört haben.

Mag sein, dass es aufgrund der Eintragungen in entsprechenden Generalstabskarten unwahrscheinlich gewesen ist, was Leutnant Meinicke vom 143. Infanterieregiment im Ypernbogen erlebte. Dass ihm und seinen Leuten Briten gegenüberlagen. In den Karten sind nur französische Einheiten vermerkt. Doch warum sollte der Deutsche die Franzosen mit Engländern verwechselt haben, als er über sein Weihnachtserlebnis berichtet? Malcolm Brown hält es durchaus für möglich, dass am zweiten Weihnachtstag in der Nähe des in der ersten Ypernschlacht umkämpften *Hill 60* auch eine britische Kompanie eingesetzt war.

Jedenfalls unterbrechen dort die am Ende der Gewehre heute den Krieg: »Am zweiten Weihnachtstag gestaltete sich zwischen dem Feind und uns ein kleiner Waffenstillstand. Ein Kamerad unserer Kompanie hielt über die Deckung ein Schild mit der Aufschrift Fröhliche Weihnachten. – Die Engländer antworteten bald auf dem gleichen Wege. In gutem Deutsch rief uns ein Engländer zu, ob wir nicht die Toten zwischen den Stellungen fortschaffen wollten. Es lagen um diese Zeit etwa fünfzig bis sechzig Tote vor dem Kompanieabschnitt. Nach kurzen Überlegungen waren wir einverstanden, und einige Kameraden gingen gleichzeitig mit den Engländern auf die Deckung. Nachher baten die Engländer uns noch, Weihnachtslieder zu singen. Bald herrschte auf den beiderseitigen Deckungen ein reges Leben. Zur Vorsicht blieben allerdings einige Kameraden und die Maschinengewehre im Anschlag... Es war ein sonderbares Bild, wie man auf einer mehrere hundert Meter langen Strecke die kriegführenden Parteien miteinander plaudern sah.«

Erst nach Einbruch der Dunkelheit, nachdem alle Opfer aus den vergangenen Wochen beerdigt waren, ziehen sich die Soldaten wieder in ihre eigene Welt zurück. Meinicke vergisst nicht zu erwähnen, dass offensichtlich seine Vorgesetzten nicht so begeistert waren wie er, aber aus seiner Schlussbemerkung lässt sich ein gewisser Trotz herauslesen: »Anmerkung: Solche Verbrüderungsversuche mußten allerdings von der Führung missbilligt werden, sie bleiben aber doch ein menschlich schönes Dokument.« Einer der *Old Contemptibles*, der damalige Berufssoldat Harold Startin, hat das in einem Beitrag für seine Heimatzeitung mehr als fünfzig Jahre später als einen jener seltenen Momente bezeichnet, in denen man erleben durfte, dass die »Bruderschaft der Menschen« stärker war als Hass und Feindschaft.

Wahr ist auch, dass aus diesem Erleben keine Konsequenzen gezogen wurden. Dass der Krieg noch viele Jahre weiterging und immer grausamer geführt wurde. Dass die Zeit noch nicht reif war für einen Sieg der Schwachen über die Starken. Dass die Mehrheit in allen Nationen hinter dem Krieg ihrer Regierungen stand. Dass die Hoffnung von H.G. Wells, dieser Krieg würde deswegen das Ende aller Kriege bedeuten, weil die Menschen daraus gelernt hätten, nur eine Illusion war. Dass im Gegenteil der nächste noch furchtbarer wurde und dass auch der andere Große nicht der letzte war.

Zwar sieht General Smith-Dorrien bei seiner Inspektion keine menschlich schönen Dokumente, keine Gruppengespräche im Niemandsland, keine der verbotenen *regular mother's meetings*, aber das ist purer Zufall. Denn im Hauptquartier warten auf ihn Meldungen, dass die Verbrüderungen nach wie vor stattfinden. Mehr noch: Viele seiner Offiziere dulden die nicht nur, sie machen mit. Smith-Dorrien bemerkt voller Empörung, dass alle Anordnungen, auf keinen Fall Verkehr unter gegnerischen Truppen zu erlauben – *on no account intercourse to be allowed* –, in den Wind gesprochen waren. »Ich befehle noch einmal ausdrücklich, dass alle Offiziere und Einheiten, die an diesen Weihnachtsversammlungen teilgenommen haben, gemeldet werden.«

Die entsprechenden disziplinarischen Maßnahmen bereitete

er vor. Sein Memorandum – »*Unofficial armistices (e.g. ›we won't fire if you don't‹ etc.) and the exchange of tobacco and other comforts, however tempting and occasionally amusing they may be, are absolutely prohibited*« – erreichte aber erst am 2. Januar 1915 die vorderen Kompanien. Da war die Geschichte vom Weihnachtswunder, die verbotenen Ereignisse der inoffiziellen Waffenruhe, Austausch von Tabak und anderen angenehmen Dingen, die in der Tat reizvoll gewesen waren, was Smith-Dorrien richtig erkannt hatte, schon fast wieder Geschichte. Fast.

Im Regimentstagebuch der Bedfords ist der Besuch des Generals am zweiten Weihnachtstag festgehalten: »Die vergangene Nacht ruhig. 1/2 inch Schnee auf dem Boden, der immer noch hart ist. General Smith-Dorrien, begleitet von..., besuchte die Stellungen. Kritisierte Mangel an Schutzräumen, dass es zu wenige Feuerpositionen gibt, die Nester der Scharfschützen zu klein und nicht alle Schützengräben besetzt sind. Ruhiger Tag. Kaum Schüsse. Artilleriefeuer auf Wulvergem und Neuve Eglise richtete keine größeren Schäden an.« Mit der Formel *previous night quiet* begannen alle Eintragungen der nächsten Tage.

Ein schottischer Oberleutnant berichtet seiner Frau, dass sie »alle sehr friedlich gestimmt seien« und dass die Deutschen gegenüber hätten wissen lassen, dass sie »zwar Befehl haben, in ihren Gräben zu bleiben, aber nicht schießen wollten«. Und falls die Briten wiederum den Befehl »Feuer« bekommen würden, so mögen sie doch bitte die Güte haben, ihnen dies »mit drei Schüssen in die Luft anzukündigen«. Alles sei spontan passiert. Die im Januar 1915 angeordneten Untersuchungen über die Ereignisse im Niemandsland an Weihnachten bestätigten das. Keine finsteren Mächte des Pazifismus hatten sich zum Aufstand über die Fronten hinweg verabredet

Nichts war geplant gewesen. Das eben war ja der Wahnsinn des Wunders, der wunderbare Wahnsinn. Deshalb hatten Feldmarschälle und Generäle, die den Krieg seit Jahren geplant hatten, immer in der Sorge, die Politik würde andere Mittel der Krisenbewältigung finden und ihre Planungen verwerfen, so große Angst vor einer Wiederholung. Strategische Pläne von Gegnern kann man durchkreuzen, durch eigene Pläne kontern. Wie das geht, das hatten sie auf Militärakademien gelernt.

Ganz egal, in welchem Land die lagen.

Spontaneität dagegen, eine von unten und dazu noch eine aus den eigenen Reihen, stand nicht auf ihren Lehrplänen. Bevor die Militärs ihren Schock überwunden hatten, bevor es ihnen gelang, durch verordnetes Verschweigen den Schaden zu begrenzen, so wie es in den offiziellen Tagebüchern bereits erfolgreich praktiziert worden war, wurde ihre Niederlage publik. Und zwar ausnahmslos durch die unter dem frischen Eindruck des Erlebten spontan verfassten Briefe der Beteiligten nach Hause.

Ganz egal, in welchem Land die ankamen.

J. Selby Grigg von der London Rifle Brigade, den sein Kamerad Turner gestern fotografiert hatte, ließ in einer Eintragung einen Tag später, am 27. Dezember 1914, seine Eltern wissen: »Der Waffenstillstand dauert an, obwohl er ziemlich inoffiziell ist und lokal begrenzt... Die Franzosen haben an allen Feiertagen geballert, und im Ganzen, außer halt Schlafmangel, Nässe, Kälte, woran man sich gewöhnen muss, habe ich die drei Tage sehr genossen und möchte sie nicht für irgendwas anderes missen. Am Freitag haben Deutsche und Briten, aber ich habe es nur von einer einzigen Quelle gehört, irgendwo Fußball gespielt. Aber ich weiß nicht, wer gewonnen hat.«

Die Franzosen müssen zwar »ballern«, doch viele haben keine Lust zu ballern. Da geht es ihnen wie den Sachsen, die heute Morgen protestiert haben. Streng sind die Verbote der Fraternisierung bei den Franzosen, härter in den angedrohten Konsequenzen als bei den Deutschen und den Briten. Das schreckt sie heute zumindest nicht, hindert sie nicht daran, sich einen Frieden selbst zu gestalten. Was die Briten und die Deutschen untereinander schafften, das bekommen die Franzosen mit den Boches ebenfalls zustande. »*Les frères des tranchées*«, die Brüder der Schützengräben, nannte sie der französische Kriegsteilnehmer und Schriftsteller Maurice Genevoix voller Poesie in seinen Erinnerungen.

Auch diese Brüder hier halten sich zurück, was offizielle Mitteilungen über ihre nicht genehmigte Bruderschaft betrifft. Im Tagebuch des 99. Infanterieregiments, das im Sektor Bois-Commun liegt, wird in nur zwei Sätzen über die Fraternité berichtet. »26. Dezember: Die Bayern verhalten sich sympathisch. Absolute Waffenruhe.« Andere Regimenter entdecken ebenfalls menschliche Züge in den verteufelten – und oft tatsächlich teuflischen – Gegnern. Die sind sofort dabei, als ihnen eine Waffenruhe vorgeschlagen wird, und zögern nicht, sich zwischen den Fronten einen angenehmen Tag zu machen. »Wir lasen und rauchten und tranken, sonst passierte heute gar nichts.«

Die französischen Generäle in ihrem Hauptquartier toben. Hält sich denn keiner mehr an ihre Verbote? Sie befehlen ihren Offizieren per Telefon, das im Hinterland funktioniert wie zu Friedenszeiten auch, sofort einzuschreiten und notfalls »einfach mal draufzuhalten« in die Fraternisierer. Das würde dem unerwünschten Treiben ein schnelles Ende setzen. Doch die Befehle von oben werden unten ignoriert. »Hätte ich denn unsere braven Jungs gefährden sollen, die da draußen mit den Deutschen standen?« Da hatten sich »bestimmt zweihundert Mann versammelt«, und jeder Schuss hätte den Falschen treffen können.

Im deutschen Hauptquartier ist am Morgen des zweiten Weihnachtstages die Aufregung ähnlich groß. Erich von Falkenhayn, Chef des Generalstabs und Oberbefehlshaber an der Westfront, hat wie sein englischer Counterpart ebenfalls verstörende Meldungen empfangen von Verbrüderungen, gemeinsamen Lagerfeuern im Niemandsland und, in der Tat, von Fußballspielen. Erlaubt worden war die Bestattung der Toten, aber auch deutsche Generäle hatten nicht *the human factor* bedacht, dass die räumliche Nähe beim Begraben der Toten in den Lebenden Folgen haben musste. Menschliche Nähe. Jede Seite entdämonisierte auf Augenhöhe zwangsläufig die andere und vertrieb für Stunden und Tage die Dämonen des Krieges.

Offensichtlich hatten sich an Falkenhayns Anordnungen nur die preußischen Garderegimenter gehalten, doch selbst unter denen gab es Ausnahmen. Zwischen dem 1. Gardegrenadierregiment, eingesetzt bei Puisieux, und den Franzosen gegenüber finden heute zumindest für ein paar Stunden Verbrüderungen statt wie oben in Flandern. Eine der Wachen im deutschen Schützengraben sieht einen französischen Soldaten aus seiner Stellung klettern. Er legt das Gewehr an, freut sich über das leicht zu treffende Ziel. Im letzten Moment merkt er, dass links von ihm ein Soldat über die Brustwehr geklettert ist, einer von seinen eigenen Kameraden. Er senkt verblüfft seine Waffe und erlebt, wie die beiden aufeinander zugehen, sich die Hand schütteln.

Dutzende folgen dem Beispiel. An gezieltes Abknallen ist nicht mehr zu denken. Die Franzosen, die laut Aussage des überraschten Grenadiers Thimian »schlecht ernährt aussehen und ärmlich gekleidet sind«, bitten ihre deutschen Kameraden um Tabak. Eine knappe Stunde reden Deutsche und Franzosen miteinander im Niemandsland, dann gehen alle wieder zurück in ihre Unterstände. Wie selbstverständlich funktioniert auch hier die Taktik, das Gebot »Feuer« bei Bedarf in den Wind zu jagen.

Falkenhayn diktierte aufgrund der neuen Nachrichtenlage einen Befehl, der noch vor Jahresende alle Einheiten erreichte. Er befürchtete, dass ohne ein erneutes ausdrückliches Verbot bei gegebenem Anlass in der Silvesternacht und am Neujahrstag wieder nicht geschossen und im Niemandsland gemeinsam so gefeiert würde wie jetzt an Weihnachten. Das musste verhindert werden. Anderenfalls drohte der Frieden eine gefährliche Eigendynamik zu entwickeln. Gegen den Krieg. Und der war schließlich kein Fußballspiel, bei dem am Ende der Sieger einen Pokal bekam und alle Zuschauer wieder nach Hause gingen.

Der Befehl ist datiert vom 29. Dezember, Hochverrat damit wieder eine Frage des Datums, denn als Vaterlandsverräter seien alle zu behandeln, die diesem Befehl nicht gehorchten. Falkenhayns Sprache ist eine andere, ihr Tenor der gleiche wie beim britischen General. Wehe dem, der fraternisierte. Alles verboten. Wer weiterhin mit dem Feind Kontakt pflegte, war vors Kriegsgericht zu stellen usw.

Die Männer an der Front wissen noch nicht, was inzwischen da hinten unternommen wurde, um sie da vorne wieder auf Vordermann zu bringen. Die Leitungen der Feldtelefone sind oft gestört. Meldegänger haben heute Besseres vor. Deshalb geht es im Laufe des Vormittags nach Absprachen untereinander so weiter, wie es gestern Nachmittag aufgehört hatte, mit Beerdigungen. Sie hatten es bei Tageslicht nicht überall geschafft, alle Gefallenen unter die Erde zu bringen und sich da, wo es nicht gelungen war, diese Pflicht für heute auferlegt. Zwischen den Stellungen beim Bois Grenier liegen einundsiebzig Tote. Die werden jetzt bestattet.

Es dauert fast vier Stunden, bis sie damit fertig sind, denn der Boden ist hart. Zehn kaiserliche Offiziere geben den Engländern die letzte Ehre. Die Deutschen seien sauber angezogen gewesen, steht im War Diary der 2nd Queen's, keine Spur von Schlamm oder Dreck hätten sie an deren Stiefel entdeckt. »Mäntel mit Pelzkrägen schützten sie gegen die Kälte.« Was man in der Tat auf dem Foto sieht, das nach der Zeremonie aufgenommen worden sein muss. Der propere Auftritt ist kein Zufall, sondern eine Demonstration, die Eindruck machen soll. Was auch gelingt.

Die Deutschen überreichen eine Liste mit Namen von britischen Offizieren, die in ihre Hände geraten sind – »sie baten uns, deren Angehörige zu informieren« –, und versprechen sogar, sich dafür einzusetzen, dass zwei britische Leutnants, Rought und Walmisley, freigelassen werden, denn die sind bei dem kurzfristig beschlossenen Waffenstillstand vor ein paar Tagen versehentlich gefangen worden. Was gegen die getroffenen Abmachungen unter Gentlemen verstoßen habe. »Die Deutschen werden von Tag zu Tag freundlicher, weiß der Himmel, wie sie unter diesen Umständen wieder beginnen wollen zu kämpfen«, staunt Captain Maurice Mascall. Es sei überhaupt eine der »merkwürdigsten Erscheinungen dieses Krieges«, gibt ihm ein Deutscher Recht, dieses »spontan aufflammende Bedürfnis, die Ausübung der furchtbaren Vernichtungspflicht durch Bekundungen reiner Menschlichkeit zu unterbinden«.

Auch Kurt Zehmisch konnte von einem Tag des Herrn berichten: »Gegen Abend fängt es an, etwas zu schneien. Der Schnee verwandelt sich aber bald in Regen mit Eiskristallen... gehen wir wieder vor in den Schützengraben. Es wird immer noch nicht geschossen. Wir bauen noch tüchtig an den Unterständen, Drahtverhauen und Schützengräben.« Am 27. Dezember wurden er und seine Leute von einer anderen Kompanie abgelöst, die Warwicks von Bruce Bairnsfather machten sich gleichfalls auf den Rückweg in ihre Reservestellungen. Die sie ersetzenden Einheiten sowohl da als auch hier hatten zwar von den Verbrüderungen erfahren, aber das waren für sie nur Anekdoten. Sie hatten das Wunder nicht am eigenen Leib erlebt. So blieb es ohne Wirkung auf ihr Verhalten.

Ob sich Zehmisch und Bairnsfather an einem der beiden Weihnachtstage persönlich getroffen und miteinander geredet haben? Unwahrscheinlich. Sie werden in »Hörweite und Sichtweite voneinander gewesen sein«, vermutet anhand ihrer Zeichnungen von den jeweiligen Schützengräben und dem davor liegenden Niemandsland Dominiek Dendooven, »vielleicht nur hundert Meter voneinander entfernt«. Auf den Generalstabskarten, die jeden Feldweg, jeden kleinen Hügel, jedes zerschossene Haus um den Ploegsteert-Wald herum in roter oder blauer Farbgebung dem jeweiligen Lager zuordneten und markierten, wer ihn gerade besetzt hielt, die einen oder die anderen, da zumindest war der Abstand zwischen den Regimentern von Zehmisch und Bairnsfather etwa so groß, hundert bis höchstens zweihundert Meter.

Die Karten sind im Dokumentationszentrum des »In Flanders Fields Museum« aufbewahrt. An vielen Nachmittagen sitzen alte Männer, die sich mit der Geschichte ihrer Väter und Großväter beschäftigen und Zeit haben, um einen eckigen großen Tisch und studieren anhand der Zeichnungen, wo die damals lagen. Die Geschichte des Krieges um Ypres ist in Ieper die Geschichte ihrer Heimat, die Geschichte ihrer Familien. Damals waren solche Karten höchst geheim, und es war streng verboten, sie bei Patrouillen mitzunehmen. Denn falls ein Spähtrupp nicht lebend zurückkam von Unternehmungen im Niemandsland, wären die in Feindeshand gefallen. So wurde auch das Verbot begründet, an der Front Tagebuch zu führen. Selbst private Notizen könnten zum Beispiel bei einer Gefangennahme dem Gegner wertvolle Erkenntnisse vermitteln.

Rudolf Zehmisch hat in den Kladden seines Vaters ebenso wenig einen Hinweis gefunden, der auf eine Begegnung schließen lässt. Er erinnert sich daran, dass der Vater ihm und seinem Bruder Wolfgang vom Weihnachtsfrieden an der Westfront erzählt hat. Da waren beide noch klein, Details weiß er nicht mehr, aber es geschah »nur dann, wenn Kriegskameraden zu Besuch gekommen waren«. Sonst sprach der Vater nicht vom Krieg.

Mit ihren Vätern machten viele Söhne, mit ihren Männern viele Frauen, mit ihren Söhnen viele Eltern die Erfahrung, dass Frontsoldaten nicht preisgeben wollten, was sie im Ersten Weltkrieg täglich erlebt hatten, erleben mussten. Es scheint so gewesen zu sein, dass sie das Erlebte in den Schützengräben verdrängten, um nicht daran zu verzweifeln, und dass sie deshalb nie mehr darüber reden wollten. Das waren die eigentlichen Kriegsneurosen, und die waren im Gegensatz zu den heilbaren äußerlichen Verletzungen unheilbar. Von den Feinden und wo die lagen und wie sie durchkamen und wofür sie irgendeinen Orden bekommen hatten, nun ja, davon erzählten sie, das tat keinem mehr weh.

Aber sie gaben keine Einzelheiten preis vom alltäglichen Gemetzel an den Fronten. Vermieden Beschreibungen des ihnen so alltäglich gewordenen Horrors. Darüber sprachen die Frontkämpfer nicht mal bei ihren Veteranentreffen, geschweige denn in ihrem nach der Heimkehr fremd gewordenen Alltag. So etwas Schreckliches wie der Stellungskrieg sprengte jede Vorstellungskraft. Das hatten selbst die kaum begreifen können, die ihn erlebten. Und die Zivilisten, die jene vier Jahre an den jeweiligen Heimatfronten überstanden hatten, hätten es erst recht nie begreifen können. Ihre Welt und deren Welt waren nur schwer noch kompatibel. Hitler versprach Heilung von dieser Schizophrenie, und die Therapie war der nächste Krieg. In dem gab es dann anderes, neues unvorstellbares Grauen.

Vor Augen hatten die zu Hause Gebliebenen ein Bild vom Krieg. Im Kopf gespeichert die gefärbten Berichte in ihren Zeitungen. Den zensierten Briefen hatten sie allenfalls ein paar Andeutungen über die Wirklichkeit entnehmen können. Die ungeschminkte Wahrheit passte nicht ins Bild, also schwiegen die Heimkehrer, um sie zu schützen – und um sich zu schützen. Vom Weihnachtsfrieden hätten sie erzählen können, denn diese Geschichte war eine menschliche Geschichte, die aber war nur erklärbar durch das Grauen davor. Also blieb auch sie tabu.

Aufklärende Berichte, in denen nach dem Krieg recherchiert worden wäre, was die Generäle und die Politiker während des Krieges verschwiegen hatten, gab es damals nicht. Journalisten wie Kurt Tucholsky oder Siegfried Jacobsohn wurden als vaterlandslose Gesellen verleumdet von genau denen, die das Vaterland zerstört hatten. Sie waren nicht mehr sichtbar mächtig wie beim Kaiser, die preußischen Machthaber, aber sie waren an den Hebeln der Macht geblieben, besetzten nach wie vor die Schaltstellen in Justiz und Verwaltung. Sie waren überzeugt davon, dass Deutschland durch den Aufstand der Anständigen zu Hause den Krieg verloren hatte, im Felde unbesiegt geblieben war, sie predigten die Dolchstoßlegende, sie waren unbelehrbar.

Bis in Deutschland das erste Buch mit echten Fotos vom Großen Krieg erschien, Ernst Friedrichs Antikriegsfibel *»Krieg dem Kriege«*, vergingen viele Jahre. Remarques Roman *»Im Westen nichts Neues«* erschien erst 1929. Sein Erfolg bei so genannten kleinen Leuten änderte, wie man weiß, am Ende der Weimarer Republik nichts. Die Botschaft hörten sie wohl, lasen sie wohl, doch im nächsten nationalen Größenwahn ging sie unter.

Sicher ist Rudolf Zehmisch aber, dass sein Vater im Kreise der Familie nie von Feinden gesprochen hatte, immer von Gegnern, und dass er so dachte, ist in den hinterlassenen Tagebüchern belegbar. In denen kommt das Wort Feind nicht vor. Bruce Bairnsfathers Tochter Barbara Littlejohn, die in den USA lebt, hat ihren Vater »nie vom *Xmas truce* reden hören«, andererseits habe das nichts zu bedeuten, denn sie sei erst acht Jahre danach geboren. »Er war von Natur aus ein sehr zurückhaltender Mensch, und erst recht, was den Krieg betraf.«

Leutnant Kurt Zehmisch ist in diesem Krieg, der nach Weihnachten erst hier und da und dort, dann an der ganzen Westfront weiterging, einige Monate lang Ortskommandant von Warneton gewesen, einer kleinen Stadt direkt an der Grenze zwischen Belgien und Frankreich. Dort hat der Mann aus Sachsen Spuren im kollektiven Gedächtnis der Einwohner hinterlassen. Nein, seinen Namen haben sie nicht parat, aber dass es ein Deutscher war, der die geschnitzten hölzernen Chorbänke ihrer Kirche rettete, bevor nach dem Artilleriebeschuss der Briten 1916 das Gotteshaus in Flammen aufging, das wissen sie. So ist es ihnen in der Schule erzählt worden.

Das Haus Gottes ist längst wieder von seinen Dienern bewohnt und wird regelmäßig von seinen Kindern besucht. Auf dem Platz vor dem Hauptportal steht eine Skulptur: Der Tod holt sich ein Opfer. Ein modernes Denkmal, keines jener üblichen steinernen Mahnmale mit den Namen der Gefallenen, von denen es in Flandern so viele gibt, weil hier so viele fielen – in dem Krieg, den Zehmisch überlebte, und im nächsten, der ihn verschlang. Links und rechts hinter dem Altar sind die geschnitzten dunklen Chorstühle in die hell getünchten Mauern eingepasst. Sie wirken fremd, aus einer anderen Zeit. An die wird erinnert an anderer Stelle der Kirche. Im versöhnlichen Geist des anderen Europas, des heutigen, des friedlichen. Aber vergessen ist nichts von dem, was damals geschah.

Rudolf Zehmisch hat die Geschichte der Chorstühle 1997 bei einer Reise in die Vergangenheit seines Vaters vor Ort gehört. Gern hätte der damals Siebzigjährige den Belgiern beim nächsten Besuch deshalb mehr mitgebracht als eine Kopie der Seite im Tagebuch des deutschen Leutnants, auf der die Aktion in der bewährten Gabelsberger Kurzschrift notiert war. Beispielsweise den großen Zeiger der Kirchturmuhr. Den hatte Kurt Zehmisch bei einem Heimaturlaub als Kriegsbeute mitgenommen, das schien ihm vertretbar, weil die Kirche eh bis auf die Grundmauern zerstört war. Seine Frau, Rudolfs Mutter, bewahrte seine Habseligkeiten alle auf, der Zeiger lag neben anderen Souvenirs wie Pickelhaube, Orden, Dolch. Jahrzehntelang.

Als sich einen Krieg später die amerikanischen Truppen dem Vogtland näherten, vergrub sie alles – aus Angst, möglicherweise wegen des Besitzes von Kriegsmaterial verhaftet zu werden – an einem sicheren Ort. Den hat sie bis zu ihrem Tod keinem verraten. Es hat auch keiner danach gefragt, weil niemand von den Sachen wusste. Außer ihrem Mann natürlich, doch Kurt Zehmisch war vermisst in Russland, und er ist aus dem zweiten großen Krieg nie mehr zurückgekehrt.

Zu den Royal Warwicks, dem Regiment von Bruce Bairnsfather, gehörte William Tapp. Er dokumentierte die Ereignisse des Weihnachtsfriedens Stunde für Stunde, genau wie Zehmisch auf der anderen Seite. »Ich vermisse den Klang der schwirrenden Kugeln, es kommt mir vor, als habe eine Uhr plötzlich aufgehört zu ticken«, notiert Tapp am Boxing Day, bevor er sich auf den Weg macht zu einem verlassenen Haus, was in normalen Kriegszeiten sein letzter Weg gewesen wäre. Er will nach Holz oder nach ein paar Brocken Kohle suchen, die man verheizen kann. In den Gräben gibt es in gewissen Abständen kleine, Bolleröfen genannte Feuerstellen.

Tapp ist aber nicht der Einzige, der auf eine solche Idee gekommen ist, denn unterwegs trifft er ein paar Deutsche. Sie schlagen ein Geschäft vor, bieten ihm Geld für sein Armeemesser, doch er lehnt ab, will es lieber behalten. Schließlich tauschen sie das Übliche, Tabak und Zigaretten. Dann geht er weiter, einen leeren Beutel in der Hand. Er findet tatsächlich ein paar Stück Kohle in dem Keller, ein Deutscher hilft ihm beim Einsammeln und er im Gegenzug dem, als der seine Beute einpackt. »Natürlich schoss unsere Artillerie und ihre auch, aber sie konnten ja auch nichts wissen von unseren kleinen Ferien.«

Den Ferien vom Krieg.

Für William Tapp, verheiratet, ein Kind, waren es die letzten. Er fiel, und man kann sogar vermuten, dass er starb, während er seine Erlebnisse aufschrieb, denn seine Eintragung hörte mitten im Satz auf. Er bekam kein eigenes Grab, niemand weiß, wo er verscharrt liegt. Sein Name steht unter den fast fünfundfünfzigtausend Namen im Torbogen des Menin Gate in Ypern. *We will remember them.*

Zwei, drei Stellungen vom Kohlenkeller entfernt fallen vereinzelt Schüsse, aber sie sind nicht so gemeint wie Schüsse sonst. Die Deutschen, die sich in ihren Gräben aufhalten müssen und nicht aus denen raus dürfen wie am ersten Weihnachtstag, langweilen sich. Die Berkshires ihnen gegenüber auch. Sie halten ein paar alte Mützen an einem Besenstil über die Brustwehr und bei jedem Treffer, der denen drüben gelingt, schreien sie Hurra, bei jedem Fehlschuss allerdings lauter.

Wie die Deutschen müssen sie gezwungenermaßen in ihren Stellungen bleiben, weil ihre Artillerie wieder begonnen hat, das Gelände zu bestreichen. Die weiß nichts vom Frieden hier vorne. Aus den jeweiligen Nestern der Scharfschützen fällt kein tödlicher Schuss, vor deren Kugeln braucht heute keiner Angst zu haben, nur vor Granaten und Mörsern. Ab und zu stellen sich die Männer oben auf die Brustwehren, winken den nahen, fernen Kameraden zu, genießen den Tag, vertrauen darauf, dass ihnen von drüben nichts Böses droht.

Der amerikanische Historiker Stanley Weintraub wagte in seinem Buch »*Silent Night*« die Interpretation, dass durch die »Befreiung des Niemandslandes von den dort liegenden Toten« überhaupt erst der Platz geschaffen worden sei, um sich miteinander unterhalten zu können. Dass also buchstäblich erst nach der Beerdigung, auf den Gräbern, die tiefen Gräben hätten überwunden werden können. Ohne die Toten also kein Leben an Weihnachten. Und befragt, ob es außer dem Christfest, dem Glauben an die Geburt Christi, noch andere religiös motivierte Gründe für den Weihnachtsfrieden gab, nennt er eine gemeinsame Leidenschaft: »Fußball war die Religion der Arbeiterklasse.«

Bei Wulvergem sind es die Schotten, die plötzlich mit einem echten Ball aus den Gräben klettern. Einem Lederball. Sie markieren ihr Tor mit dem, was sie auf dem Kopf tragen. Mit ihren Mützen. Die Sachsen vom 133. Regiment gegenüber nehmen ihre Pickelhauben. Man habe sich streng an die Regeln gehalten, berichtet einer von den deutschen Mitspielern, denn sie hatten keinen Schiedsrichter dabei. Es dauert etwa eine Stunde, dann sind alle Spieler erschöpft. Es macht sich bemerkbar, dass sie in den vergangenen Tagen nur wenig Schlaf bekommen hatten, was normal war zu Kriegszeiten, wie der englische Soldat

John Lucy schon nach ein paar Wochen Stellungskrieg geschrieben hatte »Unser Geist und unser Verstand schrien nach Schlaf... Jede Zelle flehte nach Ruhe, und dieser eine Gedanke war der dauerhafteste im Kopf.«

Der Boden ist gefroren und von Rissen durchsetzt und erlaubt kein genaues Zuspiel. »Viele Pässe landeten weit im Aus.« Immerhin, sie spielen. Denn die meisten der für heute abgemachten Fußballspiele können nicht wie gestern geplant stattfinden. Gerade auf Fußball hatten sie sich besonders gefreut. Die einen schaffen es nicht, rechtzeitig einen Ball heranzuschaffen. Bei anderen verhindern die Offiziere ein Match, verbieten den Spaß im Niemandsland oder brechen ein Spiel ab. Krieg sei nun mal kein Spiel. Krieg sei eine ernste Sache. Doch trotz aller Hindernisse und trotz aller Probleme wird am Boxing Day gebolzt. Dass am zweiten Weihnachtstag sogar Franzosen zum Kick antreten, wurde selbstverständlich bei denen auch verschwiegen. In Frankreich werde die Geschichte des Friedens an der Westfront bis heute eher verheimlicht, meint Stanley Weintraub.

Auf manchen Feldern, in deren Umgebung es so ruhig bleibt wie gestern, scheitert ein Match nur an den Verhältnissen, nicht am Verhalten der Offiziere, scheitert daran, dass zu viel Stacheldraht, zu viel verrostete Munition herumliegen. Da beschließen die Gegner, sich in den nächsten Tagen gemeinsam darum zu kümmern, alles wegzuräumen, die Löcher zu füllen und am Neujahrstag das heute ausgefallene Match nachzuholen.

In den nächsten Tagen? Am Neujahrstag? Glauben die wirklich, dass der Frieden so lange hält? Hatte Falkenhayn die richtige Ahnung? Schaffen sie es noch, das Weihnachtswunder in den Alltag des Januar zu retten? Geht es etwa weiter mit den Verbrüderungen?

Sie müssen fest daran geglaubt haben, denn auch die Fotos, die sie heute voneinander machen, die Gordon Highlanders und die Sachsen zum Beispiel, wollen sie sich im neuen Jahr gegenseitig zeigen. Auf einem wird der britische Soldat Marsden Oldham, auf dem Fahrrad eines Meldegängers sitzend, fröhlich in die Kamera lächeln. Geknipst hat ihn Max Herold von der 8. Kompanie des 16. Bayerischen Infanterieregiments.

Auch Soldat Turner fotografiert noch, fürs Regimentsalbum der London Rifle Brigade, doch dieses Mal nicht nur die Lebenden. Unter seinen Fotos ist das eines toten Deutschen in einem verlassenen Graben. Kein voyeuristisches, ein trauriges. Der Tod ist ein einsames Geschäft. Gedruckt wurde es nicht. Obwohl der Tote doch ein Feind war. Aber der Leser, der in seiner Zeitung oder seinem Wochenblatt dieses Bild gesehen hätte, wäre irgendwann wohl darauf gekommen, dass tote Engländer, tote Franzosen, tote Belgier nicht weniger einsam aussahen als tote Deutsche.

In allen Krieg führenden Ländern hatten sich Mächtige gegen die Macht einer freien Presse etwas einfallen lassen. Die war ihnen und ihren Militärs zu Friedenszeiten schon suspekt. Jetzt erst recht. Für wirklichkeitsgetreue Bilder vom nun schon fünf Monate andauernden Horror im Stellungskrieg gab es ihrer Meinung nach kein Bedürfnis. Sie fürchteten die Folgen. Womöglich öffentlichen Druck, den Krieg sterben zu lassen. Die Presse wurde in die Strategien des Kampfes eingebunden wie eine Heeresgruppe und diente so hauptsächlich der jeweiligen Propaganda als Mittel zum Zweck. Zeitungen sollten die Stellung halten an der Heimatfront wie andere Einheiten an der tatsächlichen. Sie schossen mit Worten, und in ihren Berichten die Moral aufrechtzuerhalten galt als vaterländische Pflicht.

Die meisten Verleger und Chefredakteure machten mit im patriotischen Fronttheater. Es war eine sorgfältig ausgearbeitete Inszenierung. Die Akteure wussten genau, worauf sie sich einließen, wenn sie mitspielten. Doch damals schon galt die zynische Branchenregel: Krieg verkauft sich. Krieg macht Auflage. Krieg bringt Gewinn.

Ein skrupelloser britischer Zeitgenosse, der Verleger Lord Northcliffe in London, war ebenso reaktionär wie auf der anderen Seite des Kanals mal der deutschnationale Tycoon Alfred Hugenberg. Von der Regierung wurde Northcliffe zum Direktor für Propaganda in feindlichen Ländern bestellt. Bekannt war seine veröffentlichte Ansicht, die frische Luft auf Flanderns Schlachtfeldern würde den jungen Männern gut tun und sie abhärten. Etwa so sah er den Krieg.

Die Konkurrenz attackierte ihn. Was die liberale »Daily News« gegen ihn druckte, hätte man neunzig Jahre später im Zweiten Golfkrieg wörtlich so gegen Rupert Murdoch drucken können. Alles Kriegsgeschrei in seinen Blättern, schrieb der Chefredakteur der »Daily News«, sei nur deshalb angestimmt worden, weil es eine »gute Reklame für Ihre Zeitungen war. Weil Sie Ihre Zeitungen zu verkaufen verstanden. Mit einem Wort: Sie waren durch zwanzig Jahre der journalistische Brandstifter in England, ein Mann, der bereit war, die Welt in Flammen zu setzen, um damit eine Extraausgabe zu machen.«

Helden allerdings brauchten alle für die Auflage und nicht etwa echte Fotos von toten Grabenkämpfern. Falls es gerade keine lebenden Heroen gab, wurden welche zu Helden erkoren. Auch an solchen Methoden der psychologischen Kriegsführung hat sich bis heute nichts geändert. Eine Geschichte wie die von der inszenierten Befreiung der Amerikanerin Jessica Lynch, auf erstaunliche Weise aus einem irakischen Krankenhaus vor den Folterknechten Saddam Husseins gerettet, wurde noch in jedem Krieg erfunden. Damals reichte ein rührender Text, heute braucht es bewegte Bilder.

Die folgende Geschichte allerdings ist belegt.

Ein britischer Offizier, verwundet vor dem Weihnachtsfest, wurde gefangen genommen und dann in einem Krankenhaus in Frankfurt behandelt. Da lagen viele Briten. Auch einfache Soldaten. Einer von denen war gestorben, und der Engländer bekam die Erlaubnis, weil der Mann aus seiner Kompanie

Der bayerische Soldat Max Herold fotografierte den Briten Marsden Oldham auf dem Krad.

Das Foto der Soldaten im Graben wurde zurückgezogen, als sich herausstellte, dass der Deutsche im Vordergrund nicht friedlich schlief, sondern tot war.

stammte, über die Grenzen hinweg die Mutter des Toten zu benachrichtigen. Der Brief wurde in der »Morning Post« gedruckt, gleich neben den Berichten vom Weihnachtsfrieden. »Wenn Sie irgend etwas trösten kann, so ist es, wie ich wohl sagen kann, der Gedanke, dass alles, was überhaupt für Ihren Sohn zu tun möglich war, auch geschehen ist. Ich selbst bin hier vier Wochen mit zwei schweren Wunden gewesen... was auch immer über die Abneigung zwischen den beiden Völkern anderswo gesagt werden mag – eine solche Abneigung fehlt hier vollkommen, und alle Offiziellen, mit denen die Patienten in Berührung kommen, sind Gentlemen im besten englischen Sinne.«

Er fügt hinzu, in der Annahme, es könne ein Trost sein für die Mutter, dass der Verstorbene ein militärisches Begräbnis bekommen habe, als ob er »ein Sohn des deutschen Volkes gewesen wäre«. Offenbar ist der Brief zensiert worden, bevor er ihn abschicken durfte.

Kriegsreporter gab es nicht. Es gab Reporter im Krieg, aber die zeigten den Krieg so, wie er so nicht war. In Deutschland brauchte es für Berichte von der Front eine offizielle Genehmigung, die auf Gesuch vom stellvertretenden Generalstab IIIb. Presseabteilung, erteilt wurde, selten genug, und auch dann nur an ausgewählte »militärbehördlich bestätigte Heeres-Photographen«. Die erkannte man auf den ersten Blick. Sie trugen eine weiße Armbinde mit dem Stempel »Presse-Photograph«. Im ersten Kriegsjahr wurden insgesamt neunzehn von denen zugelassen. Zusammen mit Schlachtenmalern und linientreuen Schreibern durften sie in Begleitung von Offizieren ins besetzte Land, aber nie an die wirkliche Front, denn da hätten sie zu viel sehen können vom Krieg. Ihre Produktion mussten sie auf jeden Fall vorlegen. Erst wenn ein Zensor vom Kriegspresseamt per Stempel auf der Rückseite sein Plazet gegeben hatte, war ein Foto zur Veröffentlichung freigegeben. Erst wenn der Zensor einen Text gelesen hatte, wurde der gedruckt.

Außenseiter gab es. Die unternahmen Erkundungen auf eigenes Risiko, unter Lebensgefahr. Doch die dabei entstandenen Aufnahmen wurden nicht veröffentlicht. Man sah ihre Fotos vom Krieg erst lange nach dem Krieg. Da wollte sie keiner mehr sehen.

Die Deutschen hatten in der ihnen eigenen Perfektion auch die Zensur für den Wehrdienst mit der Kamera von A bis Z geordnet, damit keine Fragen offen blieben, damit alles nur Denkbare, alles nur Vorstellbare in den Regeln erfasst war. Die Vorschriften wurden vervielfältigt und den verantwortlichen Redakteuren zugestellt. Wer sich nicht daran hielt, wurde bestraft. Von A wie Anschiss bis Z wie Zuchthaus. Journalisten beugten sich willig den Geboten. Der deutsche Kaiser lobte am 27. Januar 1915 seine Truppen von der vierten Gewalt: »Ich mache Ihnen mein Kompliment. Sie schreiben ja famos. Ich lese Ihre Artikel sehr gern. Sie haben einen patriotischen Schwung. Das ist auch für unsere Leute im Schützengraben von hohem Wert, wenn wir ihnen solche Sachen schicken können.«

Deshalb wurden nur lebende deutsche Helden an der Front gezeigt. Heldentod wurde allenfalls gezeichnet akzeptiert. Der tatsächliche Tod im Dreck, die zerfetzten Glieder, die aufgedunsenen Kadaver, die Leichen im Niemandsland blieben unter Verschluss. Solche Fotos hätten die immer noch große Kriegsbegeisterung im Vaterland dämpfen können, was wahrscheinlich eine richtige Vermutung war. Mit toten Gegnern ging man nicht ganz so menschlich um. Das Foto eines gefallenen Schotten, hoch geweht sein Kilt vom Luftzug der tödlichen Granate, seine *private parts* deutlich verwest, wurde in einer deutschen Zeitung mit der zynischen Bildunterschrift eines linientreuen Redakteurs gedruckt. Die Formulierung lautet schamlos schlicht, es sei »offensichtlich wohl doch kein Märchen, dass die Schotten nichts unter dem Rock tragen würden...«.

Die Zensurbestimmungen bei den Gegnern waren ebenso

perfide, in London war schon im August ein Zensurgesetz – *»Defense of the Realm Regulations Act«* – erlassen worden, und in Frankreich wurde überhaupt jede Veröffentlichung verboten, die sich schädlich auswirken könnte auf die so genannte innere Sicherheit. Ein weites Feld. Lord Kitcheners Behörde verlangte von Kriegsberichterstattern nicht nur die Genehmigung einzelner Fotos, selbst die Bildunterschriften mussten von höchster Stelle abgesegnet werden. Paragraf 153: »Fotos dürfen nur versehen mit Bildunterschriften eingereicht werden, und nur solche Bildunterschriften dürfen gedruckt werden, die das Büro genehmigt hat.« Wer sich nicht daran hielt, Paragraf D 518, wurde von der Liste gestrichen.

Doch im Gegensatz zu den deutschen ließen sich nicht alle britischen Zeitungen diesen Maulkorb anlegen. Malcolm Brown meint sogar, dass gerade die Veröffentlichungen vom Weihnachtsfrieden gezeigt haben, wie beschränkt in Wirklichkeit die Macht der Zensur war. »Die Regierung treibt einem scharfen und beunruhigenden Zusammenstoß mit einem der elementaren Rechte des britischen Untertanen entgegen, nämlich dem Recht der Kritik«, wetterte die »Daily Mail« vier Wochen vor Weihnachten, am 27. November 1914.

Diese Rechte waren nicht einklagbar. Nicht akkreditierte Reporter hatten keine Chance an der Westfront, in die vorderen Gräben wurden nur die Journalisten vorgelassen, schreibend oder fotografierend oder zeichnend, die sich vorher einer Prüfung unterzogen hatten. Also gab es nur Berichte und Fotos und Zeichnungen, die der Regierung genehm waren. Und auch hier galt: Eigene Gefallene sollten gar nicht gezeigt werden, Tote der anderen möglichst selten und wenn, dann nicht in Nahaufnahme, sondern als Masse ohne Gesichter nach einem von den eigenen Männern gewonnenen Gefecht. »Kriegsfotografie ist der Gebrauch, den man von ihr macht«, schrieb Rainer Fabian 1983 lakonisch in seinem Standardwerk *»Bilder vom Krieg«,* und davon wussten alle Seiten.

Da war es nicht nur eine Sensation, sondern auch besonders mutig, als »Le Miroir« am 6. Oktober die offiziell gesetzte Grenze durchbrach und auf dem Titel zwei Leichen in einem Schützengraben zeigte. Nicht zwei tote Gegner, sondern einen Franzosen und einen deutschen, einen Poilu und einen Boche. Sie lagen Seite an Seite, im Tod vereint als Brüder. Bis dahin hatte auch diese Zeitschrift nur Heldenverehrung betrieben, ganz im Sinne der französischen Propaganda, für eingesandte Fotos von Frontsoldaten in vaterländisch einwandfreier Pose gab es bis zu tausend Francs Honorar.

Karl Kraus hat sich für sein Meisterstück gegen den Krieg eine passende Szene ausgedacht. In »*Die letzten Tage der Menschheit*« gibt es einen Dialog zwischen einem der üblichen Generäle und einem der üblichen Journalisten.

DER JOURNALIST: Sind Exellenz vielleicht in der Lage, mir einige Andeutungen über die momentane Situation zu machen?
DER GENERAL (nach einigem Nachdenken): Wir gedenken – in Liebe – unserer Lieben – in der Heimat – die uns – mit Liebesgaben – bedenken – und unserer – in Treue – gedenken.
DER JOURNALIST: Aufrichtigen Dank, Exellenz, ich werde nicht verfehlen, diese bedeutsame Äußerung eines unserer glorreichen Heeresführer sofort – (Beide ab)

Im Unterschied zu deutschen entwickelten britische Redakteure eine eigene Taktik, die Bestimmungen zu umgehen, ohne sich strafbar zu machen. Wenn die offiziellen Berichterstatter nur Postkartenkitsch anzubieten hatten, keine Informationen, nur Propaganda, musste man sich eben inoffizielle beschaffen. Deshalb lobten sie Prämien aus für exklusive Fotos von der Front. Der »Daily Sketch« hatte unter der Überschrift »*Major who sang carol between the trenches*« einen besonderen Treffer erzielt, einen Scoop. Denn neben einem ganz eindeutig gestellten Foto mit gemeinen Soldaten im Schützengraben samt Tannenbaum zeigte das Blatt einen britischen Offizier, Major Archibald Buchanan-Dunlop, und machte ihn zu einem der Initiatoren des Waffenstillstands, »*one of the leaders in arranging the Christmas truce*«.

Was seinen Vorgesetzten nun gar nicht gefiel. Ihm war das egal. Seiner Frau schrieb er, zwar stimme grundsätzlich alles mit dem nicht offiziellen Waffenstillstand und auch, dass der von den Soldaten gebührend gefeiert worden sei, aber er selbst habe damit zu Beginn nichts zu tun gehabt. Nur geduldet hat er ihn, und dazu steht er. Es schadete ihm nicht. Vielleicht half auch die hergestellte Öffentlichkeit. Zum Ende des Krieges, den er überlebte, ist er sogar Kommandeur des Bataillons der 1st Leicestershires geworden, zu dem das fraternisierende Regiment gehörte.

In Deutschland wurde nicht ein einziges Foto von den vielen Treffen im Niemandsland gedruckt, obwohl es genügend Fotos gegeben haben muss. Entweder wurden sie sorgfältig in private Alben eingeklebt und nur im Kreise der Familie gezeigt oder mit deutscher Gründlichkeit von den Zensoren einkassiert. Dass es keine optischen Beweise vom kleinen Frieden gibt, kann auch andere Gründe haben. Nicht nur Menschen fielen dem Bombenhagel im nächsten Krieg zum Opfer, auch ihre gesammelten Biografien.

Weil sich keiner der Generäle hat vorstellen können, dass so etwas Wahnsinniges wie ein Frieden zwischen den Schützengräben je passieren könne, wurden in England die Fotos, die den belegten, sofort veröffentlicht. Die fielen nicht unter die bekannten Zensurbestimmungen der Behörde, waren wie die Briefe der Soldaten, die davon nach Hause schrieben, von Lesern eingesandt. Und wer wollte die kontrollieren?

Da es Tausende waren, die vom Wunder erzählten, konnte diese wahnsinnige Geschichte nicht geheim gehalten werden. Hohe englische Militärs verbogen deshalb lieber geschickt die Wahrheit statt sie ungeschickt zu dementieren. Sie gaben ein-

Der britische Major Archibald Buchanan-Dunlop war einer der Initiatoren des Waffenstillstands an der Westfront. Seine Vorgesetzten waren not amused.

zelne Verbrüderungen an der Front auf Nachfrage zu, bewerteten die allerdings als zufällige, kleinere Ereignisse, keinesfalls hätten die an der gesamten Front stattgefunden, und deshalb könne man sie als Phänomen bezeichnen, typisch für die ja weit verbreiteten sentimentalen Stimmungen an Weihnachten. Eine Langzeitwirkung sei nicht zu befürchten.

Gern wurde auch die These verbreitet, diese friedlichen Begegnungen zeigten, wie kriegsmüde die andere Seite inzwischen war, dass es nur noch eine Frage der Zeit sein konnte, bis der Feind aufgeben würde. Die Franzosen und die Deutschen behaupteten sogar, es habe nichts stattgefunden, was der Rede oder gar eines Fotos wert gewesen sei, und verwiesen auf die offiziellen Berichte von der Front. In denen stand ja auch nichts.

Doch es gibt handfeste Beweise. Soldaten aller Nationen hatten trotz der für alle geltenden Verbote Kameras mitgenommen an die Front und machten sich bei Gelegenheit ihr eigenes Bild vom Krieg. Die »Vest-Pockets« von Kodak waren mal für Schnappschüsse in friedlichen Zeiten gedacht, für Familienidylle und Urlaub. Nach Kriegsausbruch lautete die Werbung dem Anlass entsprechend: »Machen Sie Ihren Bildbericht vom Kriege selbst.« In deutschen Blättern wurden die Apparate der »Franca Camera Werke« in Bayreuth unter der fett gedruckten Zeile »Mit Bubi in den Krieg« angepriesen. Hier richtete sich die Aufforderung zum Kauf der Bubi genannten Fotoapparate eher an Offiziere, denn der gemeine Soldat konnte sich bei der Höhe seines Solds – fünfzehn Mark pro Monat – eine Kamera für neunzig Mark, inklusive dreier mitgelieferter Filmkassetten im Brieftaschenetui, nicht leisten.

Anfangs beschränkten sich die Fotografen in Uniform auf die so genannten lustigen Seiten des Kampfes in der Etappe, beim Essen fassen, beim Drill, beim Kartenspiel, beim siegreichen Vormarsch. Das änderte sich nach den ersten Erfahrungen mit dem echten Krieg. Den Bildern, die ihnen per Zeitung an die Front geliefert wurden, traute bald keiner mehr. Die

Männer hatten täglich ganz andere vor Augen. Die unentwickelten Filme nahmen sie entweder selbst bei Heimaturlauben mit oder gaben sie denen mit, die verwundet nach Hause fahren durften, oder schickten sie, wie Turner es noch am Abend des Boxing Day macht, in den Kassetten per Post an die Adresse ihrer Angehörigen. Britische Zensoren, die Herren in ihren damals noch maßgeschneiderten Uniformen, konnten allenfalls in Stichproben den Inhalt einzelner Briefe prüfen, es waren täglich tausende.

Leutnant Cyril Drummond ist einer dieser Amateurfotografen an der Front. Er gehört zur Royal Field Artillery. Am Mittag des Boxing Day kann er im Niemandsland spazieren gehen wie zu Christmas in England nach dem obligatorischen Kirchgang. Alles ist friedlich, und es liegt sogar ein bisschen Schnee. Wo man sonst »normalerweise erschossen wird«, gehen Deutsche und Engländer gemeinsam an die Arbeit. Sie bauen ihre Gräben aus und erhöhen die Brustwehr. Angesichts der doch so friedlichen Umstände, in denen es geschieht, ein makabrer Vorgang. Denn die Ausbesserungen bedeuten, dass sie sich miteinander darauf vorbereiten, sich besser voreinander zu schützen, weil sie bald wieder aufeinander schießen.

Drummond unterhält sich mit einigen der Feldgrauen auf Französisch, weil keiner von denen Englisch spricht. »Es war kein einziger Offizier dabei, nur einfache Soldaten.« Einige von den Dublin Fusiliers, die so gut Fußball spielen sollen, kommen dazu. Einer hat eine gerade angebrochene Dose Marmelade und bekommt zwei Zigarren dafür. »Die deutschen Zigarren waren sehr gut.« Ein Deutscher bittet zu glauben, dass er und seine Kameraden nicht die Absicht hätten, und das gelte weiß Gott nicht nur heute, einen der Briten zu töten, und er nehme an, sie wollten es umgekehrt auch nicht, warum solle man dann eigentlich aufeinander schießen? Drummond weiß keine Antwort und begnügt sich mit dem Einsatz seiner Kamera: »Ich habe sie alle in eine Reihe gestellt und dann fotografiert.«

Oben: *Aus einer französischen Stellung heraus wurde diese Szene fotografiert. Poilus beobachten Deutsche, die sich ihnen in friedlicher Absicht nähern.*
Unten: *Cyril Drummond fotografierte seine Kameraden beim Treffen mit den sächsischen Gegnern im Niemandsland am 2. Weihnachtstag 1914.*

Alle stimmen im Übrigen dem Deutschen grundsätzlich ja zu. Sie nennen die Scheiße, in der sie stecken, beim Namen und sie sind sich ja einig, Krieg ist *shit*. Doch sie ziehen keine Konsequenzen aus der Erkenntnis. Es bleibt der nächste Schritt aus, nämlich zu besprechen, was man gemeinsam tun könne, um weiteres Blutvergießen zu verhindern. So weit dringt der Frieden nun doch nicht vor, er schafft es nicht in die Köpfe der Beteiligten, er bleibt im Herzen. Haben sie Angst vor ihren Vorgesetzten? Kann sich auch unter ihnen keiner ausmalen, wie man den Krieg aussetzt? Fürchten sie, als Feiglinge zu gelten? Stanley Weintraub meint, und da ist er sich einig mit Malcolm Brown, die Hauptursachen für die kurze Dauer des Friedens lagen in der militärisch geprägten Vergangenheit, denn »alle waren gewohnt an militärische Disziplin, sie wussten im Grunde genau, dass sie wieder kämpfen mussten, und genossen das Atemholen dafür umso mehr«.

Die in England gedruckten Fotos vom Weihnachtswunder standen auf Seite eins und wurden als Sensation verkauft: »*Exclusive. The First Photographs from the Unofficial Xmas Truce*«. Die Zensur war machtlos. Sie konnte allenfalls den Vertrieb der entsprechenden Zeitungen einschränken, indem sie deren Lieferungen an die Westfront stoppten. Auch das sprach sich herum. Oswald Tilley von der London Rifle Brigade bat seine Mutter, »sowohl ›Graphic‹ vom 23. Januar als auch ›Illustrated War News‹ vom 20. Januar« für ihn aufzubewahren, weil dort »ein paar Fotos gedruckt sind von unseren Treffen mit den Deutschen an Weihnachten«. Urheber der Fotos ist sein Regimentskamerad Turner.

Seine Eltern hatten Oswald Tilley, c/o Plugstreet Wood, 5th Battalion London Rifle Brigade, derzeit Flandern, die Ausgabe des »Daily Mirror« vom 8. Januar geschickt, in der unter der Headline »*An Historic Group: British and German Soldiers Photographed Together*« quer über die ganze Seite eines dieser sensationellen Fotos gedruckt worden war. In der Bildunterschrift wurde nichts verdreht, nichts erfunden, nichts überhöht, einfach kühl mitgeteilt, was geschehen war. Dass Gegner an Weihnachten zu Freunden geworden sind, wie dieses historische Foto beweise, weil Briten und Deutsche sich auf einen inoffiziellen Waffenstillstand geeinigt hätten.

Oswald Tilley fiel, neunzehn Jahre alt, ein paar Monate später, am 30. April 1915.

Noch sind es nur kurze Berichte vom *Christmas truce*, noch werden die Briefe der daran Beteiligten ohne Kommentar einfach abgedruckt, oft sogar anonym, ohne Namensnennung, um den lauernden Zensoren keine Vorlage für das Argument zu liefern, man habe Dienstgrad oder Frontstellung an mitlesende Feinde verraten.

Manche Redakteure britischer Zeitungen machten sich trotzdem ihre eigenen Gedanken. Bald konnte man diese lesen. Ganz überraschend, was in den Leitartikeln stand. Wie man im nächsten Kapitel noch erfahren wird.

Zwar schrieben die am Waffenstillstand spontan und unmittelbar beteiligten Deutschen ihren Angehörigen Briefe nach Hause mit ähnlichen Inhalten wie die Briten und die Franzosen, zwar wurden manche Berichte von Augenzeugen mit entsprechenden Details – Gesang, Kerzen, Austausch von Geschenken, Waffenruhe – ein, zwei Tage lang in deutschen Zeitungen abgedruckt, immer mit der Mitteilung, unter welchem Aktenzeichen der Druck von höchster Stelle genehmigt worden sei.

Aber danach wurde im Kaiserreich Schweigen angeordnet. Die Zensur verbot kategorisch weitere Veröffentlichungen. Es blieben für die Nachwelt nur offizielle Dokumente wie jenes Tagebuch des Oberleutnants Kunze. Da in deutschen Aufzeichnungen der unerlaubte Frieden keinen Stellenwert haben durfte, wurde er in denen auf ein paar dürre Zeilen reduziert – und damit aus dem kollektiven Gedächtnis gelöscht. Das genau war die Absicht derer, die eine Wiederholung fürchteten.

Das Foto erregte Aufsehen. Veröffentlicht am 8. Januar 1915 auf der ersten Seite des »Daily Mirror« unter der Schlagzeile: »Eine historische Gruppe: Britische und deutsche Soldaten gemeinsam fotografiert.«

In Deutschland gab es in vorauseilendem Gehorsam keine fotografischen Veröffentlichungen, obwohl auch deutsche Soldaten den Frieden fotografiert hatten. Die von der Mehrheit geteilten Gefühle drückte ein Brief eines Kriegsfreiwilligen aus, der in der »Frankfurter Zeitung« vom 31. Dezember 1914 zitiert wird und in dem der Verfasser zumindest indirekt eingeht auf das Ereignis: »Es war eine stille heilige Nacht. Weithin leuchtete unser Weihnachtsbaum hinein in die französischen Lande, wie eine Verheißung strahlte sein Licht hinüber, losgelöst von allem Irdischen. Das war unser Weihnachten, das wohl keiner in seinem Leben je vergessen wird. Das ist seine neue Bedeutung aus diesem Kriege, die wir alle aus diesem Kriege mit hinübernehmen: der Glaube an des deutschen Wesens Allgewalt.«

Nur der Krieg hat diese Allgewalt, nur der Krieg scheint ihm menschlich. Gläubige wie den jungen Frankfurter brauchten die Generäle und Feldmarschälle, nur mit denen konnten sie ihre Kriege führen. Die hohen Militärs hatten die gleichen Interessen wie die anderen hohen Herren, die der öffentlichen Meinung. Beider Geschäft brauchte Helden. Das schweißte sie zusammen.

Weil er so unendlich friedlich aussah, wurde im Januar 1915 das Bild eines im Graben ruhenden Soldaten gedruckt. Ein Deutscher natürlich. Lächelnd auf Flanderns Feldern, als würde er nur schlafen, dabei träumen, gleich aufwachen (siehe Seite 219). Alle waren gerührt. Bis die Redaktion erfuhr, vom Zensor darauf aufmerksam gemacht, dass es sich dabei um den ganz großen Schlaf handelte und man bekanntlich Wert darauf lege, an der Heimatfront allenfalls Fotos von toten Feinden zu zeigen.

In französischen Blättern wird darüber geschrieben, dass zwar die Deutschen an Weihnachten begonnen hätten zu singen, doch die tapferen Poilus mit lauten Rufen wie »Maul halten, deutsche Schweine!« schnell für »klare Verhältnisse sorgten«. Fern der Wirklichkeit auch dieser Bericht. Wenn sich gleich drei bayerische Regimenter, nämlich das 12., das 15. und das 20., mit den Franzosen verbrüdern, mit denen gut verstehen, wenn alle gemeinsam laut übereinstimmenden Einträgen in Regimentstagebüchern die Waffen schweigen lassen, Begründung natürlich stets, um die Toten zu bestatten, mehr nicht, muss es sich bei denen gegenüber um mindestens zehn französische Regimenter gehandelt haben, die an dem entsprechenden Abschnitt weiter unten an der Somme lagen. Darüber steht kein Wort in den Zeitungen, darüber steht aber auch in den *Journaux de marche et opérations* nichts oder fast nichts.

Warum dann aber so viele Fotos und Zeichnungen vom *Christmas truce* in England? Nur weil sie ans Gemüt gingen, keinem weh taten, so gut in die Weihnachtszeit passten, sich gut verkauften? Eher wohl, weil sie der britischen Vorstellung entsprachen, das Ganze sei ein großes, zwar inzwischen höchst blutiges, aber letztlich doch faires Spiel unter Gentlemen. Die sich, sieh da, auch mal eine Pause vom Töten gönnten.

Was »Reclams Universum« in Leipzig hämisch kommentierte, nicht ohne bei der Gelegenheit seinen Lesern drei Illustrationen von den Verbrüderungen im Niemandsland zu zeigen. Die aus »Sphere«, die aus »Graphic« und die aus »Illustrated London News«. Vor Ort in London nach den Berichten in den Briefen gemalt und plastisch nachgestellt. Zu sehen ist eine Szene, wie ein Offizier mit Pickelhaube eine im Schnee lagernde Gruppe von Briten und Deutschen fotografiert, Gläser und Flaschen halten die in den Händen, schwenken Mistelzweige und sind offenbar bester Stimmung. Zu sehen ist die bereits beschriebene gemeinsame Hasenjagd, zu sehen ist eines jener *regular mother's meetings*, und auch auf dieser Zeichnung wirken Freund und Feind entspannt. Rauchen, trinken, schütteln sich die Hände. Einer liest sogar die Zeitung.

Alles ganz friedlich, eigentlich nichts, was dem kaiserlichen Zensor gefallen kann, aber die Bildunterschrift gefällt ihm, deshalb gibt er sein Plazet: »Kriegsweihnachten 1914. Die großen englischen Zeitschriften, die auf dem Gebiet der Herabsetzung und Schmähung der ›deutschen Hunnen‹ seit Kriegsausbruch Erstaunliches geleistet haben, bringen in ihren Weihnachtsnummern eine Reihe von Bildern, die sich in einem auffallenden Gegensatz zu ihrer bisherigen Haltung befinden. Denn alle Bilder zeigen plötzlich übereinstimmend die englischen Gentlemen in engster Verbrüderung mit den ›deutschen Barbaren‹. Wir bringen hier einige der fantasievollsten Zeichnungen und überlassen es unseren Lesern, die Schlüsse aus dieser veränderten Haltung der englischen Presse zu ziehen.«

Dann schlagen die Sprachrohre des Kaisers die Volte, die dem Zeitgeist entspricht und dem Presseamt so gefallen hat. Es durfte nicht sein, was nicht sein darf. »Wie wenig die englischen Darstellungen zutreffen, geht aus den zahlreichen deutschen Feldpostbriefen hervor, in denen die Weihnachtsfeiern auf dem Kriegsschauplatz geschildert wurden.« Es mochte ab und zu geschehen sein, dass sich die Gegner vereinzelt vor ihren Gräben trafen, aber niemals seien »derartige Verbrüderungsorgien« gefeiert worden.

Auch hier geht die Taktik auf. Die Ereignisse im Niemandsland werden klein geredet. Sie bleiben im Bewusstsein derer, die sie erlebt haben, aber da von denen so viele nicht überlebten, verschwand die Erinnerung mehr und mehr im Dunkel des tatsächlich stattfinden Horrors. Bis die Geschichte vergessen war, und von ihr allenfalls noch als Legende, als handele es sich um eines der üblichen Märchen aus dem Krieg, erzählt wurde.

Der gezeichnete Konter im »South Wales Echo« dagegen hatte Qualität. Man sieht darauf einen verzweifelten so genannten »Herrn Professor of Kultur«, selbstverständlich deutschen Ursprungs. In einer Hand hält er eine Tafel mit den Zehn Geboten des Hasses. Voller Entsetzen starrt er auf die im Hintergrund fraternisierenden Soldaten, Briten und Deutsche, und der Karikaturist lässt ihn bekennen: »Ich habe umsonst gelebt.«

Karikatur aus dem »South Wales Echo«. Der typisch deutsche »Professor of Kultur« kann nicht fassen, was da passiert: Handshakes zwischen den Gräben.

Was die Politiker und Generäle in der Presse der jeweiligen Länder lieber gedruckt sehen, was sie durchsetzen wollen und was sie meist tatsächlich durchsetzen, ist der stilisierte Tod von Helden, die freudig ihr Leben fürs Vaterland und ihren König oder ihren Kaiser gegeben hatten. Was nicht in den Zeitungen erscheint, sind zerfetzte, verweste, von Ratten angenagte Soldaten. Der englische Kriegsminister Lord Kitchener erließ für die Front ein generelles Verbot, tote Soldaten zu zeichnen oder zu fotografieren. Erwünscht waren allenfalls Fotos, die Gräuel der anderen Seite zeigten, aber von solchen Kriegsverbrechen gab es selten Fotos, weil die Verantwortlichen darauf achteten, dass keine gemacht wurden.

Ganz anders war es dann im Zweiten Weltkrieg. Deutsche Soldaten fotografierten Massenerschießungen. Fotografierten aufgehängte Partisanen. Fotografierten die Todesmärsche und fanden nichts dabei, diese Fotos, die Beweise ihrer Schuld, auch noch an ihre Familien zu schicken. Was wiederum für die These spricht, dass der Erste Weltkrieg die Urkatastrophe des 20. Jahrhunderts gewesen ist und dass alles, was danach Menschen den Menschen antaten, die logische Konsequenz war der damals noch als Ausnahme bezeichneten Verbrechen gegen die Menschlichkeit.

Die nachweisbare Macht der Presse erlaubt aus heutiger Perspektive allerdings auch einen Umkehrschluss: Das ungeschminkte und nicht durch heldenhafte Postkarten verdeckte tatsächliche Grauen, gedruckt und an den Kiosken verkauft, den Bürgern ins Haus geliefert, hätte in allen Ländern öffentliches Entsetzen ausgelöst, und vielleicht wäre es dann tatsächlich vorbei gewesen mit dem Krieg. Nicht nur mit dem hier. Aber die kleinen Leute aller Nationen, die in den Schützengräben litten und starben, hatten keine Lobby. Nur Mütter. Väter. Frauen. Kinder. »Der König, der zu seiner Fahne ruft, ergreife selbst die Fahne«, schrieb nach dem Krieg Ernst Friedrich, und das war ein ziemlich guter Satz.

Der radikale Pazifist, dem für Kriegsgegner das bis heute gültige Symbol der beiden Hände einfiel, die eine Waffe zerbrechen, sammelte zehn Jahre lang die anderen, die bis dahin nie veröffentlichten Fotos. Als 1924 sein Buch *»Krieg dem Kriege«* erschien, sahen die Deutschen zum ersten Mal in einer Schocktherapie das wahre Gesicht des Krieges – und nicht nur die. Es war überhaupt das erste Buch über die Grausamkeiten des Krieges. Einhundertundachtzig Fotos aus Militärarchiven und aus Lazaretten, alle bis dahin von der Zensur unter Verschluss gehalten.

Vor allem die aus Lazaretten.

Es war kaum zu ertragen, diesen hier abgebildeten »zerbrochenen Gesichtern« ins Gesicht zu sehen. Die Menschen selbst hätten nicht ertragen, sich anzuschauen. In den Kliniken der Patienten gab es aus diesem Grund keine Spiegel. Die schaurig zugerichteten Opfer des Krieges trauten sich erst gar nicht nach Hause aus Angst vor dem Erschrecken auf den Gesichtern ihrer Angehörigen. Lieber galten sie für die als tot, als vermisst und blieben in den Hospitälern unter Ihresgleichen. Die standen in Deutschland, in England, in Frankreich. Anfangs wurden die »Kriegszermalmten« in Spezialabteilungen städtischer Krankenhäuser behandelt, die Chirurgen bei der Arbeit fotografiert, die Hersteller künstlicher Nasen, Augen, Ohren gezeigt und die Reservatenkammern mit Gipsmodellen für zerstörte Gesichter aller Art.

Dann schaffte man sie in Kliniken aufs Land. Was Legenden entstehen ließ von streng bewachten Heilanstalten im Wald, in denen die Unansehnlichen vor sich hin vegetierten, abgeschirmt von der Welt draußen. Diese lebenden Toten, deren Anblick man nicht mal den verzweifelt nach Nachricht von ihren vermissten Söhnen wartenden Eltern zumuten durfte, konnten oft nur künstlich ernährt werden – ganz einfach deshalb, weil ihnen Mund und Kiefer weggeschossen worden waren. Friedrich zeigte nicht nur die Fotos. Er versah die Bilder der Versehrten mit den passenden Informationen:

»Noch heute liegen in den Lazaretten entsetzlich verstümmelte Kriegsteilnehmer, an denen immer noch herumoperiert wird. Viele dieser unglücklichen Kriegsopfer haben dreißig, fünfunddreißig Operationen, in einzelnen Fällen sogar weit über vierzig Operationen bisher durchgemacht, und die Behandlung ist bei vielen Tausenden heute noch nicht abgeschlossen. Sehr viele müssen künstlich ernährt werden.«

Amputierte und Krüppel und Kriegsblinde gab es in allen Ländern, bei Siegern und Besiegten. An die hatte man sich gewöhnt, die wurden offiziell mit staatlichen Programmen gefördert, wobei es nicht nur aus Deutschland Fotos gab, auf denen frisch amputierte Einarmige gerade übten, wie es sich mit einem Arm dennoch schießen und treffen ließ. »Die Zeitgenossen verschlossen ihre Augen vor den Opfern des Krieges«, schreibt Rainer Fabian in »*Bilder vom Krieg*«, weil niemand Genaues wissen wollte, genau hinschauen wollte, »außer Pazifisten und Kriegsgegnern, die in Schwarzbüchern und Ausstellungen Fotos von Soldaten zeigten, die zwar das Gesicht oder Teile davon, nicht aber das Leben verloren hatten.«

Für Friedrich begann Krieg und insbesondere die deutsche Neigung, ihn für den Vater aller Dinge zu halten, im Kinderzimmer: »Das kleine Helmchen von Papier gefertigt wird einst der Stahlhelm auf dem Kopf des Mörders! Und hat das Kind erst mit dem Luftgewehr geübt, wie selbstverständlich wird es später mit der Flinte schießen! Das Säbelchen aus Holz geschnitzt wird einst das Schlachtenmesser, das sich bohrt in eines Menschen Leib.«

Sein Buch widmete er zehn Jahre nach dem Weihnachtsfrieden freundlichst den »Schlachtendenkern, Schlachtenlenkern, den Kriegsbegeisterten aller Länder« und nicht zuletzt den Königen, den Generälen, den Präsidenten und Ministern. Den Priestern, die Waffen segneten, empfahl er es als Bibel. Er dokumentierte in vielen Fotos den Krieg, so wie er gewesen war. Wie Krieg, das blutige Spiel der Männer, immer sein würde. »Die Bilder dieses Buches zeigen Aufnahmen... vom Schützengraben und vom Massengrab... Und nicht ein einziger Mensch in irgendeinem Lande kann aufstehen und gegen diese Fotos zeugen, dass sie unwahr sind und nicht der Wirklichkeit entsprächen.«

Ernst Friedrich wollte den Lügen vom Heldentod, an die man gewohnt war, die »Maske abreißen«, diesen ganzen »schönen Phrasen« von Vaterland und vom Feld der Ehre widersprechen. Durch die Kraft der Bilder, die mehr sagten als tausend Worte, denn aller »Wortschatz aller Menschen aller Länder reichte nicht aus, um dieses Menschenschlachten richtig auszumalen«. Wer danach noch diesen Krieg genannten Massenmord bejahe, den sperre man ins Irrenhaus. Eine Ausnahme ließ er zu: Falls die Oberen auf eigene Rechnung in die Schlacht zu ziehen wünschten, in Teufels Namen lasse man sie ziehen. Das würde sogar er begrüßen, der Pazifist, weil gewährleistet sei, dass sie sich wenigstens gegenseitig ausrotten. »Und je zehn Zeitungsschreiber, die zum Kriege hetzen, setzt ein als Geisel für das Leben eines Kriegers.«

Das Bilderbuch des Abschreckens war als Propaganda für die Kriegsgegner Deutschlands nicht brauchbar, denn Friedrich hatte es nicht nur in den vier Sprachen der an der Westfront Krieg führenden Nationen gedruckt – Krieg dem Kriege, *War against War, Guerre à la Guerre, Oorlog aan den Oorlog* –, er hatte alle Kriegstreiber an den Pranger gestellt, nicht nur die preußischen Juristen, die ihn hassten und wegen Hochverrats für ein Jahr ins Gefängnis steckten.

Seine Aufforderung an Frauen, ihre Männer nicht an die Front gehen zu lassen, wenn die wieder mal so blöde sein würden, denn Männer seien nun mal blöde, sich in Uniformen stärker zu fühlen als ohne und das Schlachten als Spiel zu betrachten, gipfelte in dem Satz: »Mütter aller Länder, vereinigt euch.« Friedrichs Freund Kurt Tucholsky forderte in der »Weltbühne«, dass man dieses Buch nicht den überzeugten Pazifisten schenken solle, denn das hieße lediglich »Missionare nach Rom zu schicken«. Sondern in allen Schulen auslegen und allen Organisationen überreichen müsse und ganz »besonders soll man es den Frauen zeigen, gerade den Frauen«. Damit die sich endlich weigerten, wenn wieder mal zum Krieg gerufen würde, ihre Söhne ziehen zu lassen, ihre Väter, ihre Ehemänner, ihre Brüder, ihre Liebsten.

Viele sahen zwar schaudernd den ungeschminkten Horror, das Buch schaffte zehn Auflagen trotz aller Verleumdungen von deutschnationalen Blättern, trotz aller staatlicher Versuche, es zu verbieten, und es wurde in viele Sprachen übersetzt. Doch der Schock hielt nicht vor. Als wieder zum Krieg gerüstet wurde, war alles verdrängt. Waren die Schrecken schon wieder Geschichte, und die Schrecken des nächsten konnte sich noch niemand vorstellen.

Gleichzeitig mit der Veröffentlichung seines Buches hatte Ernst Friedrich in Berlin ein »Internationales Anti-Kriegsmuseum« eröffnet. In der ersten deutschen Demokratie, der Weimarer Republik, ein mutiger Entschluss. Die faktisch herrschende Militärdiktatur war zwar zerbrochen, der Kaiser war zwar im Exil, aber die bis dahin herrschende Klasse in Justiz, Beamtentum, Lehranstalten ungebrochen in Amt und Würde.

Nach ihrer Machtübernahme besetzten die Nazis noch im März 1933 das Anti-Kriegsmuseum. Sie verbrannten die Fotos der dort permanent gezeigten Ausstellung, in der wie in Friedrichs Buch die kriegsverherrlichenden Fotos von begeistert in die Schlacht ziehenden Soldaten neben die der zerfetzten Körper in den Gräben, der Leichenberge in Verdun platziert worden waren. Hitlers willige Vollstrecker hängten ihre Hakenkreuzfahne aus einem Dachfenster, übermalten den Namen Anti-Kriegsmuseum und machten ein SA-Heim daraus. Friedrich floh ins Exil.

Solche Fotos wie jene, die Friedrich dann zeigte, sind schon 1914 im Westen nichts Neues. Solche Bilder haben die Soldaten an der Front täglich vor Augen. Verschließen die vor den Toten, sehen über sie hinweg, aber bekommen sie nicht aus dem Kopf. Außer in der Hitze eines Gefechts hätten anständig erzogene Männer »keine Lust, einander zu töten«, meint Captain J.L. Jack von den Cameronians noch ganz unter dem Eindruck des gerade erlebten Friedens in einem Tagebucheintrag vom 13. Januar 1915, das hätten doch die Ereignisse von Weihnachten bewiesen. Und wenn nicht irgendwelche Nationalisten so aggressiv dafür kämpfen würden, dann hätte Krieg nie mehr eine Chance.

Es wäre ein gutes Motiv für ein Foto, was oben in Flandern, nicht weit von der Nordseeküste entfernt, am zweiten Weihnachtstag nachmittags so gegen 14.30 Uhr unterhalb der zerstörten Hochbrücke von Diksmuide passiert. Eine geradezu symbolische Momentaufnahme für den kleinen Frieden könnte das sein. Aber leider ist keiner von denen dabei, die eine Kamera besitzen. Was ein Kunstmaler fünfzehn Jahre später aus der Szene machte, entsprach nicht seinem Auftrag und der Wirklichkeit auch nicht.

Nach den Temperaturen gestern und in der vergangenen Nacht ist die Yser zwar mit einer dünnen Eisschicht bedeckt, aber wer sie überqueren wollte, würde noch einbrechen. Von der zerstörten Brücke sind nur noch Pfeiler übrig, die Straße, die sie trugen, ist eingestürzt, Trümmer ragen aus dem Fluss. Für die Zivilisten eine von vielen Katastrophen dieses verdammten Krieges, denn über die Hoge Brug führte der wichtige Weg von Diksmuide nach Nieuwpoort. Für die Militärs eine Variante für mögliche Überraschungsangriffe. Auf der einen Seite hat sich eine Kompanie des 16. Bayerischen Brigadeersatzbataillons einquartiert und auf der anderen Seite das 1ste Regiment Karabiniers der Belgier. Selbst wenn das Eis tragen würde, ist das Betreten lebensgefährlich. Wer sich so offen zeigt, wird eine Beute der Scharfschützen.

Zumindest galt das bis vorgestern. Da schrieb der Kommandeur der deutschen Einheit seiner Frau: »Wir sind einige Tage lang mit Mörsern eingedeckt worden, es ist schrecklich kalt, wir haben acht Tage lang im Keller geschlafen. Wie schrecklich doch ist der Krieg. Morgen ist Heiliger Abend, und wir sind ruhig und voller Wehmut.«

Auch hier aber wird nicht geschossen an Weihnachten, sondern gefeiert. Den Deutschen geht es dabei besser als den Belgiern. Die bayerischen Soldaten waren mit den Liebesgaben aus der Heimat geradezu überschüttet worden. Sie haben zu rauchen, zu essen, zu trinken. Sind mit Wollmützen und Schals und Handschuhen ausgestattet worden und damit geschützt gegen die einbrechende Kälte. Die Belgier sind abgeschnitten von ihren Familien. Ihr Land ist zu neunzig Prozent von den Invasoren besetzt. Die kontrollieren die Post, wie sollten sie da an Pakete kommen?

Die belgischen Soldaten wussten nichts von ihren Angehörigen, die sie zurücklassen mussten. Der Freiwillige Georges Vandewalle hatte es am Ieper-IJzer-Kanal mal mit einer Flaschenpost versucht, die er in die Strömung warf, und tatsächlich nach einer Woche eine Antwort erhalten. Die Deutschen besorgten ihm die, denn ihre Feldpost funktionierte. Das vergaß er ihnen nie. Sein Beispiel machte sogar Schule. »Einige zwanzig bis vierzig Karten, teilweise auch kurze Briefe an ihre Angehörigen in Brüssel usw. gaben uns die Belgier zur Weiterbeförderung mit, was wir auch nach Möglichkeit ausführen werden, falls es uns von den Behörden gestattet wird«, trägt ein deutscher Soldat nach einem Treffen mit den Feinden in sein Tagebuch ein. Ein belgischer Offizier habe in kurzen Worten seinen Angehörigen mitgeteilt, dass er gesund sei und es ihm »vergönnt gewesen wäre, heute einige Stunden mit seinen feindlichen Kameraden zu plaudern«.

Belgische Truppen haben an Weihnachten, abgesehen von den Zigarren ihres Königs, also keine Geschenke erhalten. Soldat Rik Reynaerts erzählte, dass er und seine Kameraden sich schon vor Weihnachten oft und immer vergeblich über die schlechte Verpflegung beschwert hatten, über ihre angesichts von Nässe und Schlamm unzureichende Kleidung, über die Zustände in den Gräben überhaupt. »Im Vergleich zu den Deutschen waren wir arme Teufel.«

Sie haben deshalb nicht lang gezögert, am Heiligen Abend nach den üblichen Gesängen und der beschlossenen Waffenruhe die angebotenen Gaben des Feindes anzunehmen. Tabak. Brot. Zigarren. Sogar Wein. Außer Schokolade und ihrem ebenfalls guten Willen hatten sie aber nichts anzubieten. Gestern war es ruhig an den vier belgischen Frontabschnitten, keine Schüsse. »Ein kalter Ostwind peitschte über die Felder«, erinnerte sich ein anderer, der das alles als Augenzeuge erlebt hat, Jozef van Ryckeghem.

Fünf Kilometer entfernt von Diksmuide hat die Verständigung ebenfalls mit Zurufen über den vereisten Kanal begonnen, und wie überall ist es der Wunsch beider Seiten, wenigstens ihre Toten begraben zu können. Ein belgischer Soldat fotografiert die Szene. Die Deutschen gehen danach nicht in ihre Deckung zurück, schlagen vor, sich am Ufer zu treffen und Andenken auszutauschen. »Es entwickelte sich schnell ein freundschaftlicher Verkehr, wie man es für unmöglich gehalten hätte und was fast unglaublich für Fernstehende klingt«, teilte Augenzeuge Walter D. den Lesern seiner Heimatzeitung mit. Die »Magdeburgische Zeitung« druckte seinen Brief in ihrer täglichen Unterhaltungsbeilage.

Einige Tannen liegen im Kanal. Der Belgier, der »uns vorher mit einem herrlichen Tenor einige Lieder vorgetragen hatte, u.a. auch ›Wiener Blut‹, fasste sich ein Herz, band die vier Tannen zusammen, setzte sich darauf und wurde von uns durch hinübergeworfenen Telefondraht an unser Ufer gezogen.« Das erleichtert die Bescherung. Tabak und Feuerzeuge waren zuvor, wenn die Männer zu kurz geworfen und das Ufer verfehlt hatten, durch die dünne Eisdecke im Kanal verschwunden, nun wird alles auf das Floß gepackt. »Es währte diese Freude bis gegen halbfünf Uhr, dann befahl ein belgischer Offizier, dass es genug sei für heute, da die Dunkelheit sich bemerkbar machte.« Fast wäre der Bote mit den Geschenken noch ins eiskalte Wasser gefallen, weil beim Zurückziehen der Telefondraht reißt, aber seine Kameraden schaffen es nach mehreren missglückten Versuchen schließlich doch, ihn trocken auf ihre Seite zu holen. Auch hier wird in der Nacht nicht geschossen.

Weil es friedlich geblieben ist, verfeinern am Morgen des zweiten Weihnachtstages die Deutschen ihre Technik. Leere Munitionskisten wird das Eis wohl tragen. Sie kündigen die Aktion an, *Bonjour les amis*, damit drüben keiner auf falsche Gedanken kommt. Dann benutzen sie die Trümmer von der Brücke als Stand- und Ausgangspunkt, füllen Lebensmittel, Tabak, Alkohol sowie ein paar handschriftliche Weihnachtsgrüße in zwei Kisten und lassen die übers Eis schlittern.

Das alles ist lieb gemeint, herzerwärmend, aber noch kein Grund für ein Foto, das Historie hätte machen können. Der Moment kommt erst jetzt, am frühen Nachmittag. Ist ein Priester bei Ihnen?, fragt ein deutscher Offizier über den Fluss, und als das bejaht wird, stellt er sich vor: Major John William Anderson. Das klingt britisch, aber der Mann hat wie seine Begleiter eine deutsche Uniform an und heißt tatsächlich Anderson. Er kommandiert die bayerische Einheit. Er ist der Mann, der seiner Frau geschrieben hatte, wie schrecklich der Krieg doch sei. Der belgische Kompaniechef Willem Lemaire bittet seinen Geistlichen Sabin Vandermeiren zu sich, und gemeinsam gehen sie ans Ufer.

Warum braucht der Deutsche einen Priester?

Anderson kann es erklären. Er erzählt, dass seine Leute im Kohlenkeller des St.-Jans-Hospitals eine Monstranz gefunden hätten, unversehrt unter einem Haufen Koks, rußig zwar, aber ohne irgendwelche Kratzer. Die Monstranz wollen sie ganz im Geiste des Christfestes heute zurückgeben, am liebsten direkt

John William Anderson, Kommandeur einer bayerischen Einheit bei Diksmuide, war einer der Helden des Weihnachtsfriedens ...

..., weil er dem Gegner die Monstranz zurückgab, die seine Leute im Kohlenkeller eines Hospitals entdeckt hatten.

an einen Priester, denn die gehöre sicher woanders hin, auf einen Altar. In der Tat gehörte sie dahin, nämlich auf den Altar der Kapelle eines katholischen Nonnenklosters. Die frommen Schwestern hatten sie aus Angst vor Plünderungen versteckt.

Zu Andersons Füßen steht ein Jutesack, der oben zugebunden ist. Er umwickelt den Sack sorgfältig mit einem Seil und wirft dann das Seil mit weitem Schwung über den Fluss. Lemaire und Vandermeiren fangen es auf. Dann legt Anderson den Sack aufs Eis und vorsichtig ziehen die Belgier ihn an der Schnur nach drüben, holen den Beutel auf die Böschung, öffnen ihn. Beim Anblick der darin eingewickelten Monstranz schlagen beide das Kreuz. Dann salutieren alle und danken Major John William Anderson für dieses wunderbare Weihnachtsgeschenk.

Das wäre der Moment für ein einmaliges Foto gewesen.

Auch diese Verbrüderung passte nicht ins Feindbild, und Captain Willem Lemaire wurde bald an einen anderen Frontabschnitt versetzt. Niemand habe sich getraut, darüber öffentlich zu reden, erinnerte sich fünfzig Jahre später René Pil, damals Soldat in Diksmuide. Fraternisieren hätte den Verdacht erweckt, die Infanteristen würden ihre besetzte Heimat für ein paar Zigaretten, für ein bisschen Brot an die Boches verraten. Nach Hause schreiben konnten die Belgier nicht, denn ihr Zuhause war für Briefe von der Front nicht erreichbar: »Die oberste Heeresleitung hatte wohl Angst davor, dass dieses Beispiel Schule macht. Wir hatten an Weihnachten erfahren, hatten begriffen, dass auf der anderen Seite normale Menschen waren wie wir und dass wir alle im gleichen Dreck steckten und alle die gleiche Angst hatten vor dem gleichen Tod, der uns alle gleichermaßen treffen konnte. Das verband.«

Die Monstranz steht heute hinter Glas im siebten Stock des viereckigen Monuments gegen den Krieg gleich hinter der Hochbrücke. Der Yser Tower ragt riesig in den Himmel. Auf den Seiten des Denkmals ist die heute selbstverständliche Mah-

Der deutsche Offizier kniet wie der belgische, dem er die in Jute gehüllte Monstranz übergeben hat, vor dem Kind, dessen Geburt sie feiern.
Das Gemälde Samuel de Vriendts von 1930 hängt im Diksmuider Yser Tower (IJzertoren) – Museum und zugleich Mahnmal gegen den Krieg.

nung »Nie wieder Krieg« in Stein gehauen. In Englisch und Französisch, in Flämisch und in Deutsch. Das steinerne Mahnmal ist begehbar, Pflichtziel aller Schulklassen der Umgebung, Anziehungspunkt für Touristen. Gegenüber der Monstranz hängt ein Gemälde. Das hat Samuel de Vriendt 1930 gemalt, und da es ganz anders geworden ist, als es sich die Auftraggeber vorstellten, hat er es behalten, und nun hängt es hier.

Gewünscht hatten die sich damals ein Kriegsbild. De Vriendt machte sich ein ganz eigenes Bild vom Großen Krieg, eines von einem kleinen Frieden. Er malte die Szene der Übergabe am Fluss. Allerdings ganz anders, als sie tatsächlich stattgefunden hatte, zwar kitschig, aber so kitschig, dass sie schon wieder anrührt. Links kniet ein deutscher Offizier, ihm gegenüber ein belgischer, der eine Monstranz in den Armen hält, und zwischen ihnen auf der Erde liegt das Jesuskind mit einem Heiligenschein. »Kerstnacht aan de Ijzer« heißt sein Werk, Weihnachten an der Izer. Vor Gott sind sie am Ende ja eh alle gleich.

Sechzig Jahre danach, im Oktober 1974, wurde die Übergabe von 1914 in einer feierlichen Zeremonie nachgestellt. Dass sich die Zeiten geändert hatten, war auf einen Blick schon deutlich. Da standen die in der Nato verbündeten deutschen Soldaten mit den belgischen Soldaten in gemischter Reihe, und eine belgische Marineband spielte auf. Fröhlich erklang jetzt die Musik. Für die Generation der Enkel und der Urenkel war Frieden eine Selbstverständlichkeit, über die nicht länger zu reden lohnte, sie hatten nie einen Krieg erlebt, und sie werden in Europa auch nie mehr einen erleben. Hubertus Anderson, Sohn des deutschen Majors Anderson, der 1916 an der Somme fiel, nahm an der Feier im Rathaus teil, der Bruder von Sabin Vandermeiren war dabei und vor allem René Pil, der einst zum Schweigen verdonnerte Soldat. Ihm übergab Hubertus Anderson die Monstranz, wiederholte symbolisch die damalige Geste seines Vaters. Der achtzigjährige Pil weinte.

Er war der Einzige, der sich an die Ereignisse am zweiten

Weihnachtstag 1914 erinnern konnte, denn Pil war schließlich dabei. So gegen siebzehn Uhr war es dunkel geworden, aber die Dunkelheit wurde wieder nicht genutzt für *raids*. Bis auf wenige Ausnahmen blieb es ruhig an der gesamten Westfront.

Am nächsten Tag, Sonntag, dem 27. Dezember 1914, steigen die Temperaturen. Der Himmel vergraut zusehends. Es beginnt zu regnen, zu stürmen, das Wasser in den Gräben schwillt an, der Schlamm schwappt in die Stiefel. Die Bühne Niemandsland sieht bald so trostlos aus wie vor ein paar Tagen. Der Intendant löscht die Lichter und überlässt seine Erde wieder den Menschen.

Das hätte er nicht tun sollen.

Ich überbringe die Botschaft der kämpfenden Männer all jenen, die wollen, dass der Krieg ewig dauert. Möge sie ihre ekelhaften Seelen verbrennen. Der britische Maler und Kriegszeichner Paul Nash

4

Hinter einem Tapeziertisch im Niemandsland wartet ein grell geschminkter Clown in feldgrauer Uniform auf seinen Auftritt. Vor ihm steht eine Glasschüssel, bis zum Rand mit Wasser gefüllt, in der Goldfische schwimmen. Daneben liegen bunte Gummibälle, ein paar Seidentücher, ein schwarzer Zauberstab. Das alles gehört Putzi, und Putzi gehört zu den deutschen Soldaten in Flandern. Im Zivilberuf ist Putzi ein Gaukler, einer vom fahrenden Volk. Im Frühsommer vor dem Krieg war er beim berühmten amerikanischen Zirkus »Ringlin' Brothers« engagiert. Seit diesem dreimonatigen Gastspiel hat Putzis deutsch gefärbtes Englisch eine amerikanische Klangfarbe.

Jetzt ist das Niemandsland seine Manege. Was er zum Zaubern braucht, war in seinem Tornister versteckt. Putzi springt um den Tisch herum und macht Faxen und jongliert mit den Bällen und wirbelt mit den Tüchern und schluckt hin und wieder einen zappelnden Goldfisch. Zumindest sieht es so aus. Die Deutschen johlen bei jedem gelungenen Trick, ebenso begeistert klatschen die Engländer. Ein dankbares Publikum. Viel zu lachen gibt es normalerweise hier nicht.

Eine erfundene Geschichte könnte nicht besser beginnen, und ein besserer Anfang müsste erst noch erfunden werden. Er liest sich wie ausgedacht, doch scheint zu Weihnachten 1914 an der Westfront auch Unmögliches möglich gewesen zu sein. Sogar Frieden. Warum also nicht so etwas Unglaubliches wie der Auftritt eines Clowns. Auf die Idee mit den Goldfischen muss man erst mal kommen – wo hatte Putzi die mitten im Krieg eigentlich aufgetan, und wie hat er sie lebend hierher an die Front geschafft?

Darüber rätseln sie, aber bevor die Zuschauer den Clown fragen können, stört die Wirklichkeit den zauberhaften Auftritt des Gauklers. Ein Soldat in Khakiuniform kommt aus dem britischen Graben gerannt und flüstert seinem Captain, der rauchend unter dem Publikum steht, etwas ins Ohr. Der reagiert sofort, befiehlt lautstark seinen Leuten, umgehend in ihre Stellungen zurückzukehren, *back to the trenches*, und zwar im Laufschritt. Sie gehorchen aufs Wort.

Die Nachricht, die Captain Pommeroy gerade erhalten hat, erforderte schnelles Handeln. Sein Vorgesetzter war auf dem Weg an die vordere Frontlinie. Der Brigadekommandeur aus dem Hauptquartier will sich davon überzeugen, dass in seinem Abschnitt alles seine von ihm bestimmte Ordnung hat, dass anständig Krieg geführt wird, dass keiner etwa auf die Idee gekommen ist, heimlich mit den Fritzens zu fraternisieren. Von solchen unerhörten Vorgängen hat er gerade beim Mittagessen im Offizierskasino gehört. Es gab übrigens Truthahn und Erbsen mit Minzsauce und als Nachtisch Plumpuddding; für die Männer im Graben wie üblich Bully Beef oder Maconochie's Stew, aber Plumpudding hatten auch sie.

Die Deutschen lassen sich durch den hastigen Rückzug der Briten nicht stören, rücken zusammen und fordern applaudierend Putzi zu einer Zugabe auf. Ihr Kompaniechef hat den Abgang der Engländer gar nicht mitbekommen, er war kurz zuvor in die deutsche Stellung zurückgegangen, um etwas ganz Bestimmtes aus seinem *dug-out*, seiner Erdhöhle, zu holen. Pommeroy hatte ihm als Präsent einen schottischen Wollschal überreicht, als sie vorgestern den weihnachtlichen Waffenstillstand beschlossen hatten, und Leutnant Coburg will sich revanchieren und ihm heute gefütterte Handschuhe schenken. Die waren in einem der Pakete mit Liebesgaben aus dem Kaiserreich verpackt, doch Coburg hat bereits ein Paar, kann auf ein zweites verzichten.

Zurück im eigenen Unterstand, der nur hundert Meter von dem deutschen entfernt liegt, befiehlt der britische Captain seinen Männern drei Gewehrsalven, um nunmehr auch die Gegner in ihre Gräben zu treiben. Pommeroy hat keine Zeit mehr gehabt, die befreundeten Feinde persönlich zu warnen, denn er spricht nicht ihre Sprache. Er ordnet ausdrücklich an, beim Feuern sorgfältig in die Luft zu halten, bloß keinen der Deutschen etwa aus Versehen zu treffen. Es komme nur darauf an, möglichst viel Krach zu erzeugen, um nachhaltigen Eindruck auf den Kommandeur zu erzielen. So machen sie es. Jagen drei Runden nach drüben, aber alle drei irgendwohin. Die Deutschen rennen in ihre Gräben und suchen Schutz. Putzi, der Clown, ist unter ihnen. Den Tisch mit den Goldfischen haben sie natürlich nicht bergen können. Der bleibt stehen.

Pommeroys Vorgesetzter hört schon von weitem die Schüsse, und diese vertrauten Geräusche stimmen den Oberst heiter. An seiner Front gibt es also keine Verbrüderungen, hier säuseln keine Friedensschalmeien. Als er im Graben ankommt, ist das Niemandsland, das sich von da zu den Deutschen erstreckt, wie erwartet menschenleer. Neben den Granattrichtern liegen zwar noch Tragbahren, wie sie für den Transport von Verwundeten benutzt werden, aber die fallen nicht aus dem gewohnten Rahmen. Bahren sind normal im Krieg.

Diese hier waren gestern umfunktioniert worden zu Torpfosten beim Fußballspiel zwischen den Deutschen und den Briten, aber das konnte der englische Kommandeur nicht wissen. Die Sachsen, die aus einer Stadt »*called Hully in West Saxony*« kamen, also offenbar aus Halle, hatten 3:2 gewonnen. Reverend

Jolly, der britische Regimentsgeistliche, war schon während des Spiels als Schiedsrichter in die Kritik seiner Landsleute geraten. Das Siegestor sei eindeutig aus einer Abseitsposition erzielt worden. Jolly hatte den Regelverstoß nicht erkannt, aber der Torschütze, Linksaußen der Sachsen, gab ihn nach dem Spiel immerhin zu.

Auch diese Anekdote über einen irregulären Treffer im Niemandsland, einen Treffer der unblutigen Art, klingt so, als könne sie, ja: als dürfe sie einfach nicht wahr sein. Einfach unglaublich.

Ob es etwas Besonderes zu vermelden gebe, fragt der Colonel, den sie hinter seinem breiten Rücken »*Old Horseflesh*« nennen. Pommeroy tritt den Kaplan, der neben ihm steht und gerade gutgläubig erzählen will vom Wunder zu Weihnachten, einmal kräftig ans Schienbein und meint, alles sei ruhig, nur die Wachen hätten Seltsames berichtet. Ein Tapeziertisch befinde sich im Niemandsland und auf dem stehe »*a bowl of goldfish*«. Das verblüfft den Oberst. Er nimmt sein Fernglas und schaut selbst. In der Tat, Goldfische schwimmen in einer Schüssel. Sicher ein Trick der Hunnen. Man stimmt ihm eifrig zu.

Aber was könnte das für ein Trick sein?

Keine Ahnung.

Am besten schicke Pommeroy nachts eine Patrouille los, um die Situation zu prüfen.

Very good, Sir.

Der ist zufrieden. Er wird von diesem Teil der Front nur Gutes im Hauptquartier zu berichten haben, bei seinen Leuten gibt es keine Fraternisierung, er hat es selbst überprüft. Gleich will er wieder gehen. Lässt noch ein paar Bemerkungen fallen, die er für leutselig hält, und richtet ein letztes Mal sein Fernglas auf die deutschen Stellungen. In genau diesem Moment klettert Coburg über die Brustwehr und macht sich auf den Weg Richtung *trenches*. Der Leutnant hat die Handschuhe unter dem Arm, die will er jetzt Pommeroy bringen. Das Geknatter der Schüsse, die er auch gehört haben muss, hielt er wahrscheinlich für das übliche Störfeuer des preußischen Regiments in der Nähe. Die Preußen bekriegen jeden Frieden, sei er auch noch so klein. Sie hatten in den vergangenen Tagen nicht nur hier alles unternommen, um ihn zu erledigen.

Old Horseflesh denkt, er sieht nicht richtig. Eine Unverfrorenheit! Er drückt dem nächstbesten Soldaten das Gewehr in die Hand und befiehlt ihm, diesen frechen deutschen Offizier abzuknallen. »*Shoot him down point-blank.*« Der *soldier* weiß aber, was seine eigentliche Pflicht ist. Die liegt ihm näher. Er schickt ein paar Kugeln über Coburgs Kopf hinweg und vermeidet sorgfältig, ihn auch nur zu streifen, geschweige denn zu treffen. Als sich Coburg vor dem Beschuss mit einem Sprung in einen Granattrichter rettet, hält Horseflesh das für die Folge eines Treffers und lobt den Schützen. Die Reaktion von drüben erfolgt sofort. Die Deutschen schießen zurück, aber gleichfalls zwanzig, dreißig Zentimeter über mögliche Ziele. Das beschleunigt den Abgang des Brigadiers. Der kann ja nicht wissen, was hier gespielt wird.

Danach sind die Friedenskämpfer wieder unter sich. Sie warten ein bisschen, ob vielleicht noch einer auf Besuch kommt, aber es blieb bei dem einen. Die Briten halten ein Schild hoch mit der Aufschrift »*all clear*«, alles klar, Putzi geht wieder an seinen Arbeitsplatz, den Tapeziertisch, sein Publikum findet sich wieder ein, rauchend, plaudernd. Die Soldaten freuen sich, dass alles nochmal gut gegangen ist.

So könnte der Tag friedlich entkommen in die Nacht, aber die märchenhafte Geschichte geht weiter.

Coburg und Pommeroy wissen natürlich, wie viel Glück sie gerade hatten, aber so viel Glück gibt es im wahren Leben nicht ein weiteres Mal. Sie können nicht alle Regeln des Krieges brechen, nur weil sie Frieden spielen wollen, und einigen sich darauf, dass ab morgen Schluss sein müsse mit freundlichen Begegnungen. Solche zum Beispiel, wie sie sich gerade vor ihren Augen abspielen, sind zu auffällig und irgendwann unkontrollierbar. Im Niemandsland mischen sich nämlich khakigrüne und feldgraue Uniformen zu einer einzigen Farbe, und das Niemandsland gehört allen.

Das wäre Coburg und Pommeroy nur recht so, doch die Gefahr, die von Inspektionen wie jener von Horseflesh ausgeht, ist groß. Dem Deutschen kann morgen das Gleiche passieren wie heute dem Briten, und ob auch er im letzten Moment davonkommt, wer weiß. Pommeroy kennt die angedrohten Strafen, Coburg kennt sie, die Warnungen sind in verschiedenen Sprachen geschrieben, allerdings inhaltlich gleich. Arrest. Kriegsgericht. Todesstrafe. Es bleibe jedoch selbstverständlich beim Waffenstillstand, Ruhe solle herrschen an der Front. Darüber sind sich beide einig.

Aber gar keine freundschaftlichen Treffen mehr? Na gut, allenfalls nachts. Nach Einbruch der Dunkelheit dürfte sich keiner der Herren Offiziere aus den Hauptquartieren noch die Mühe machen, mal vorbeizuschauen. Solange man sich ruhig verhalte, würden die wohl Ruhe geben. Um sicher zu sein, dass ihr Kommandeur auch in seinem Quartier bleibt, wollen die Briten ihm auf jeden Fall morgen die Goldfische nach hinten bringen lassen, als Beute der befohlenen nächtlichen Patrouille. Coburg hält das für eine gute Idee. Putzi ist darüber nicht so glücklich, aber erstens ist er Profi, der für seine Fische bezahlt wird, was in diesem Fall der britische Captain großzügig erledigt, und zweitens muss er gehorchen, denn sein Leutnant hat dem Vorschlag Pommeroys bereits zugestimmt.

Die Offiziere unterhalten sich auf Englisch, und sie verstehen sich gut. In der grundsätzlichen Beurteilung der Lage sind sie ebenfalls einer Meinung. Es ist beiden klar, dass ein Ende des Stellungskriegs nicht in Sicht ist, denn entscheidende Erfolge für die eine oder andere Seite hatte es schon lange nicht mehr gegeben und dürfte es angesichts der Pattsituation zwischen den feindlichen Armeen so schnell auch nicht geben. Die Armeen waren zwar stark genug, um sich gegen einen Durchbruch auf breiter Front zu verteidigen, aber zu schwach, um die anderen entscheidend zu überrennen. Das gelang nur manchmal an bestimmten Abschnitten. Da gewannen mal die einen ein paar Meter, mal die anderen, dann gruben die sich wieder wie die Maulwürfe ein, dann griffen die von drüben wieder an, und dann ging alles wieder von vorne los. Nur eines veränderte sich dabei nach jeder Attacke: die Zahl der Toten, die zwischen den Gräben lagen.

Pommeroy bemerkt, nach seiner Meinung würde man auch in einem Jahr eine so beschissene Lage haben wie jetzt. »Am nächsten Weihnachtsfest werden immer noch unsere Wessex und Ihre Westsachsen hier verrotten oder die, die bis dahin noch übrig sind.« Coburg bezweifelt die bittere Analyse. Der Krieg, vermutet er, müsste eher zu Ende sein, dürfte nicht mehr so lange dauern. Doch falls sein geschätzter Gegner erstens Recht behalte und falls sie zweitens bis dahin überleben sollten, »hoffe ich, dass wir beide uns anlässlich des nächsten Weihnachtsfestes wieder treffen«.

Ein Jahr später, kurz vor Weihnachten 1915, am Kanal bei La Bassée. Pommeroy war inzwischen aufgestiegen zum Colonel und Chef des Bataillons, tausend Mann hörten auf sein Kommando. Ihnen gegenüber lagen die Sachsen aus Halle. Das wussten die Briten, weil ihnen bei einem nächtlichen Ausflug ins Niemandsland einer von denen in die Hände gefallen war. Aus Uniformabzeichen ließ sich aufs entsprechende Regiment schließen. Der Gefangene konnte kein Englisch, und Pommeroy musste ihn mithilfe eines Dolmetschers vernehmen. Wo genau die deutschen Maschinengewehre eingegraben waren, wollte er wissen, und wo sich die Scharfschützen versteckt hielten. Militärische Geheimnisse halt. Der Deutsche lächelte verbindlich, behauptete aber voller Bedauern, Pommeroy nicht helfen zu können. Just im Moment der Gefangennahme habe er sein Kurzzeitgedächtnis verloren.

Ob er denn einen gewissen Leutnant Coburg kenne, und wie es dem inzwischen ergangen sei, fragte Pommeroy plötzlich.

Treffer.

Auf einmal konnte der Gefangene überraschend gut Englisch verstehen und sprechen, und er erzählte, dass Coburg zum Major befördert worden war. Dann hielt er inne, weil ihm offensichtlich etwas ganz Bestimmtes eingefallen war. Ob sein Gegenüber etwa der englische Offizier sei, mit dem man im vergangenen Jahr den Waffenstillstand abgemacht habe? Der Brite nickte, und dabei schien auch ihm etwas ganz Bestimmtes eingefallen zu sein: »Jetzt weiß ich auch, wer Sie sind«, sagte Pommeroy, der den anderen ungeschminkt nie gesehen hatte, »Sie sind Putzi, der Gaukler, von Ihnen habe ich die Goldfische gekauft.«

Das Verhör endete in gegenseitigem Wohlgefallen. Der Artist wurde zwar pro forma unter Bewachung gestellt, aber dabei ging es Putzi so gut wie lange nicht mehr. Für jeden Kartentrick, den er seinen Bewachern beibrachte, ließ er sich mit Keksen oder Plumpudding belohnen. Wie geschrieben steht, wurde er »gemästet wie ein preisgekröntes Schwein«, und als in der Heiligen Nacht die Deutschen mit Laternen auf ihrer Brustwehr standen und sangen, da sang der Gefangene in den britischen Stellungen selbstverständlich den deutschen Text mit.

Ist wirklich passiert, was dann angeblich passierte?

Pommeroy stieg, ein weißes Taschentuch schwenkend, am anderen Morgen auf die Brüstung des vordersten Grabens. Da gehörte er eigentlich nicht mehr hin als Bataillonskommandeur. Er rief ein lautes *Merry Christmas* rüber, und dieser Wunsch gelte ganz besonders Major Coburg. Die Antwort, *same to you*, erfolgte prompt. Die Offiziere trafen sich wie vor einem Jahr auf halber Strecke in der Mitte des Niemandslandes. Sie hatten sich viel zu erzählen, und sie blieben nicht lange allein. Beide erlaubten aber nur denjenigen Soldaten, die 1914 schon Erfahrungen mit dem Frieden gesammelt hatten – und damit umgehen konnten – sich ihnen anzuschließen. Die anderen sollten in den Gräben bleiben, sich an den Anblick einer so genannten Fraternisierung erst einmal gewöhnen. Morgen sei ja ein weiterer friedlicher Tag des Herrn.

Es waren längst nicht mehr so viele Männer wie an Weihnachten 1914, die sich jetzt Hände schüttelnd trafen, mehr als die Hälfte von ihnen war inzwischen gefallen. Putzi packte wieder seine Utensilien aus. Statt der Goldfische zauberte er einen kleinen Papagei herbei – woher nun der wieder kam, konnte sich wirklich keiner erklären –, die Überlebenden vom ersten Weihnachtsfrieden bildeten einen Kreis um einen Krater und umtanzten den mit dem Lied »*Here we go round the Mulberry Bush*«. Dann nahmen die Engländer Coburg auf die Schultern und schmetterten »*For he's a jolly good fellow*«. Die Deutschen hoben im Gegenzug Pommeroy hoch und sangen »*Hock solla leeben*«.

Beide Offiziere malten sich aus, ihre Vorgesetzten hätten erlebt, was sie gerade erlebten, und lachten *like crows* bei dem Gedanken, wie Krähen. Ein Brite fotografierte das Ganze. Die Fotos konnte keiner der Abgebildeten mehr sehen. Zwar sandte der Fotograf den Film einen Tag später zum Entwickeln nach England, doch als nach zwei Wochen die fertigen Fotos zurückgeschickt wurden, lag ihr Urheber bereits unter der Erde, und seine Post ging ungeöffnet zurück.

Der Winternachmittag dämmerte vor sich hin. Solange es einigermaßen hell war, wollten Pommeroy und Coburg die dringendsten Arbeiten in ihren Stellungen erledigen lassen. Das schlammige Wasser per Pumpe in die Abflussrinnen leiten, frische Sandsäcke aufschichten. Wie angenehm, dass Deutsche und Briten dies alles in Ruhe erledigen konnten und nicht bei jedem Schritt Angst haben mussten, erschossen zu werden.

See you tomorrow, bis morgen früh.

Da passiert es. Coburg wird auf dem Rückweg von der Kugel eines englischen Soldaten getroffen. Er bricht kurz vor den deutschen Stacheldrahtverhauen zusammen. Das Ehrenwort eines britischen Offiziers, der gerade noch gefeiert wurde, scheint nichts wert zu sein. Der Waffenstillstand war sozusagen hinterrücks erschossen worden. Unter Gebrüll beginnen die Sachsen auf die ihnen nahen Gegner zu feuern. Die Briten rennen um ihr Leben, zurück in ihre Gräben. Nur ihr Captain nicht. Der kniet, scheinbar unbeeindruckt vom Chaos und scheinbar unverwundbar, denn keine der Kugeln trifft ihn, neben dem regungslosen Coburg, hält seinen Kopf, winkt die deutschen Sanitäter heran. Eine Tragbahre liegt nur ein paar Meter entfernt. Nachdem die beiden Deutschen ihren Kommandeur vorsichtig auf die Bahre gelegt haben, steht Pommeroy auf, dreht sich kurz herum und schreit seinen Männern ein paar knappe Befehle zu. Ruhe bewahren. Im Unterstand bleiben. Unter keinen Umständen schießen.

Er begleitet die beiden Sanitäter, von denen Coburg in die Stellungen geschleppt wird. Um zu dokumentieren, dass er unbewaffnet ist, hebt er seine Hände hoch. Dann wartet Pommeroy am Rand des Grabens und lässt sich die Augen verbinden, wie es sich gehört. Der Brite will sich bei Coburg persönlich für »einen Feigling entschuldigen, der meine Befehle nicht befolgt hat«. Sein Mut beeindruckt die Sachsen. Sie nehmen ihn zwar gefangen, vorschriftsmäßig mit verbundenen Augen, aber sie führen ihn nicht ab, sondern bringen ihn dahin, wo ihr Major inzwischen ärztlich versorgt wird. Coburg ist verletzt, und er ist ohnmächtig, doch er befindet sich nicht in Lebensgefahr. Pommeroy bleibt bei ihm, bis er das Bewusstsein wiedererlangt, entschuldigt sich dann persönlich, dass ein Soldat gegen alle Anweisungen verstoßen und auf Coburg geschossen habe. Der akzeptiert.

Auf Befehl des Majors wieder freigelassen, kehrt Pommeroy anschließend zurück in seine Stellung. Das Feuer erstirbt, die Nacht verläuft ruhig, der Vorfall ist als Unfall akzeptiert, es hätte in den nächsten Tagen weitergehen können mit dem selbst gemachten Frieden. Doch die abenteuerliche Geschichte von Pommeroy und Coburg sprach sich herum, und weil zu viele davon wussten, war es vorbei mit der heimlichen Bruderschaft. Der Colonel wurde seines Postens enthoben, von der Front abgezogen, wegen Fraternisierung angeklagt und vor ein Kriegsgericht gestellt. Die Richter sprachen ihn zwar schuldig, verhängten aber kein Todesurteil und verfügten, dass er als Strafe für sein unwürdiges Verhalten fünf Jahre lang von jeder Beförderung ausgeschlossen werde. Was für Pommeroy nicht weiter ins Gewicht fiel. Er starb ein Jahr später bei einem Angriff auf deutsche Gräben durch einen Kopfschuss. Ob sein feindlicher Freund Major Coburg länger überlebte oder gar den ganzen Krieg überstand, weiß keiner.

Kann auch keiner wissen, denn die ganze Geschichte ist erfunden worden von Robert Graves, eigentlich Robert von Ranke-Graves. Seine Mutter Amalie war eine Großnichte des deutschen Historikers Leopold von Ranke. Graves gehörte zu jener »verlorenen Generation«, die den Krieg nie abschütteln konnte und ihn nie mehr aus dem Kopf bekam. Nicht nur, weil er dringend Geld brauchte, sondern auch, um sich von seinen »seelischen und körperlichen Wunden zu heilen«, veröffentlichte er 1929 unter dem Titel »*Good-bye to All That*« seine Erinnerungen an den Alltag in den Schützengräben.

Es ist eine Abrechnung mit der Menschen verachtenden Strategie von britischen Generälen, die sich mit ihren Gegenspielern auf deutscher Seite blendend verstanden hätten. Graves lässt aber auch sich und seinesgleichen nicht einfach davonkommen. Ebenso gnadenlos wie mit den Kriegstreibern geht er mit denen ins Gericht, die sich treiben ließen. »*Good-bye to All That*« ist tatsächlich ein Abschied von allem. Auch eine selbstkritische Bilanz jenes verblendeten Patriotismus, jener verquasten Gefühle von Mannespflicht und Heldenehre, mit denen er und andere Poeten – Edmund Blunden, Siegfried Sassoon, Wilfred Owen, Rupert Brooke, Charles Sorley – in die Schlacht nach Flandern gezogen waren. Sie alle fanden anfangs wie ihre deutschen Leidgenossen aus den Schützengräben gegenüber im Wahn noch einen Sinn und machten sich ihre Reime. Dichtung entstand, geboren aus Desillusionierung, bei einigen erst später, bei anderen klarsichtig früh.

Charles Sorley in seinen Versen »*To Germany*« zum Beispiel beschönigte nichts. Er nannte den deutschen Angriff auf den Frieden in Europa ein Verbrechen. Er redete den Hass nicht weg, aber verschwieg nicht, dass der auf beiden Seiten heimisch war. Wenn einmal wieder Frieden sein werde, dann würden die Augen-Blicke aufeinander wieder frei sein von diesem Hass. *When it's peace, with new-won eyes.* Dann werde man lachen über die Qualen und sich fest an den Händen fassen. Bis dahin, bis zum Frieden, nennt er lapidar die Wirklichkeit beim Namen: Kälte. Dunkelheit. Nebel. Regen. Dreck. Geschrieben ist das 1914, und knapp ein Jahr später war Sorley tot, gefallen bei Loos.

In jedem Krieg werden Legenden geboren. Davon zeugen die Sagen über tote Helden. Davon künden Schulbücher, darauf gründen Mythen. Für Briten wuchsen die aus den Schlachten um Ypres. Hier in der Fremde standen sie, hier fielen sie, hier ruhen sie auf Hunderten von Friedhöfen. Jedes Grab ein Stück England auf dem Kontinent. Die Deutschen beweinten nicht etwa nur ihre Toten, von denen Zehntausende hier liegen und verscharrt sind. Sie feierten damals ihr Sterben. Machten aus den Selbstmordkommandos in Langemark, die sie zu Blutopfern stilisierten, im nationalen Qualm, der die Köpfe vernebelte, eine passende Legende. »Der Tag von Langemark wird in alle Zeiten ein Ehrentag der deutschen Jugend bleiben« – mit dieser Formel erhob die »Deutsche Tageszeitung« diese furchtbare Schlacht zum Hochamt, dem zwar »ganze Garben von der Blüte der Jugend« zum Opfer dargebracht worden waren, aber den »Schmerz um die tapferen Toten überstrahlt doch der Stolz darauf, wie sie zu kämpfen und zu sterben verstanden«.

Robert Graves gehörte zu den Poeten in Uniform an der Westfront. Er schrieb Jahrzehnte danach eine der wunderbarsten Geschichten über den Weihnachtsfrieden.

Von solcher Art waren sie, die Mythen der Deutschen.

Graves bezahlte von den Erlösen der gedruckten Kriegserinnerungen seine Schulden in England und zog auf die Insel Mallorca. Dort schrieb er in den folgenden Jahrzehnten Bestseller – zum Beispiel *»Ich, Claudius, Kaiser und Gott«* –, die ihn weltberühmt machten. Wie sein Freund Siegfried Sassoon gehörte er zu den Royal Welch Fusiliers. Weihnachten 1914 lagen die in der Nähe von Frelinghien, ihnen gegenüber das 104. und das 133. Sächsische Infanterieregiment. Die Sachsen spielten ja nicht nur Hauptrollen in der ersten weihnachtlichen Inszenierung des Friedens, die erfanden überhaupt das Stück und gaben für die Uraufführung den Anstoß. Fast alles, was Graves erzählte in seiner am 15. Dezember 1962 veröffentlichten Shortstory über den *»Christmas Truce«* in der »Saturday Evening Post«, ist wirklich passiert.

Beim ersten Waffenstillstand war er noch nicht dabei, er traf erst im Herbst 1915 an der Front ein, aber die Versuche, am folgenden Weihnachten erneut Frieden zu schaffen, die hat Robert Graves erlebt. Alle anderen Geschichten, von denen er hörte, von denen er in englischen Zeitungen las, hat er ganz einfach – und einfach genial – zu einer wahnsinnigen Geschichte zusammengefasst. Graves mischte dabei die Historie mit Fantasie auf und verlieh der Wirklichkeit Flügel. Das erhob sie zwar zu einer anderen Wahrheit, doch blieb sie auch als Dichtung wahr.

Es gab tatsächlich bei den weihnachtlichen Begegnungen des Jahres 1914 an irgendeinem Frontabschnitt unter den beteiligten Soldaten einen Jongleur. Allerdings ist nicht bekannt, wie der hieß und woher der kam, er hieß wahrscheinlich nicht Putzi, und Goldfische hatte er ganz bestimmt auch nicht dabei. Old Horseflesh hätte jeder hohe Offizier sein können, der – hier wie dort – von den aufgeschreckten Hauptquartieren zwecks Erkundung der denkwürdigen, aber ihnen nur merkwürdig erscheinenden Lage an die Front geschickt worden war.

In der Figur Pommeroys steckt ein wenig von Bairnsfather und ein wenig von Buchanan-Dunlop und ein wenig von Edward Hulse, in der Figur Coburg ein wenig von Meinicke und ein wenig von Niemann und ein wenig von Mühlegg, doch vor allem steckt Hoffnung in beiden Figuren.

Die eines Dichters auf das Gute im Menschen.

Auch das Motiv von der Verurteilung Pommeroys wegen Nichtbeachtung der Befehle hat sich Graves nicht nur ausgedacht. Er benutzte reale Vorbilder. Captain Miles Barne und Captain Iain Colquhoun von den Scots Guards zum Beispiel. Sie waren angeklagt worden, weil sie trotz aller Verbote in ihrem Frontabschnitt mit dem Feind einen Waffenstillstand abgemacht hatten. Colquhoun bestritt das nicht etwa, im Gegenteil, er bekannte sich in der selbstbewussten Haltung eines Gentlemans und Offiziers offensiv zu seiner Entscheidung und machte deutlich, gegebenenfalls würde er bei einer Situation, wie er sie mal am Boxing Day 1915 erlebte und wie er sie dann schilderte, genauso entscheiden:

»Nach dem Frühstück berichtete mir die Wache, dass die Deutschen von ihrer Brustwehr herunterkletterten und in Richtung unserer Stacheldrahtbarrieren gingen. Ich rannte raus. Ein deutscher Offizier trat vor und schlug einen Waffenstillstand zu Weihnachten vor. Ich antwortete, dies sei unmöglich. Er erbat sich dann eine Viertelstunde, um die Toten zu beerdigen. Ich stimmte zu. Da begannen die Deutschen, ihre Toten zu beerdigen, und wir taten es auch. Es dauerte eine halbe Stunde. Dann unterhielten sich unsere Männer und die Deutschen im Niemandsland und tauschten Zigarren und Zigaretten, etwa eine weitere Viertelstunde lang, und danach blies ich in meine Trillerpfeife und befahl Rückzug in die Gräben. Den Rest des Tages gingen die Deutschen auf ihrer Brustwehr oben spazieren oder saßen auf den Sandsäcken, unsere Männer machten es ebenso, und es fiel kein einziger Schuss.«

Barne und Colquhoun wurden wenige Tage später unter

Arrest gestellt. So streng kann der nicht gewesen sein, denn Colquhoun bekam fünf Tage Heimaturlaub, weil seine Frau ein Kind erwartete. Am 18. Januar 1916 begann die Verhandlung vor dem Kriegsgericht. Raymond Asquith, Sohn des britischen Premierministers, verteidigte sie. Er muss seine Sache gut gemacht haben, obwohl die Prozedur »*bloody and exhausting*« gewesen sei, unerbittlich und aufreibend. Barne wurde freigesprochen und Calquhoun mit einem strengen Verweis bedacht, was aber nur bedeutete, dass er in den kommenden Jahren keine Beförderung zu erwarten gehabt hätte.

Das sei ihm egal, schrieb er seiner Frau. Doch selbst dieses erstaunlich milde Urteil wurde auf Befehl des zuständigen Armeeführers Douglas Haig kassiert. Begründung: Calquhoun sei ihm persönlich als tapferer Mann bekannt. Asquith fiel 1916, Barne starb 1917, Colquhoun überlebte den Krieg, am Ende im Rang eines Brigadegenerals.

Erzählt wird die Geschichte des Weihnachtsfriedens übrigens von einem Augenzeugen des *Christmas truce*, einem ehemaligen Frontsoldaten. Der berichtet davon dem Enkel seines Freundes, der sich im Sommer 1960 gerade auf eine große Demonstration gegen die atomare Aufrüstung in Ost und West vorbereitet, einen *Ban-The-Bomb-March*, und seinen Großvater besucht, um den und andere Veteranen des Ersten Weltkrieges zu überreden, auf Krücken und in Rollstühlen in der ersten Reihe der Kundgebung mitzumachen.

In der Figur steckt Graves.

Weil er seine unglaubliche Geschichte in diesen Rahmen stellt, kann Graves über beide große Kriege hinweg in die Zeit springen, in der erneut ein großer droht. Der wäre dann wegen der bereit liegenden Vernichtungswaffen in den Depots tatsächlich der letzte. Die ersten beiden Weltkriege hatten die Deutschen begonnen, beim Dritten würden sie auf jeder Seite der verfeindeten Blöcke vertreten sein – im Westen die einen, im Osten die anderen.

Graves lässt seine Figuren konkret über Krieg und Frieden diskutieren. Die Gespräche sind Teil seiner Geschichte des wunderbaren Weihnachtsfriedens, und diese Erzählung ist nicht etwa nur ein Gegenentwurf des Dichters zur Realität, pure Fantasie, was als Idee auch schon ganz gut gewesen wäre. Dieser Frieden fand ja statt, war wirklich ein – wenn auch nur kurzfristiger – Gegenentwurf zur herrschenden Schlachtordnung.

Waren die Menschen aus erlittener Erfahrung, aus erfahrenem Leid etwa klüger geworden? Die beiden Alten sind skeptisch. Nur eine Politik der Abschreckung verhindere Krieg, nicht etwa die tiefere Einsicht, dass erlebte Schrecken eines Krieges die Menschheit davor abschrecke, den nächsten zu beginnen. Doch sehen sie einen winzigen Fortschritt, selbst bei den Deutschen, die an beiden schuld waren. Die Generation der Großväter zog jubelnd in den Großen Krieg, die Generation der Söhne fünfundzwanzig Jahre später gemeinsam mit den Überlebenden des Ersten nicht so begeistert in den Zweiten. Die Generation der Enkel endlich ging voller Leidenschaft gegen Kriege auf die Straße. Gegen alle Kriege und über Grenzen hinweg. Das sei der Fortschritt.

Fortschritt? Im Vorraum des »In Flanders Fields Museum« zu Ieper steht eine riesige Tafel aus Stein. Eingraviert sind Namen der Städte, die seit 1914 zerstört worden sind, und nur für die größten unter ihnen ist Platz. Rotterdam. Coventry. Leningrad. Dresden. Nagasaki. Hiroshima. Sarajewo. Grosny usw.

Fortschritt? Auf einer großen weißen Fläche im letzten Raum des Museums leuchtet blutig die Zahl der bewaffneten Konflikte, in denen seit jenem Krieg 1914, der ja nach allgemeiner Ansicht alle Kriege beenden würde, das Internationale Rote Kreuz eingesetzt worden ist: 100. Als im März 2003 die Koalition der Willigen gegen Saddam Hussein in den Krieg zog – Franzosen und Belgier und Deutsche waren unwillig und blieben zu Hause –, ist die Zahl handschriftlich durchgestrichen worden. 101 lautet das Zeichen an der Wand seitdem. So lebendig hatten sich die Erfinder ihr Museum nie gewünscht, doch ahnen sie, dass es wohl kaum die letzte Aktualisierung gewesen sein dürfte.

Das kann man absurderweise auch ganz anders sehen. Positiv. Denn 1914 gingen auf dem Kontinent die Lichter aus, und das alte Europa ging unter. Nach vier Jahren Krieg war nichts mehr so, wie es einmal war. Es gab kein Deutsches Kaiserreich mehr. Es gab keine österreichisch-ungarische Donaumonarchie mehr. Es gab kein Zarenreich mehr. Mehr als neun Millionen Menschen waren tot, Städte und Dörfer und Industrien und Landschaften zerstört. Aus der Niederlage, die sie als ungerecht empfanden, wuchsen die Revanchegelüste der Deutschen, die Sehnsucht nach Rache, die Lust auf einen zweiten Waffengang. Der noch fürchterlicher endete.

Wo bleibt denn da das Positive?

Als im Jahre 2003 die Vereinigten Staaten in den Krieg gegen den Schurkenstaat Irak zogen, als die Zahl 100 an der Wand durchgestrichen werden musste, weil der 101. Konflikt begann, sagten viele Feinde von einst gemeinsam Nein zum Krieg. Verächtlich nannte US-Verteidigungsminister Donald Rumsfeld die Unwilligen »das alte Europa«. Gemeint als Beleidigung, richtig interpretiert aber eine Ehre für die Gemeinten. Das alte Europa war wieder auferstanden. Im Frieden vereint.

Zurück in die andere Vergangenheit, in die von 1914, wo gerade langsam endet, was 1915 an wenigen Stellen noch einmal aufflackerte, der Frieden. Am 27. Dezember 1914, beginnend in der Nacht nach der Monstranzübergabe in Diksmuide, geht im Morast die Welt unter. Die dreckige Realität in Flandern übertrifft jede bisher erlebte Wirklichkeit von Wind, Hagel, Regen, Kälte, Nässe. Zwar überstieg der Alltag an der Westfront das Fassungsvermögen jedes Einzelnen, und wer darüber nachdachte, wurde verrückt. Tatsächlich wahnsinnig oder in dem Sinne, dass sich alle Koordinaten seines zivilen Wertesystems verschoben hatten. Verrückt waren.

So schlimm aber ist es noch nie gewesen, seit im Oktober die Herbststürme begonnen haben. In vielen Gräben schwillt der Schlamm auf über anderthalb Meter an, Buchanan-Dunlop schätzte ihn sogar auf knapp unter zwei Meter und berichtete von Männern, die nicht aufgepasst hatten und einfach in dem Dreck untergegangen waren.

Aber genau dieses Höllenwetter verlängert erst einmal den himmlischen Frieden auf Erden. Wieder Krieg zu führen wie geplant und anzugreifen wie befohlen, ist schlichtweg unmöglich. In den knapp fünf Minuten, die bei dem geringen Abstand zwischen den Linien normalerweise für einen Überraschungseffekt bei Attacken genügen mussten, wären Angreifer zwischen Stacheldraht und Baumstümpfen schon auf halber Strecke im Schlamm stecken geblieben und wie Tontauben abgeschossen worden. Was die paar Belgier vor Wochen mit einer künstlichen Überschwemmung erzwungen hatten, Stillstand, schaffen jetzt Wind und Regen. In den Sappen, zu denen aus dem eigenen Graben nur ein schmaler Gang führt, in den gerade mal ein Mann passt, steht das Wasser bis zum Rand. In diesen Vorposten kann also keiner mehr lauern.

Hochrangige Militärs im deutschen Hauptquartier, die soeben noch unmissverständlich betont hatten, Krieg sei kein Sport und jede Zuwiderhandlung gegen das Fraternisierungsverbot werde als Landesverrat betrachtet und entsprechend bestraft, beugten sich der Naturgewalt und kapitulierten. Es passte sogar in die größenwahnsinnige Staatsdoktrin, nach der ein Deutscher nichts fürchtete außer Gott und seine Allmacht. Die Oberen gestatten auf Anfrage eine Verlängerung des Waffenstillstandes – den es offiziell nie gab –, um die Unterstände zu verteidigen. Wasser abpumpen. Brustwehr erhöhen. Lücken mit Sandsäcken abdichten. Abflussrinnen schaufeln. Die Artillerie wird zum Schweigen verdonnert.

Dieser Kampf um die eigenen Gräben kann wegen der herrschenden Verhältnisse nur am Tag geführt werden und nur gelingen, wenn die anderen während der Ausbesserungsarbeiten nicht schießen. »An unserem Frontabschnitt dauerte der Waffenstillstand noch eine ganze Woche. Beide Seiten arbeiteten an ihren Gräben und machten dabei alles, was sie machen mussten, denn keiner störte dabei den anderen«, berichtete Cyril Drummond. Zwar hatten sich Briten und Deutsche gegenseitig darüber unterrichtet, nach den bekannten Anweisungen von oben sei es wohl vorbei mit dem allgemeinen Frieden. Es habe sich der Krieg zu einer Farce entwickelt, und *»the high-ups decided that this truce must stop«*, ergänzte Drummond, und diese Entscheidung der Oberen, dass es aufhören müsse mit der Waffenruhe, galt nicht nur für seine Ruhe hier.

Doch nun macht ihnen die Natur einen Strich durch die Rechnung. Selbst dann, als sich Anfang Januar 1915 das Wetter besserte, beließen es immer noch Dutzende von Regimentern und Kompanien in den vordersten Linien bei der bloßen Ankündigung, erneut gegeneinander Krieg zu führen – und drückten sich anschließend mit allen Tricks listig vor der Tat.

Drummond zum Beispiel suchte als erstes Ziel zur Wiederaufnahme der ihm befohlenen Feindseligkeiten ein halb zerfallenes Bauernhaus aus, wusste aber nicht, ob da eventuell deutsche Soldaten Quartier gemacht hatten, also durch das Feuer gefährdet sein würden. »Glücklicherweise war ich der Offizier, in dessen Abschnitt es mit dem Krieg wieder losgehen sollte.« Also sandte er am Tag vor dem befohlenen Neustart einen Boten rüber und kündigte an, ab elf Uhr morgen früh müsse leider geschossen werden. »Ich schickte dann um diese Zeit zwölf Runden Mörser auf die Ruine, und natürlich war kein Mensch mehr drin.«

Noch ein Weihnachtswunder: Innerhalb von wenigen Tagen ist es gelungen, ein gewisses Vertrauen zu schaffen ohne Waffen. Selbst wenn von einer Seite geschossen wird, sind nicht Schüsse von der anderen die automatische Antwort. Das Geballer könnte schließlich ein Versehen sein oder von irgendeinem Idioten stammen – von so einem wie dem Irren aus Captain Pommeroys Kompanie –, der sich nicht an die Abmachungen hielt. W.A. Quinton von den Bedfordshires: »Am 28.12. plötzlich britische Artillerie und dann die Einschläge auf deutscher Seite. Wir waren entsetzt, die Deutschen ließen alles fallen und rannten um ihr Leben. Nach ein paar Minuten kamen sie wieder raus, winkten und riefen, alles okay. Offensichtlich wussten sie genau, dass nicht wir an diesem Überfall schuld waren.«

Der englische Offizier, mit dem sie eine Verlängerung der Waffenruhe abgemacht hatten, berichtet ein deutscher Soldat nach Hause, sei nicht nur sofort einverstanden gewesen, es habe auch keine Sprachbarrieren gegeben, denn er »hatte in Köln die Handelshochschule besucht und sprach sehr gut Deutsch. Er schrieb uns auch einige Adressen von Familien auf, die mit ihm befreundet waren und in Köln wohnten. Er bat einen von uns, einmal dorthin zu schreiben, dass es ihm noch gut gehe.« Seine Angehörigen würden wohl den Kopf schütteln, beendet der Deutsche seinen Brief, und sich fragen, wie denn so etwas möglich sein konnte: »Ich selbst hätte auch nie daran geglaubt.«

So wie Hochverrat eine Frage des Datums war, wird Frieden eine Frage des Standorts.

Zum Beispiel am Kemmel Hill.

Hier macht der Krieg nicht einmal kurz Rast. Es vergeht kein Tag ohne Gefechte. Die Soldaten der 3rd Division der Briten sind der Meinung ihres kommandierenden Generals Haldane, dass es sich bei den Deutschen an Weihnachten im Grunde um die gleichen Hunnen handele, die bei anderer Gelegenheit Frauen und Kinder ermordeten. Also bestehe kein Anlass dazu, sich mit ihnen zu verbrüdern. So rigoros sind auf deutscher Seite nur die Preußen, die am ehesten jenem Bild entsprechen, das in England von der kaiserlichen Armee verbreitet worden war.

Zum Beispiel am Ploegsteert-Wald.

Hier ruhte der Krieg bis Ende Februar. Da liegen die Warwickshires und die London Rifle Brigade und die Seaforth Highlanders und drüben die Sachsen vom 104. und vom 106. Regiment. Die Aktiven vom Weihnachtswunder. Rifleman Turner von den Londonern dürfte also zumindest so lange noch gelebt haben. Was danach aus dem berühmtesten Fotografen der Treffen im Niemandsland geworden ist, ob er verwundet wurde oder in Gefangenschaft geriet oder ob er getötet wurde – Alfred George Turner? Gordon Turner? Walter Turner? Walter John Turner? – oder ob er sogar den Krieg überlebte, weiß man nicht.

Pause heißt im Ploegsteert-Wald unter den Feinden Dienst nach Vorschrift in den Gräben, keine Treffen im Niemandsland, denn das würde auffallen, andererseits möglichst alle Treffer vermeiden, solange es nicht auffällt. Gustav Riebensahm vom 2. Westfälischen denkt nicht wie die Mehrheit, als er in sein Tagebuch einträgt: »Die Engländer sind außerordentlich dankbar für den Waffenstillstand, weil sie endlich mal wieder Fußball spielen konnten. Aber das Ganze wird langsam lächerlich und muss beendet werden. Ich werde mit dem 55. ausmachen, dass heute Abend Schluss ist.«

Wer nicht sein Ziel traf, wurde zwar von den Offizieren beschimpft, aber da eine Absicht schwer nachzuweisen war, blieb der Schütze straffrei. Die Statistik über Verfehlungen im Feld am Beispiel einer deutschen Division an der Westfront widerspricht auf den ersten Blick dieser Behauptung. Im Dezember 1914 und im Januar 1915 gab es mit fünfundsechzig bzw. dreiundsechzig Fällen dreimal mehr Anklagen wegen Insubordination als in den Monaten davor und danach. Doch diese Zahlen belegen tatsächlich nur, wie viele Verfahren wegen Befehlsverweigerung, Fraternisierung, Feigheit vor dem Feind etc. eingeleitet worden sind. Sagen nichts darüber aus, ob es zu einem Prozess vor einem Militärgericht gekommen ist, und mit welchem Urteil der endete.

Der ganz besondere erste Weihnachtsfrieden dauerte ein

paar Tage, ein paar Wochen, und an manchen Abschnitten überstand er sogar nahezu ungebrochen das Jahr bis zum nächsten Weihnachtsfest. Das war ungewöhnlich. Zwar gab es im Stellungskrieg um Ypern herum selten eine Nacht ohne Verluste auf beiden Seiten, doch an anderen Frontabschnitten blieb es laut Eintrag in die jeweiligen Regimentstagebücher monatelang ruhig, keine Toten mussten verzeichnet werden. Wer zum Beispiel ab März 1915 bei Festubert in den Gräben lag, der blieb vom Krieg praktisch verschont, weil sich beide Seiten auf die Sicherung der eigenen Stellungen beschränkten statt die der anderen anzugreifen. Die Soldaten verbrachten die Zeit an dieser Front lieber mit Wachen, Lesen und dem Schreiben langer Briefe.

Und diese ganz besondere Waffenruhe, basierend auf persönlichen Begegnungen, wirkt sich jetzt in ganz besonderen Umgangsformen zwischen den Fronten aus. »Gentlemen«, teilen Sachsen ihren Gegnern mit, »unser Oberst hat befohlen, ab Mitternacht das Feuer wieder aufzunehmen. Es ist uns eine Ehre, Sie darüber zu informieren.« Sie übergeben die Botschaft am Nachmittag, als sie sich mit den Briten zur *tea-time* im Niemandsland treffen, denn bei dem nasskalten Wetter ist ein heißer Tee genau das Richtige, und wer könnte den besser zubereiten als ein Engländer? Die Sachsen bringen Schnaps mit.

Sie hatten schriftlich niedergelegt, was ihnen befohlen worden war, damit die Kameraden von drüben etwas in der Hand haben für ihr eigenes Hauptquartier, doch lassen sie keinen Zweifel daran, wohin sie ab Mitternacht dann schießen würden. Über die Köpfe der Gentlemen. Für die eigene Artillerie allerdings können sie nicht garantieren.

Ein Adjutant im britischen Hauptquartier, der über das bevorstehende Ende der Feuerpause unterrichtet wird, schlägt eine höfliche Anwort vor. Er hat nichts Schriftliches im Sinn, eher ein paar Granaten. Seinen ironischen Vorschlag nehmen die an der Front wörtlich.

Sie fühlen sich noch stark. Aber sie wissen um die Macht der Stärkeren. Nicht zu überhören sind bereits die wehmütigen Untertöne in allen zwischen den Gräben verschickten Botschaften. Die Ahnung, dass die Ruhe einmalig bleiben würde, lähmt sie. Hilflos stehen sie im Schlamm, aber sie versuchen trotzig, ihren Frieden noch für ein paar Stunden, ein paar Tage zu retten. Es beginne schon wieder mit den üblichen guten oder schlechten Nachrichten des Krieges, berichtet ein englischer Journalist, »düster kommt 1915. Wieder werden wir, die wir nur beobachten, über viele unserer besten Männer trauern müssen. Die Pause ist vorbei. Die Absurdität und die Tragödie erneuern sich aus sich selbst heraus.«

Spürbar ist die Verzweiflung, weil zu Ende sein soll, was gerade erst begonnen hatte. Aus der immerhin erkannten Ohnmacht wächst noch keine Wut, bloß Resignation. Manchmal sogar Hoffnung auf wenigstens einen gezielten Schuss, der das Leben hier, aber nicht das ganze Leben beenden würde.

Alfred Lichtenstein machte ein ironisches »*Gebet vor der Schlacht*« aus solchen Gefühlen:

> *Inbrünstig singt die Mannschaft, jeder für sich:*
> *Gott, behüte mich vor Unglück,*
> *Vater, Sohn und Heiliger Geist,*
> *Dass mich nicht Granaten treffen,*
> *Dass die Luder, unsre Feinde,*
> *Mich nicht fangen, nicht erschießen,*
> *Dass ich nicht wie'n Hund verrecke*
> *Für das teure Vaterland.*
>
> *Sieh, ich möchte gern noch leben,*
> *Kühe melken, Mädchen stopfen*
> *Und den Schuft, den Sepp, verprügeln,*
> *Mich noch manches Mal besaufen*

Bis zu meinem selgen Ende.
Sieh, ich bete gut und gerne
Täglich sieben Rosenkränze,
Wenn du, Gott, in deiner Gnade
Meinen Freund, den Huber oder
Meier, tötest, mich verschonst.

Aber muss ich doch dran glauben,
Lass mich nicht zu schwer verwunden.
Schick mir einen leichten Beinschuss,
Eine kleine Armverletzung,
Dass ich als ein Held zurückkehr,
Der etwas erzählen kann.

Die Hoffnung auf einen leicht zu verschmerzenden Schuss ins Bein oder einen in den Arm, auf einen Urlaub im Heldenglanz blieb vergebens. Der junge Lyriker, einer der kriegsfreiwilligen Expressionisten wie die Dichter Georg Trakl und Ernst Stadler und der Maler August Macke, fiel bereits im September 1914. Lichtenstein wurde nicht ganz fünfundzwanzig Jahre alt. Auch Trakl, Stadler, Macke überlebten den Krieg nicht.

Die Hampshires erhalten von den Sachsen gegenüber, als denen am 30. Dezember 1914 Falkenhayns Befehl vom Tag zuvor mit dem absoluten Verbot weiterer Treffen verkündet wurde, eine handschriftliche Nachricht der Ohnmacht. »Liebe Kameraden, ich muss euch davon informieren, dass es uns ab sofort verboten ist, uns mit euch draußen zu treffen. Aber wir werden stets eure Kameraden bleiben. Falls wir gezwungen werden sollten, zu schießen, dann werden wir immer zu hoch schießen. Sagt uns doch bitte noch, ob ihr Engländer seid oder Iren. Indem ich euch noch ein paar Zigarren anbiete, verbleibe ich herzlichst...«

Natürlich wissen sie im deutschen Generalstab, dass es mit dem Befehl Falkenhayns allein nicht getan sein wird. Verboten waren Verbrüderungen schon vor Weihnachten, und wie wenig sich an dieses Verbot gehalten haben, ist inzwischen ja bekannt. Im Feld wird sich zeigen, ob die Angst vor den Herren des Krieges wieder stärker ist als die Sehnsucht nach Frieden im Namen des Herrn. Überraschende Inspektionen allerdings sind bei diesem Wetter kaum durchführbar. Ein General machte sich außerdem eher selten spontan auf den Weg an die Front. Eine Visite musste vorbereitet werden, und davon wussten dann viele – und wofür gab es schließlich Meldehunde oder Telefonleitungen? Zeit genug also, sich etwas einfallen zu lassen, falls doch mal einer von den hohen Militärs käme.

»Die Deutschen haben uns unterrichtet, dass sie für den Nachmittag die Visite eines Generals erwarten«, berichtet am 30. Dezember 1914 der britische Offizier J.D. Wyatt von den 2nd Yorkshires, denn bis jetzt haben auch hier die Feindseligkeiten nicht wieder begonnen. »Noch immer kein Krieg.« Wyatt ergänzt, die befreundeten Feinde hätten darauf hingewiesen, dass sie aus dem Anlass *»might have to do a little shooting to make things look right«*, ein bisschen schießen müssten, damit auch alles echt aussehen würde. Wie angekündigt, fallen präzise um 15.30 Uhr am Nachmittag ein paar Schüsse, treffen keinen. Das war's dann auch in La Boutillerie.

Geschickt eingefädelt, wortkarg in die Tat umgesetzt. Kriegslist der besonderen Art, die einzig wirksame Waffe gegen die friedensverhindernden Rezepte von Offizieren, denen es egal ist, wie viele unter ihrem Kommando sterben. So sei er nun mal, der Krieg: »Die beste Vorbeugung sind wahrscheinlich kleine, örtlich begrenzte Angriffe, auch wenn man weiß, dass bei weniger wichtigen Operationen Männer geopfert werden. Nur auf diese Weise kann der Offensivgeist aufrechterhalten werden«, empfiehlt kühl in diesem Sinne einer vom 2. Britischen Korps.

Andere sächsische Soldaten scheren sich nicht um Befehle und zeigen es ihren Offizieren außerdem unmissverständlich.

Bleiben trotz Rückzugsbefehl im Niemandsland stehen, statt in die schlammigen Gräben zurückzutapfen. Es scheint sich um die am zweiten Weihnachtstag nur mühsam gezähmten Widerspenstigen vom 107. Regiment gehandelt zu haben, zumindest liegt die Vermutung nahe, weil es genau in deren Frontabschnitt um St. Yvon herum passiert. Die Engländer schicken ein paar Gewehrsalven, doch schießen sie hoch in die Luft, um keinen zu treffen. Ohne Erfolg. Die Soldaten bleiben, wo sie sind. Einer ihrer Offiziere fordert schließlich voller Wut sogar den englischen Feind gegenüber auf, seine eigenen Kerle abzuknallen – »*Fire at them, I can't get the beggars in*« – doch darauf gehen die Briten natürlich nicht ein. Gentlemen schießen doch nicht auf Unbewaffnete.

Sie sagen aber ihrer Artillerie Bescheid, und die belegt die deutschen Stellungen mit Mörsergranaten. Jetzt verschwinden zwar die Offiziere in der Deckung, doch drei der aufmüpfigen Soldaten bleiben draußen, setzen sich auf Reste von Stacheldrahtrollen und schauen seelenruhig zu, wie ihre Einheit beschossen wird. Ihnen selbst ist an diesem Tag nichts passiert, sie wurden nicht etwa von englischem Feuer verletzt, aber was anschließend die Deutschen mit ihnen machten, was dann aus ihnen wurde, ist nicht bekannt.

Und die Franzosen? Auch in den Frontabschnitten, in denen sie den Deutschen gegenüberliegen, wird wie oben zwischen Armentières und Ypern zwischen Briten und Deutschen der Frieden selbst verlängert. Davon erfährt die Öffentlichkeit während des Krieges nichts, und vier Jahre später, nach dem Krieg, gibt es Wichtigeres zu feiern. Den Sieg über die Deutschen. Das Thema bleibt bis heute ein Tabu.

Tatsache ist, dass zwischen dem 99. Infanterieregiment und dem 20. Bayerischen Reserveregiment am Bois Commun bis zum 14. Januar 1915 Ruhe herrschte, also von Weihnachten 1914 an gerechnet fast drei Wochen lang. Auf die Bayern, die den Anstoß gaben, haben laut Eintrag im entsprechenden *Jour-*

nal de marche et opérations sogar die eigenen Leute geschossen. Preußen natürlich. Die Animosität zwischen denen und den Bayern, diese Wut, aus der heraus die kriegslüsternen Preußen auf die friedensbewegten Bayern zielen, fällt dem französischen Chronisten besonders auf: »*Fureur des Prussiens qui tirent sur les Bavarois.*«

Doch das stört die nicht. Im Gegenteil. Das macht sie nur noch sturer in der Umsetzung dessen, was sie vorhaben, was sie wollen. Sie warnen ihre französischen Gegner, wenn die von ihnen verächtlich nur »preußische Genies« genannten deutschen Landsleute einen Angriff planen auf die französischen Stellungen, denn davon haben sie rechtzeitig erfahren.

Auszug aus dem betreffenden *Journal de marche et opérations*: »**28. Dezember 1914:** Ruhe an der gesamten Front. Im Bois Touffu haben wir acht tote Franzosen begraben, die seit 29. November zu dicht vor den deutschen Gräben gelegen haben, um sie bergen zu können. **29. Dezember:** Die Bayern schießen nach wie vor nicht auf uns und warnen uns, wenn sich Offiziere nähern. Wir nutzen die Ruhe, um unsere Stacheldrahtverhaue zu verstärken. **30. Dezember:** Gespräch zwischen den Offizieren über die Moral ihrer Truppen. Die der Deutschen scheint angeschlagen. Austausch von Zeitungen und Neujahrskarten. **31. Dezember:** Der Waffenstillstand geht weiter. Die Bayern lassen uns ungestört arbeiten. Bedingung: Wir sollen nicht ihre Verhaue durchschneiden. Um Mitternacht schießen wir alle in die Luft, um das neue Jahr zu begrüßen.«

Als am letzten Tag des Jahres 1914 kurz vor Mitternacht überall an der Front Schießereien aufflammen, scheint es schlagartig vorbei zu sein mit der Waffenruhe. Die Deutschen beginnen bereits um dreiundzwanzig Uhr zu knallen, die Briten sind verwirrt, weil es sich wohl nicht um die Begrüßung des neuen Jahres handeln kann – auf die Idee, das zu feiern, wären sie schon auch gekommen –, bis einer feststellt, dass es nur nach ihrer Greenwich-Time, die sie selbstverständlich mitgeschleppt haben nach Flandern, noch nicht Mitternacht ist, sondern erst dreiundzwanzig Uhr. Aber hier auf dem Kontinent ist es Mitternacht, und daher sind die Schüsse erklärbar.

Die Deutschen singen und schreien und ballern dabei in die Luft. Lassen selbstverständlich ihren Kaiser Wilhelm hochleben, auch den Kronprinzen, aber es würde ihnen reichen, wenn sie selbst das neue Jahr nicht nur erleben, sondern überleben würden. Silvesterwünsche eben. Die Briten zünden wie die Deutschen im Niemandsland ein paar Freudenfeuer an. Dann warten sie, bis ihnen die Stunde schlägt. Um Mitternacht schießt Leutnant Edward Hulse eine Leuchtrakete in die Luft, und dann wünschen sich auch die Engländer gegenseitig ein gutes neues Jahr. Ihrer Tradition gemäß begrüßen sie es mit »*Auld Lang Syne*«.

Sie wiederholen das Lied dreimal. Beim dritten Mal stimmen die Gegner ein, singen die Deutschen mit, schnell scheinen sie den Text gelernt zu haben, aber so schwer ist der nicht. »Ich schickte noch drei weitere Leuchtraketen in den Nachthimmel, die das ganze Niemandsland erleuchteten, um zu sehen, ob sich der Feind nicht etwa während des Gesangs an unseren Drahtverhauen zu schaffen machte, aber als ich sah, dass es friedlich blieb, ging ich zurück in unseren Graben.«

Silvester 1914 bei La Boutillerie. Der Abschnitt, in dem es einen stillschweigenden Waffenstillstand zwischen den Bedfordshires und den Sachsen gibt. Nur ab und zu Schauschießen, wie Wyatt berichtet hatte, *doing a little shooting*, beim Besuch eines Generals. Auch hier wird die Zeit der Ruhe benutzt, um sich für die Zeit des unvermeidlichen Sturms vorzubereiten, und natürlich sind alle Tricks erlaubt, solange nicht die grundsätzlichen Abmachungen über den Waffenstillstand verletzt werden. Beide Seiten nützen bei allen ausgetauschten Freundlichkeiten jede sich bietende Chance, Genaueres über die Befestigungen der Gegner zu erfahren, vor allem wo deren gefährlichste Waffen vergraben sind, die Maschinengewehre. Mit denen waren sie bald wieder konfrontiert, und zu wissen, aus welcher Ecke die schossen, mochte dann ihr Leben retten.

W.A. Quinton ist mit einigen Kameraden unterwegs, um ihr Maschinengewehr in ein anderes Nest zu bringen. Das geht nur nachts. Nicht etwa aus Angst vor feindlichem Beschuss, denn selbst tagsüber ist es hier seit Weihnachten friedlich geblieben, aber da jeder weiß, irgendwann muss der Krieg weitergehen, wollen sie kein Risiko eingehen, nicht gesehen werden. Sie ahnen, dass während der brüderlichen Begegnungen die Deutschen herausbekommen haben, wo ihr Maschinengewehr postiert ist. Und ebendas kann tödlich werden, wenn der Krieg wieder beginnt. Sie verlegen also, dem jetzigen Frieden vertrauend, ihr MG Marke »Maxim«.

Ein mühsames Geschäft, es müssen Waffen und Munition und Zubehör durch den Schlamm geschleppt werden, und dies möglichst so, dass die Feinde nicht merken, was sie tragen und wohin es gehen soll. »Wir hatten etwa zwei Drittel unseres Weges geschafft, als plötzlich Schüsse ertönten. Wir warfen uns auf den Bauch, flach in den Dreck. Scheiße. Die Deutschen hatten das Feuer eröffnet. Sie hatten uns reingelegt. Wir fluchten und belegten sie mit Ausdrücken, die man hier nicht wiederholen kann. Aber seltsam, wir hörten nicht das übliche Pling, Pling der Kugeln über unseren Köpfen. Im nächsten Moment gab es die Erklärung, es war nämlich Mitternacht, und sie ballerten nicht auf uns, sondern in die Luft. ›He, Jungs, steht auf, was ist los, die feuern nicht auf euch‹, rief einer von unserer Kompanie. Ich stand auf und schaute auf meine Uhr. Es war genau zwei Minuten nach Mitternacht. Wie leicht hätte dieses Missverständnis alles kaputtmachen können. Glück auch für die Deutschen, dass wir nicht auf ihre Schüsse mit gezielten von uns geantwortet haben, dann wäre es schon jetzt vorbei gewesen mit dem Frieden.«

Der Waffenstillstand geht weiter, und »falls es uns gelungen wäre, den immer wieder zu verlängern«, erklärte Albert Moren, damals Gefreiter bei den 2nd Queen's (Royal West Surrey) im Bois Grenier, 1981 im BBC-Film »*Peace in No Man's Land*« von Malcolm Brown, »wer weiß... Es hätte der Weihnachtsfrieden den Anfang vom Ende des Krieges bedeuten können. Denn eigentlich wollte keiner von denen Krieg, und keiner von uns wollte Krieg, und dann hätte der Krieg dadurch enden müssen, dass ausgerechnet wir an der Front ihn beendeten.« Nicht die in den Regierungen und in den Generalstäben, die ihn ausgeheckt und begonnen hatten.

In Frankreich war man empört über die Nachrichten von deutsch-englischen Verbrüderungen, ja: angewidert. Weil ein Frieden einfach nicht geschehen durfte, solange der Feind das Land im Würgegriff hatte, fand er ganz einfach nicht statt. Also gab es entsprechend der Staatsräson keine Veröffentlichungen. Erst recht nichts wollten die Franzosen davon hören, dass sogar die eigenen Landsleute beteiligt waren. *Eh bien*, die Briten, die waren nun mal seltsam, waren sie immer schon gewesen in der Geschichte, die hatten mitgemacht und darüber in den Zeitungen auf ihrer Insel sogar berichtet. Doch erstens war deren Land ja nicht von den Deutschen besetzt, und zweitens wolle man nicht jetzt – und überhaupt nie – voller Dankbarkeit und Respekt vergessen, wie schnell die Engländer bei Kriegsbeginn ihren bedrohten Verbündeten zu Hilfe geeilt waren. Aber kein Poilu habe sich mit einem dieser Boches verbrüdert. Die britischen Blätter, in denen das Gegenteil stand, wurden wie zufällig an den entsprechenden Tagen in Paris nicht ausgeliefert.

Von wegen keine Fraternité zwischen Franzosen und Deutschen. Poilus haben zusammen mit den Boches im Kreis um die Krater getanzt, und sie haben gemeinsam gesungen, und wie bei den anderen Begegnungen der angeblich unwürdigen Art blieb es nicht auf Weihnachten beschränkt. Manche französische und vor allem bayerische Einheiten weigern sich ganz einfach, den Befehlen zu gehorchen und einander zu töten. Wehren können sie sich nur dadurch, dass sie zwar schießen, also Munition ver-

Zeichnung von Ernst Barlach. Er hatte sich 1914 freiwillig für den Großen Krieg gemeldet. Noch scheint er staatstragend zu sein: Erst Sieg, dann Frieden!

geuden, aber nichts treffen. Es bleibt den Offizieren der einen wie der anderen Seite nichts weiter übrig, als die so kämpferisch Friedfertigen ablösen zu lassen und durch neue Truppen zur ersetzen.

Denn die üblichen markigen Worte reichen nicht. Dass man verdammt noch mal nicht deshalb in den Krieg gezogen sei, um mit diesen verdammten Hunnen oder Boches Zigaretten auszutauschen und Fußball zu spielen – denn das hätte man ja auch ohne Krieg haben können –, sondern um sie zu vernichten. Oder umgekehrt, dass alle Anbiederung dieser hinterlistigen Briten oder Franzosen nur den einen Zweck habe, die Wachsamkeit der tapferen deutschen Soldaten zu untergraben und man deshalb am besten jede Annäherung durch einen gezielten Schuss unterbinde.

Ernst Barlach, der einmal voller Begeisterung in den Krieg gestürmt war, scheint zwar mit dem Titel seines Bildes »*Erst Sieg, dann Frieden!*« noch ganz auf der patriotischen Linie zu sein. Es entstand an Weihnachten 1914 und zeigt seine Sicht des Wunders an der Front. Aber die Aussage widerspricht dem Titel. Über einer endlosen Reihe von Kreuzen, die einem Stacheldraht gleichen und am Horizont verschwinden, leuchtet im Hintergrund der Stern von Bethlehem. Darüber die Erscheinung des Engels, der eine Friedensschalmei bläst. Im Vordergrund zwei Figuren. Eine steht überlebensgroß vor einer anderen, die vor ihr kniet und im Schlamm zu versinken droht. Zwei Männer. Zieht der eine den anderen hoch? Zieht der andere ihn zu sich herunter ins Nichts? Will der eine, dass der schon halb Versunkene weiterkämpft, oder will der halb Versunkene den anderen davon abhalten weiterzukämpfen? Nicht erst siegen und dann erst Frieden schließen, sondern jetzt, an Weihnachten 1914, in den Schützengräben?

Sein belgischer Zeitgenosse Karel Lauwers, der in der Nähe von Diksmuide im Graben lag, hat ebenfalls die erste Kriegsweihnacht gezeichnet. Festgehalten in Schwarz und Weiß auf der gegenüberliegenden Seite. Kein Engel, kein Stern, auf grauem Horizont ein dunkler Fleck, die Wolke des Krieges? Im Vordergrund kauern Soldaten in ihrem Unterstand, wärmen sich an einem Feuer. Gesungen haben sie auch, wie er später erzählte, »*Minuit Chrétien*« und »*Le Noël des geux*«. Sein Bild heißt schlicht »*Kerstmis 1914*«.

Das Missverhältnis zwischen der Stimmung an der Heimatfront in Paris und der tatsächlichen Gefühlslage im Norden Frankreichs ist so evident wie das zwischen London und den britischen Soldaten um Ypern oder wie das zwischen Berlin und den Truppen an der Westfront. Der Hass, der in den Metropolen gepredigt wird, treibt die gemeinen Soldaten nicht mehr leichtfüßig übers Niemandsland in den Tod. Diese typisch männliche Lust auf Abenteuer, diese Lust auf Kämpfe war gestorben. Erst nach dem Krieg feierte sie Auferstehung. In der nostalgischen Verklärung des gemeinsam erlebten Grauens, als unvergessliches Beispiel wunderbarer Kameradschaft. Betrieben von so genannten Frontkämpfern, die von ihrer Schicksalsgemeinschaft im Anblick des Todes schwärmten, als sei dieses Gefühl das einzige wahre im Leben gewesen. Deshalb warteten sie so sehnlichst auf eine Wiederholung, bis Hitler ihre Sehnsucht erfüllte.

Berichtet wird 1914 von der Fraternité in deutschen Zeitungen, dass der »Lenker aller Schlachten« – und damit war wieder der liebe Gott gemeint, der arme – in seiner Güte ein bisschen Ruhe gestattet habe. Der den Franzosen von ihren »Verbündeten aufgezwungene Krieg« sei denen offensichtlich lästig, viele Soldaten hätten »der Not gehorchend und nicht dem eigenen Triebe« darum gebeten, zu den Deutschen übertreten zu dürfen, was französische Offiziere aber mit Waffengewalt zu verhindern wussten.

Man könne das Wunder des Weihnachtsfriedens ganz einfach mit dem Hinweis erklären, dass es eben ein Wunder gewesen sei, von Gott gegeben zur Geburt seines Sohnes. Aber

Karel Lauwers liegt in Flanderns Gräben, nicht weit entfernt von Barlach. Auch der Belgier ist ein Künstler in Uniform. Seine traurige Zeichnung betitelt er »Kerstmis 1914«, *Weihnachten 1914.*

daran würden ja nicht wirklich alle glauben, schränkt ein Redakteur des »Manchester Guardian« seinen schwermütigen Abgesang auf den Frieden im nächsten Satz gleich wieder ein und bleibt lieber bei irdischen Deutungen: »Es war kein von Gott gegebener Waffenstillstand in dem Sinne, dass er von der Kirche initiiert und autorisiert worden wäre. Diese Waffenruhe erweckte im Gegenteil noch viel mehr Hoffnung, als es ein von der Kirche getragener Friede geschafft hätte.«

Denn wenn so etwas einfache Menschen schaffen würden – und sie hatten es ja geschafft –, trotz des verzweifelten Zustands, in dem sie sich befanden, dann bestehe Hoffnung für die Menschheit. Das eigentlich sei die Botschaft, die bleibe, auch wenn dieser verdammte Krieg weitergehe.

Die einfachen Menschen, ganz normale Franzosen, die sich seit Weihnachten so gut verstehen mit diesen ganz normalen Bayern, bauen nach Neujahr Spanische Reiter auf, verstärken ihre Gräben und lassen sich gern dabei von den Gegnern beraten. Man spricht Französisch. Eintrag im Regimentstagebuch der Franzosen: »**2. Januar:** Sie bedauern zutiefst, dass sie ab sofort mit uns nicht mehr reden dürfen. Ihre Offiziere hätten es strengstens verboten. **3. Januar:** Ruhe auf der ganzen Linie. Gelegentlich erscheinen bayerische Soldaten über der Brüstung. Ganz offensichtlich haben ihre Vorgesetzten ihnen jeden weiteren Kontakt mit uns verboten. **4. Januar:** Ruhiger Tag. Nur ein paar hastige Gespräche mit den Bayern, bevor es deren Offiziere mitkriegen.«

Als zwei Tage später der französische Corporal Ulrich von der 1. Kompanie desertiert, wird auch bei den Franzosen durchgegriffen. Ab sofort dürfen die Poilus ihre Unterstände nicht mehr verlassen, um sich mit ihren deutschen Feinden zu verbrüdern. Erst ab 14. Januar 1915, heißt es lapidar in der letzten Eintragung des Regimentstagebuchs, wurde mit heftigem Feuer wieder Krieg geführt.

Der dauerte danach noch weitere vierundvierzig Monate

und kostete 1,3 Millionen Poilus das Leben. Wenn alle französischen Kriegstoten am Nationalfeiertag, dem 14. Juli, »in Viererreihen vorbeimarschierten«, rechnete Jacques Tardi in seinem Cartoonband »*Grabenkrieg*« aus, »dauerte es nicht weniger als sechs Tage und fünf Nächte, bis der Letzte uns sein bleiches Gesicht gezeigt hat«. Bei den Deutschen würden mehr als zwei Millionen solcher bleicher Gesichter auftauchen aus den Gräbern, die keiner mehr kennt, bei den Russen an der Ostfront, wo kurzfristig an Ostern 1916 so etwas wie eine Waffenruhe mal versucht worden war, rund 1,8 Millionen, in Österreich eine Million, in Italien... ach, Zahlen.

Über neun Millionen Menschen nahm der erste große Krieg das Leben, ein Ereignis, das zwar eine Urkatastrophe, aber eben keine Naturkatastrophe war, sondern »von Menschen ausgelöst, vorangetrieben und schließlich erschöpft beendet«, wie der Historiker Volker Berghahn von der Columbia University analysierte. Er hat viele Argumente dafür, »dass der Zweite Weltkrieg, der noch höhere Totenziffern produzierte und im Holocaust kulminierte, eine Fortsetzung des Ersten war«. Das sieht auch der amerikanische Chronist des Weihnachtsfriedens 1914 so, Stanley Weintraub, er verlängert den Dreißigjährigen Krieg sogar bis in den Koreakrieg.

Die Briefe von der Front vor dem einmaligen Ereignis *Christmas truce* waren fast alle nach einem ganz bestimmten Muster formuliert, das sich aus der Routine des Schützengrabendaseins ergab: *Liebe Eltern / Frau/Freundin, mir geht es gut / ganz gut / nicht so gut, der Feind schießt / schießt nicht, das Wetter ist gut / schlecht / fürchterlich / wie geht es euch? / Schickt mir bitte Zigaretten / Socken / Kekse.* Außerdem gab es in wachsender Zahl die Briefe irgendwelcher Vorgesetzter – und auch die hätten für jede Nation gepasst, hätten nur übersetzt werden müssen –, in denen das im Falle von Heldentod Übliche stand wie *Verehrte Familie / Frau, Ihr Sohn / Mann ist für Vaterland / Patrie / Empire gefallen etc.*

Als wenige Tage nach Weihnachten viele Briefe eintrafen, die endlich mal etwas anderes zum Inhalt hatten, ein Wunder zudem, als die Soldaten endlich mal nicht von der Hölle auf Erden berichteten, sondern von ihrem selbst gemachten himmlischen Frieden, wurden die von ihren Familien als Hoffnung interpretiert, an der sie sich festhielten. Und in dieser Hoffnung, dass es möglichst lange anhalten möge, jenes Wunder, wurden die Briefe an die Zeitungen weitergegeben. Die sich gleichenden Einzelheiten – Gesang, Geschenkaustausch, Verbrüderung, Waffenruhe – wurden in England in jeder Zeitung gedruckt, auch in der kleinsten der Provinz, in Deutschland selten, in Frankreich gar nicht.

Nun aber, Anfang Januar 1915, hat der Alltag diese weihnachtliche Sensation überlagert, und dieser Alltag wurde nachhaltig bestimmt von den Militärs und den Berichten der Kriegsreporter über die Gräuel, begangen von der anderen Seite. Der Platz reichte nicht mehr für Zeugnisse schöner menschlicher Dokumente, der reichte ja nicht einmal mehr für den Abdruck der Liste mit Gefallenen.

In den britischen Blättern verschärft sich der Ton, die Kommentare werden kriegerischer, die Meinungen radikaler formuliert. Versöhnung hat keine Lobby mehr. Ein Siegfrieden ist gefragt. H.G. Wells beschwört kämpferisch, leidenschaftlich, hellseherisch seine Regierung, nicht zuzulassen, dass diese verdammten Preußen die Welt nach ihren Vorstellungen formen könnten. »Wir wären *absolutely folly*, völlig verrückt, wenn wir nach dem Krieg den Deutschen auch nur ein einziges Kriegsschiff erlauben oder ihnen die Friesischen Inseln nicht wegnehmen würden und Helgoland und alle Kolonien sowieso.« Selbstverständlich geht Wells davon aus, dass am Ende die Guten siegen werden.

Und doch gibt es selbst jetzt, im Gegensatz zu den Hetzartikeln in Deutschland, noch nachdenkliche Texte, wehmütige Abgesänge auf das entschwundene Stück Hoffnung. Arthur

Conan Doyle, der Erfinder von Sherlock Holmes, betonte übrigens noch nach dem Krieg fest, dass der Weihnachtsfrieden nicht nur eine aufregende Geschichte gewesen sei, sondern eine »menschliche Episode inmitten all der Grausamkeiten, die den Krieg eigentlich prägten«.

Wenn einst die Geschichte des Krieges aufgeschrieben werde, würde ganz bestimmt diese unglaubliche Episode zu den Geschichten zählen, die man da lesen könne, diese »Art und Weise, in der die Gegner miteinander Weihnachten feierten«, schrieb ein Redakteur des »South Wales Echo« und zählte das Wunderbare auf: »Wie sie sich gegenseitig in den Gräben besuchten, wie sie Fußball spielten, wie sie Wettrennen mit Fahrrädern austrugen, wie sie gemeinsam sangen und wie sie unerschütterlich festhielten an ihrem inoffiziellen Waffenstillstand, wird sicherlich in Erinnerung bleiben als eine der größten Überraschungen des Krieges.«

Im »Daily Mirror« geht der Schreiber seinen Lesern ans Gemüt, doch weiß er offensichtlich genau, was bei denen ankommt. Ein solcher Text wäre in Deutschland nicht nur nie geschrieben, sondern ganz bestimmt auch niemals gedruckt worden, weil er nicht ins Weltbild passte:

»Im Herzen eines Soldaten wohnt nur selten Hass. Er kämpft, weil das sein Job ist. Was davor war – die Gründe des Krieges und das Warum und das Wofür –, interessiert ihn wenig. Er kämpft für sein Land und gegen die Feinde seines Landes. Alle zusammen als Einheit sind die natürlich verdammenswert und müssen in Stücke geschossen werden. Einzelne, das weiß er, sind gar nicht so schlecht. Hass wohnt eher an der Heimatfront ... Der Soldat hat anderes im Sinn. Er muss arbeiten, und er muss gewinnen. Deshalb hat er keine Zeit für Zorn, und blinde Wut überwältigt ihn nur in der Hitze eines Gefechts. Zu anderen Zeiten wird ihm das Wahnsinnige solcher Schlachten klar. Dann sieht er, wie absurd das alles ist.«

An Weihnachten zum Beispiel hat der einfache Soldat das

gesehen, aber nicht die Konsequenzen ziehen können, denn der einfache Soldat hat keine Verbündeten, nirgendwo. Nicht mal in den eigenen Familien, die zwar um sein Leben bangen und hoffen, er möge gesund zurückkehren. Doch wenn er zurückkehrt, dann soll er als Sieger und nicht als Besiegter heimkommen. Dass die meisten nicht mal als Leichen zurückkehrten, sondern in Flandern verscharrt wurden, wurde verdrängt. Auch von den Müttern und Frauen, die ihren unendlichen Schmerz als stolze Trauer bezeichnen mussten. Die öffentliche Meinung in Deutschland orientiert sich an der veröffentlichten. Die ist ziemlich eindeutig und hätte, wie der folgende Beitrag vom 8. Januar 1915 aus der in Berlin erscheinenden »Täglichen Rundschau« beweist, nach einigen kleinen Änderungen zwanzig Jahre später auch im »Stürmer« der Nazis stehen können:

»Die Entartung der französischen Rasse zu einem keifenden, des Rechtsgefühls baren völkischen Element wird durch Vorgänge veranschaulicht, die heute bekannt werden. Der eine davon besteht in der Haltung des Pariser ›Matin‹ zur Beseitigung der Schützengrabenfreundschaften. Ihr ist bekanntlich von deutscher Seite unter wohl begründeten militärischen Gesichtspunkten für unsere Truppen ein Ende gemacht worden... Die Art jedoch, wie der ›Matin‹ die Beseitigung der Schützengrabengemütlichkeit fordert, ist von einer so grotesken Widerwärtigkeit, dass sie nur als ein Zeichen der eingangs erwähnten neurotischen Rassenentartung begreiflich wird.«

Wenn ein Hetzblatt ein anderes Hetzblatt Hetzblatt nennt, hat das allerdings einen gewissen komischen Aspekt. Aus heutiger Sicht. Damals war nichts daran komisch. Die Plattmacher aus Paris, Brüder im Geiste der deutschen, hätten sich mit ihrer Grundhaltung in Berlin ganz zu Hause fühlen können, weil auch sie nach den verstörenden Meldungen über weihnachtliche Fraternité zwischen Bayern, Sachsen, Franzosen den puren Hass predigten auf den Feind: »An den französischen Befehlshabern ist es, ihre Leute auf die Gefahren dieser Familiarität aufmerksam zu machen. Sie sollen nicht auf ihr angeborenes Wohlwollen hören und sich vor ihrem Hang zur Güte hüten. Sie haben wilde Tiere vor sich, Ungeheuer, die vom Blute der Frauen und Kinder triefen, Brandstifter, Diebe und Schinder.«

Was wiederum die deutschen Schreibtischtäter zu der Bemerkung veranlasste, die »französische Ritterlichkeit vergangener Zeiten« sei einer neurotischen Keifsucht gewichen und der Artikel die »Entleerung einer förmlichen Kloake von Beschimpfungen«.

Mit Beschimpfungen konnten die Redakteure der »Rundschau« auch dienen, aber es genügte nicht der übliche Hassgesang. Die Briefe der Soldaten, die vom Wunder an Weihnachten ihren Angehörigen berichtet hatten, sind ja gedruckt, also muss man sie wenigstens – alte Regel der Propaganda – neu interpretieren. Zum Beispiel in dem Sinne, dass die bösen Briten bei den Besuchen in deutschen Schützengräben nur eines im Sinn gehabt hatten: die Stellungen des Gegners auszuspionieren. Das wisse man aus höhnischen Berichten in englischen Zeitungen.

Und weil das so sei, obwohl es in Wirklichkeit höchst selten so war, wird daraus die passende Propagandalüge gebastelt und dem Leser in der »Täglichen Rundschau« die nahe liegende Schlussfolgerung mitgeteilt: In gewisser Weise wird es einem Leid tun, dass auch dieser letzte Rest rein menschlicher Beziehungen zwischen den Kriegführenden aufhört, doch weil der böse Brite den Waffenstillstand wie beschrieben ja nur ausnutzen würde, ist die Reaktion der Obersten Heeresleitung unumgänglich, denn »zwingende militärische Gründe waren für das Verbot maßgebend. Es lag auch die große Gefahr vor, dass die Energie der Kriegführung dadurch Einbuße erlitt, denn es mochte manchem tapferen Krieger doch gegen das Gefühl gehen, denjenigen, mit dem er kurz zuvor gesprochen, Geschenke ausgetauscht oder gar die Hand geschüttelt hatte, unmittelbar darauf aus dem Schützengraben niederzuknallen.«

Malcolm Brown ist überzeugt davon, dass es ohne diese und ähnliche Hassgesänge in der Presse, und er bezieht die britische mit ein in seine Beurteilung, eine »derartige Feindschaft nie gegeben hätte«. Er zitiert einen deutschen Leutnant, der zum Himmel geblickt und dann zu einem englischen Offizier gesagt habe: »Mein Gott, warum können wir denn nicht einfach Frieden machen und alle nach Hause gehen?«

Von oben betrachtet, aus der Warte des in diesen Tagen so oft um Hilfe Angerufenen, um Gnade Beschworenen, um Rettung Gebetenen, sieht zwar die Landschaft Flanderns aus wie eine, die nicht mehr von dieser Erde ist. In künftigen Zeiten nannte man so etwas ganz allgemein eine Mondlandschaft, voller Krater und nirgendwo eine Spur menschlichen Lebens. Aber für die unten ist es wie der Himmel auf Erden. Sie können aufrecht stehen zwischen den Kratern, und das alleine schon ist ein überirdisches Gefühl.

Eigentlich ein nicht erlaubtes angesichts der Ereignisse in den vergangenen Monaten. Wo war er denn geblieben, der Hass? Wo war sie denn versteckt, die Feindschaft? Wo war sie denn vergraben, die Wut? Etwas gequält versucht es einer der offiziellen Kriegsreporter seinen Lesern in England zu erklären. Vielleicht habe es damit zu tun, schreibt Asmead Bartlett im »Daily Telegraph«, dass der gemeine deutsche Soldat, sobald er sich von der preußischen Militärmaschine entfernt habe, ein »gutherziger, friedvoller Mensch ist«.

Solche anrührende Nachdenklichkeit in Zeiten von Hass, Wut und Morden ist in deutschen Zeitungen nie zu finden. Nach den ersten Feldpostbriefen, unkommentiert abgedruckt, bleibt die Sprache flächendeckend kriegerisch. Schützengrabenanbiederei ist dabei noch der freundlichste Ausdruck für die Verbrüderung zwischen den Fronten, und natürlich sind es immer die anderen, die sich so anbiedern. Gern gelesen wird dagegen, so in der »Jenaischen Zeitung«, dass den Herren Franzosen als Antwort auf deren Weihnachtsgrüße als Gegengruß mehrere Handgranaten rübergeschickt worden seien, so »dass sie für die ganze Nacht genug hatten«.

Robert Graves schlug in der Geschichte von Coburg und Pommeroy einen kühnen Bogen vom Weihnachtsfest 1914 zu dem des Jahres 1915. Wäre zwar schön gewesen, wenn die literarische auch der historischen Wahrheit entsprochen hätte, aber in Wirklichkeit wurde an Weihnachten 1915 fast überall an der Westfront geschossen und nur noch selten ein holder Knabe in himmlischer Ruh besungen. Aber es blieb tatsächlich nicht einmalig, was an Weihnachten 1914 geschehen ist. Es gab eine Wiederaufnahme der Inszenierung, doch fand die Aufführung vor kaum besetzten Reihen statt.

Das hatte Gründe.

Die Hunde des Krieges waren zum einen vorbereitet auf alle Anflüge von Friedensengeln und hatten mit wüsten Drohungen dafür gesorgt, dass die Angst vor möglichen Konsequenzen unerlaubter Menschlichkeit größer war als die Sehnsucht nach Frieden. Zum anderen hatten gemeine Soldaten in den vergangenen zwölf Monaten seit dem ersten spontanen Waffenstillstand und den freundschaftlichen Begegnungen im Niemandsland viele ihrer Kameraden eben dort verrecken sehen. Erschossen von vielleicht denselben Gegnern, denen sie beim ersten *Christmas truce* die Hand gereicht hatten. Inzwischen war ja nicht nur der alltägliche Landkrieg hier im Westen – und dort im Osten in den Weiten Russlands – weitergegangen, inzwischen waren im Krieg noch ganz andere Verbrechen passiert. Der Untergang der »Lusitania« zum Beispiel. Deutsche U-Boote hatten den Passagierdampfer im Mai 1915 versenkt, eintausendvierhundert Menschen waren dieser Katastrophe zum Opfer gefallen. Der allgemeine Hass auf die Hunnen war danach stärker denn je.

Durften sich britische Generäle darauf verlassen?

Lieber nicht.

Die Genfer Konvention, die den Umgang mit Gefangenen

und Verwundeten regelte, in guten Zeiten von allen beschworen und unterschrieben, wurde täglich gebrochen und nicht etwa heimlich, sondern unheimlich offen. Hunnen zu töten, keine Gefangenen zu machen, falls es sich vermeiden ließe, schien auch den britischen Offizieren, die sich moralisch den deutschen grundsätzlich überlegen fühlten, inzwischen erlaubtes Verhalten im Krieg. Ihre Vorgesetzten deckten sie. Oder forderten sie sogar auf, ihre eigenen Verwundeten eher im Niemandsland sterben zu lassen als mit dem Feind eine Waffenruhe zu vereinbaren, in der man sie hätte bergen können. Erst nach dem Krieg erfuhren die Eltern, Witwen, Waisen, dass oft ihre Söhne, Männer, Väter – egal, aus welchem Land die kamen – tagelang verwundet im Niemandsland gelegen hatten, bis sie endlich tot waren.

Ob denn alles nichts mehr wert sei, an das man geglaubt habe, klagte darüber ein englischer Offizier, der sich nicht an solche Befehle hielt, ob weder Mitleid eines Menschen noch Ritterlichkeit eines britischen Gentlemans eine Bedeutung hätten? »Unsere Methoden haben in Zukunft also preußisch zu sein, und um genau diese Methoden zu bekämpfen, sind wir doch mal in den Krieg gezogen...«

Verroht waren viele, nicht alle, aber auf allen Seiten viele. »Unsere Infanterie hatte die Engländer, die sie noch lebend in den Schützengräben fand, nicht gefangen genommen, sondern zusammengeschlagen oder gestochen mit dem Bajonett, das war auch das Beste. Ihr könnt euch nicht vorstellen, wie es auf dem Schlachtfelde bei so einem Angriff hergeht«, schrieb nicht einer jener als brutal verschrienen Preußen, sondern ein katholischer bayerischer Soldat seinen Eltern und Geschwistern, stolz darauf, beim Morden dabei gewesen zu sein.

Er gehorchte nicht nur blutigen Instinkten, sondern blutrünstigen Befehlshabern. Sein oberster Befehlshaber dagegen predigte Frieden. Papst Benedikt XV., Oberhirte der Katholiken, Stellvertreter Gottes auf Erden, drang mit seinem Appell nicht durch zu seinen Herden an der Front. In ihren Gebeten vor der Schlacht, in ihren Feldgottesdiensten vermieden die katholischen Militärgeistlichen der Bayern und der Sachsen jeden Hinweis auf die Botschaft aus Rom. Wie ihre protestantischen Kollegen bei den Preußen und Westfalen beriefen sich die Diener Gottes im Sinne der ihnen viel näheren Herren Militärs auf den Gott des Krieges statt auf den Herrn der Liebe. Ob von den Kanzeln in den katholischen Kirchen der Heimat weniger Martialisches verkündet wurde, erfuhren deutsche Gläubige an der Front ebenso wenig wie ihre französischen Glaubensbrüder. Darüber würde nichts berichtet.

Papst Benedikt, schon einmal gescheitert mit einem Friedensappell zu Weihnachten 1914, unternahm am 28. Juli 1915, kurz vor dem ersten Jahrestag des Kriegsbeginns, einen weiteren Versuch: »Im heiligen Namen Gottes, unseres himmlischen Vaters und Herrn, um des gesegneten Blutes Jesu willen, welches der Preis der menschlichen Erlösung gewesen, beschwören wir euch, die ihr von der göttlichen Vorsehung zur Regierung der Krieg führenden Nationen bestellt seid, diesem fürchterlichen Morden, das nunmehr seit einem Jahr Europa entehrt, endlich ein Ziel zu setzen. Es ist Bruderblut, das zu Lande und zur See vergossen wird. Die schönsten Gegenden Europas, dieses Gartens der Welt, sind mit Leichen und Ruinen besät... Ihr tragt vor Gott und den Menschen die entsetzliche Verantwortung für Frieden und Krieg. Höret auf unsere Bitte, auf die väterliche Stimme des Vikars des ewigen und höchsten Richters...«

Die Angesprochenen hörten nicht auf ihn, der französische Politiker Georges Clemenceau, Jahre später Premierminister seines Landes und 1918 federführend beim Friedensvertrag von Versailles, nannte Benedikt verächtlich einen Papst der Boches. Seine Ausdrucksweise entsprach seinem Weltbild. Grundsätzlich hätte er es gern gesehen, Pazifisten und Defätisten, zu denen er den Papst zählte, nicht nur das Maul zu verbieten, wie es in Deutschland gefordert und durchgesetzt wurde. Sondern gleich vor ein Militärgericht zu stellen. Jenseits des Rheins, der so betrachtet nur ein Fluss war und keine moralische Grenze, nannte Generalfeldmarschall Erich von Ludendorff den Friedensapostel aus Rom einen Papst der Franzosen. Die Briten fühlten sich überhaupt nicht angesprochen. Katholiken gab es bei ihnen nur wenige, sie hatten eine eigene Staatskirche, und deren Vertreter beteten für einen Sieg von König und Vaterland.

Alle gemeinsam aber sorgten dafür, dass die eindringlichen Worte des Papstes ihr jeweiliges Volk möglichst nicht erreichten, dass die in den Zeitungen kaum oder gar nicht erwähnt wurden, insgesamt keine Verbreitung fanden.

Dessen Botschaft war schließlich keine frohe, sondern eine anklagende. Die Regierenden vernahmen sie zwar wohl, doch jedwede Verantwortung für das vom Papst beschriebene Szenario schoben sie ihren Gegnern zu. Die Hölle lag stets in den anderen. So lautete die Logik des Krieges, so lautet die Logik jedes Krieges. Den Feind zu verteufeln hebt die Moral der eigenen Leute. Sie dürfen sich als die Guten fühlen, als die besseren Menschen, und dieses Gefühl der moralischen Überlegenheit hilft dann, die Zweifel an der Berechtigung des unmoralischen Treibens, das im normalen Leben Mord hieße, zu verdrängen.

Der Garten Europas war tatsächlich mit Leichen übersät, und zu welcher Nation die einst gehört hatten, schien nicht mehr wesentlich. Nur besonders genaue journalistische Beobachter erkannten selbst da noch Unterschiede. Es sei nun mal evident, schrieb einer im Londoner »Daily Mirror«, dass ein toter Brite selbst als Leiche noch diesen so typischen Vertrauen erweckenden, bescheidenen Ausdruck eines Gentlemans im Gesicht habe. Als ob er kein weiteres Aufheben machen wolle von seinem Tod.

Vor vielen Stellungen an der Westfront lagen die Gefallenen seit Monaten, nicht einzelne, sondern in Haufen, und es stank zum Himmel. Sie vermoderten zur Unkenntlichkeit, während sie in den Regimentstagebüchern noch unter »Vermisst« geführt wurden. Zwar gewöhnten sich die Überlebenden an den Anblick und an den Geruch, obwohl sich auch die Härtesten vor allem über den Gestank beschwerten. Aber unvermeidbar war, dass die Soldaten täglich vor Augen hatten und im wahrsten Sinne einatmeten, welches Schicksal ihnen bevorstand.

Das machte ihre Seelen krank.

Den Militärs in den Hauptquartieren war es egal. Sie mussten diesen Anblick nicht ertragen, bei ihnen roch es nach Whisky und Truthahn, nach Rheinwein und Gänsebraten, nach Champagner und Lachssoufflé. Sie trugen nur die Verantwortung, und an der trugen sie nicht schwer. Also lehnten sie alle Bitten ihrer Leute von der Front um ein paar Stunden Waffenruhe, um wenigstens an Weihnachten die Toten zu begraben, ohne weitere Begründung ab.

So nämlich, genau so, mit gemeinsamer Bestattung der Toten, hatte dieser verdammte Zauber an Weihnachten vor einem Jahr mal angefangen, mit eigentlich selbstverständlichen Gesten begann 1914 das Wunder, und was daraus wurde, hatten sie nicht vergessen. Ein weiteres Mal durfte so etwas nicht passieren. Offensichtlich wuchs beim Bestatten der Toten nicht etwa, wie gefordert und gefördert, vor allem die Lust darauf, sie bei nächster Gelegenheit an denen zu rächen, die sie erschossen hatten. Also voller Hass den Gegner zu töten. Es wuchs vielmehr die Verzweiflung über die vor ihnen liegenden Folgen dieses verdammten Krieges, und in diesem Gefühl verstanden sich die Totengräber, egal in welcher Uniform, aufs Wort.

Deshalb schlossen die Offiziere in den Hauptquartieren kategorisch selbst dann Feuerpausen aus, wenn die ausschließlich dazu dienen sollten, überwacht vor Ort von den Kompaniechefs, die Lebenden vom Anblick der Toten zu befreien und die Gefallenen oder deren Überreste endlich unter die Erde zu bringen. Für deren ewige Ruhe würde es eh nicht reichen, aber vielleicht bis zum nächsten Einschlag der Mörsergranaten, bis zur nächsten Minenexplosion. Bei solchen Treffern im Niemandsland flogen regelmäßig Leichenteile durch die Luft. Danach erkannte wirklich keiner mehr, zu welcher Nation die Toten einst gehörten.

Die roten Mohnblumen Flanderns, die der kanadische Offizier John McCrae zu den Blumen der Erinnerung verdichtet hatte, waren zwar immer schon da. Aber im Krieg und als Symbol der Erinnerung danach sind die *poppies* zum Wahrzeichen geworden. *Poppies* trugen die Briten an allen Gedenktagen des Krieges, und davon gibt es bis heute viele. Es ist nur eine fantastische Erfindung, erlaubt nur einem elegischen Poeten, dass sie deshalb leuchtend rot auf den Feldern wogen, weil sie sich aus den Adern der Toten nähren und von deren Blut trinken.

McCrae schrieb sich mit seinem »*In Flanders Fields*« einen Albtraum von der Seele. Er verfasste die Verse wenige Stunden nach der Beerdigung seines Freundes Alexis Helmer, der am 2. Mai 1915 von einer Handgranate in Stücke zerrissen worden war. Was die Aufforderung an die Überlebenden zur Fortsetzung des Kampfes, die in den letzten drohenden Zeilen steckt, erklären mag: »Haltet ihr uns Toten nicht die Treue, werden wir nicht ruhen, auch wenn der Mohn blüht auf Flanderns Feldern.«

McCrae fiel nicht auf denen. Er starb an den Folgen einer Lungenentzündung im Januar 1918 in einem britischen Militärhospital in Wimereux.

Die Generalstäbe verließen sich 1915 nicht mehr darauf, dass ihre Befehle den einfachen Soldaten bekannt gegeben wurden und deren Vorgesetzte sich um die Einhaltung kümmerten. Das war im vergangenen Jahr wirkungslos geblieben, weil viele Offiziere den Befehl erst ungerührt zur Kenntnis nahmen und mit ihren und den anderen Männern anschließend gerührt im Niemandsland feierten. »Ich fordere die Truppenkommandeure auf, diesen Befehl streng durchzusetzen«, den des Fraternisierungsverbots, hatte schon damals, vor einem Jahr, in markigen Worten ein deutscher General vergeblich gedonnert. Die so streng angesprochenen Kommandeure hatten sich aber im Namen eines Höheren einen Teufel um sein Kommando geschert.

Offiziell blieben Deutsche und Franzosen nach wie vor bei der Taktik, die Ereignisse klein zu reden, um sie nicht größer erscheinen zu lassen, als sie eh schon waren. Denn es hatte sich auch unter denen, die damals nicht dabei sein konnten, weil sie in den Reservestellungen lagen, natürlich herumgesprochen, was an Weihnachten 1914 an der Front passiert war. Den immer wieder stur wiederholten Behauptungen ihrer Vorgesetzten, es sei außer den aus christlicher Nächstenliebe erlaubten Bestattungen nichts weiter geschehen als ein bisschen Gesang, ein bisschen Beten, ein bisschen Waffenruhe, glaubten sie nicht.

Die Briten zeigten sich geschickter im Zurechtbiegen der unerwünschten Wahrheit. In einem als *confidential* gekennzeichneten vertraulichen Schreiben des Oberstleutnants Burnett Hitchcock wurde zwar mit Hinweis auf *»the unauthorized truce which occurred on Christmas Day at one or two places in the line last year«* eine Wiederholung für 1915 strengstens untersagt. Ein unerlaubter Waffenstillstand an der *einen oder anderen* Stelle 1914 aber wäre ja längst vergessen gewesen, und ein Jahr danach hätte man sich gar nicht mehr daran erinnert. Oder daran erinnern müssen.

Gelogen war im Prinzip alles, was sie über die Bedeutung des ersten Weihnachtsfriedens ein Jahr danach verkündeten und den fest angestellten Verbreitern ihrer Lügen in den Zeitungen einflüsterten. Manchmal mehr und manchmal weniger. Lügen, aus Not geboren. Aus der Not der Kriegsbegeisterten in London, Paris, Berlin. Sie fürchteten eine Wiederholung des Friedens im Niemandsland. Denn der war aus der Not derer geboren, die den Krieg führen mussten, und deren Not war seitdem noch größer geworden. Erlöst von aller Not waren nur die Toten. Inzwischen Millionen.

Die Politiker und ihre ausführenden Generäle wussten aus Erfahrung, dass Frieden viel schwerer zu machen war als Krieg und schon ein kleiner Hauch von Frieden eine große Anziehungskraft haben konnte auf alle, die am Krieg litten und deshalb den Krieg leid waren. Es gab 1914 an der Front ja nicht nur ein oder zwei Fälle von *peace*, es gab in Wirklichkeit ein spontanes *peace movement* über Hunderte von Kilometern hinweg, und Tausende beteiligten sich an dieser Friedensbewegung.

Von denen waren zwar viele inzwischen tot, konnten den Kriegsherren nicht mehr gefährlich werden, aber einem Frieden trauten die Heeresführer mittlerweile mehr zu als ihrem Krieg. Für Frieden brauchte es keine großen Erklärungen, da reichten schon kleine Gesten. Und die waren in allen Sprachen schnell zu begreifen und ebenso schnell in die Tat umzusetzen. Deshalb diese wortgewaltige Aufregung. Deshalb zehn Tage vor dem Christfest 1915 diese hektischen Befehle und diese Drohungen und diese Appelle. Einen ohne ihre Erlaubnis beschlossenen, einen selbst gemachten Frieden an der Weihnachtsfront, deren Verlauf fast identisch war mit dem vor einem Jahr, konnten sie nicht riskieren. Verbrüderungen durften die Heeresführer nicht noch einmal durchgehen lassen. Da hätten sie genauso gut gleich ihren Abschied einreichen können.

Die innere Einstellung ihrer Untergebenen galt es zu ändern. Gefragt war psychologische Kriegführung – die man ja betrieb gegen andere – diesmal gegen die eigenen Leute und deren Befindlichkeiten. Die äußeren Umstände hatten sich nicht geändert im Vergleich zu denen von 1914. Die festgegrabene Situation des Krieges war unverändert und ebenso die unterirdischen Zustände in den Stellungen, wo die Soldaten aller Heere bei den um diese Jahreszeit üblichen Wetterverhältnissen bis zu den Hüften im Dreck standen. Selbst nationalstramme französische Zeitungen gaben zu, dass die eigentliche »Hölle des Krieges der Schlamm« sei und nicht allein die Boches, die gottverfluchten. Das sahen die umgekehrt genauso. »Das Leben ist hier einfach beschissen«, schrieb ein deutscher Leutnant vom 99. Infanterieregiment nach Hause. »Hier ertönt kein Lied, kein fröhlicher Gesang. Alles müde. Unsere schöne Begeisterung, wo ist sie geblieben?«

Sie ist gestorben im Niemandsland, ausgeblutet in den Stacheldrahtsperren, vermodert in der Erde. Wie die Zahl der Toten war längst die Anzahl derer gestiegen, die am Sinn des Tötens zweifelten und deshalb verzweifelt waren über den sinnlosen Krieg.

Bereits am ersten Weihnachtsfest an der Front, im fünften Monat des Großen Krieges, war nur noch wenig zu spüren gewesen von der anfänglichen Begeisterung, aufs Feld der Ehre ziehen zu dürfen, vom Hurra-Patriotismus, der sie einst alle infiziert hatte. Zwölf Monate später war der so tot wie viele jener Achtzehnjährigen, Neunzehnjährigen, die ihn mal singend ins Gefecht getragen hatten. Das Feld der Ehre war ein Leichenfeld.

Die Vorstellung, dass Achtzehn-, Neunzehnjährige für irgendwelche nationalen Ziele über Grenzen hinweg in einen Krieg zogen, ist heute Achtzehn-, Neunzehnjährigen so fern wie ein grenzenloses Europa so nah. Unvorstellbar für sie auch, dass ihre Urgroßväter nicht nur glaubten, eine vaterländische Pflicht erfüllen zu müssen, indem sie einen Todfeind genannten Nachbarn jenseits der Grenze umbrachten, sondern ihren Einsatz als ein Geschenk Gottes sahen, als die einmalige Chance, zum Mann zu reifen, letzte Weihen in einer als heilig stilisierten Schlacht zu erhalten. Für die meisten waren es tatsächlich die letzten. Sie weihten dem Tod ihr Leben, und der nahm die Gabe an.

Ernst Jünger hat diese zweitklassigen Gefühlswallungen

gleich auf der ersten Seite seiner Weltkriegserinnerungen »In Stahlgewittern« beschrieben. Seiner Art gemäß emotionslos, selbst in der Beschreibung von Emotionen unbewegt kühl: »Wir hatten Hörsäle, Schulbänke und Werktische verlassen und waren in den kurzen Ausbildungswochen zu einem großen, begeisterten Körper zusammengeschmolzen. Aufgewachsen in einem Zeitalter der Sicherheit, fühlten wir alle die Sehnsucht nach dem Ungewöhnlichen, nach der großen Gefahr. Da hatte uns der Krieg gepackt wie ein Rausch. Der Krieg musste es uns ja bringen, das Große, Starke, Feierliche. Es schien uns männliche Tat, ein fröhliches Schützengefecht auf blumigen, blutbetauten Wiesen. Kein schönrer Tod auf dieser Welt.«

Jünger war nicht einzigartig. Gleichaltrige Feingeister, Schriftsteller und Künstler, dachten und schrieben anfangs wie er. Die meisten von ihnen aber wurden durch den erlebten Schock fürs Leben geprägt und durch den dreckigen und gar nicht fröhlichen Krieg so aus ihren Träumen aufgeschreckt, dass sie, erschrocken von ihrer blinden Begeisterung, sich und ihre Sprache radikal änderten oder wenigstens verstört schwiegen.

Süß und ehrenvoll sei es, *dulce et decorum, pro patria mori*, fürs Vaterland zu sterben, *pour la patrie, for the Empire* ins Gras zu beißen? Die alte Lüge von Horaz verdichtete der englische Poet Wilfred Owen, und er nahm *»Dulce et Decorum Est«* ganz bewusst als Titel für seine bitteren Verse. So entlarvte er mithilfe der Wirklichkeit, die er als Soldat in den *trenches* ab Weihnachten 1916 erlebte, das klassisch hohle Pathos:

> *Gebeugt wie alte Bettler unter Säcken,*
> *X-beinig, hustend wie Hexen wateten wir im Schlamm,*
> *Bis wir beim Anblick der Leuchtkugel kehrtmachten*
> *Und uns zu unserer fernen Ruhestätte schleppten.*
> *Männer marschierten im Schlaf.*
> *Viele hatten ihre Stiefel verloren,*
> *Aber sie humpelten weiter mit blutenden Füßen.*

Sein berühmtes Gedicht »Dulce et Decorum Est« *erfüllte sich auf makabre Weise für Wilfred Owen. Er fiel wenige Wochen vor Ende des Krieges 1918 bei einem Angriff auf deutsche Stellungen.*

Wie Lahme. Wie Blinde.
Torkelnd vor Müdigkeit, taub gegen das Pfeifen
Der Granaten, die hinter uns einschlugen.*

Ernst Jünger blieb sich einen Krieg lang treu, auf »beinahe pathologische Art tapfer« (Niall Ferguson), und selbst wenn er das Grauen vor sich sah, wirkt seine Sprache kalt: »Zwischen den lebenden Verteidigern lagen die toten. Beim Ausgraben von Deckungslöchern bemerkten wir, dass sie in Lagen übereinander geschichtet waren. Eine Kompanie nach der anderen war dicht gedrängt im Trommelfeuer niedergemäht worden.«

Immerhin beschrieb Jünger damit die Wirklichkeit, der sich die eigentlichen Reporter des Krieges entzogen oder der sie sich entziehen mussten. Tatsächlich war es so, dass alle Soldaten Leichenteile beim Schanzen einsetzten, dass es immer wieder durch strengen Geruch auffiel, wenn auch menschliche Reste in den Sandsäcken steckten, mit denen die Brustwehren aufgeschichtet wurden – und dass dies inzwischen auf beiden Seiten der Front als normal hingenommen wurde.

Nicht nur Autoren wie Ernst Jünger, auch Dichter wie Thomas Mann schienen anfangs von jenem ansteckenden nationalen Virus befallen zu sein, bevor sie dann im Laufe des Krieges nicht mehr fieberten und wirres Zeug redeten oder schrieben. Thomas Mann klang einst in einem Brief an den Lyriker Richard Dehmel wie einer jener jäh im August 1914 zum Wort erwachten Dilettanten, als er von der »Ausdeutung, Verherrli-

---

* Bent double, like old beggars under sacks,
Knock-kneed, coughing like hags, we cursed through sludge,
Till on the haunting flares we turned our backs
And towards our distant rest began to trudge.
Men marched asleep. Many had lost their boots,
But limped on, blood-shod. All went lame; all blind;
Drunk with fatigue; deaf even to the hoots
Of tired, outstripped Five-Nines that dropped behind.

chung, Vertiefung der Geschehnisse« tönte, was insgesamt im Krieg die heilige Aufgabe eines Schriftstellers sein müsse. Er und viele andere – Gerhart Hauptmann, Rainer Maria Rilke, Hugo von Hofmannsthal – wähnten sich als Erben von Goethe und Schiller verantwortlich für die moralisch-geistige Aufrüstung ihrer Nation und drückten sich so martialisch aus. Damit wurden sie Teil der Truppe an der Heimatfront, die den Krieg beförderte und von seinen Folgen verschont blieb.

Sie waren zu alt, um selbst noch in den Krieg ziehen zu müssen. Das durften die Jungen für sie erledigen. Die sollten sich opfern. In »*Christ and Soldier*« lässt Sassoon einen Soldaten bei Jesus Christus nachfragen, auf wessen Seite er denn stehe im Krieg. Er bekommt keine Antwort, aber wenigstens der Poet lässt keinen Zweifel daran, für wen er ist. Für die jungen Opfer der alten Männer auf beiden Seiten.

Künstler im kampffähigen Alter hatten nicht am Sinn gezweifelt, sondern waren gläubig in die Schlacht gezogen. Kriegsfreiwillige: die Maler Oskar Kokoschka und Franz Marc und Otto Dix und Max Beckmann. Der Theaterkritiker Alfred Kerr. Die Dichter Klabund (d.i. Alfred Henschke), Hermann Hesse und Georg Trakl. Max Slevogt übernahm sogar das Amt eines Kriegsmalers und empfand die Zeit an der Front als künstlerische Bereicherung. Unter den Expressionisten gab es noch vor Weihnachten 1914 die ersten Verluste.

> *Ich war in Reihen eingeschient,*
> *Die in den Morgen schießen,*
> *Feuer über Helm und Bügel.*
> *Vorwärts, in Blick und Blut die Schlacht*
> *Mit vorgehaltenem Zügel.*
> *Vielleicht würden uns*
> *Am Abend Siegermärsche umstreichen.*
> *Vielleicht lagen wir irgendwo*
> *Ausgestreckt unter Leichen...*

Ernst Stadler, der dies schrieb, lag tatsächlich abends ausgestreckt unter Leichen. Er fiel bereits am 30. Oktober 1914 in Zandvoorde bei Ypern. Nur sein Tod ist ein deutscher, sein kurzes Leben war das eines Europäers. Aufgewachsen in Straßburg, dort Studium der Germanistik, Romanistik und anschließend Stipendiat der Cecil-Rhodes-Stiftung in Oxford, wo seine Habilitationsschrift über Wielands Shakespeare-Übersetzung entstand. Dann Dozent an der Universität Brüssel. Im Herbst 1913 Berufung als Professor nach Toronto, Stadlers Tätigkeit dort sollte Ende September 1914 beginnen.

Der Krieg begann früher.

Andere blieben stumm. Nicht nur deshalb, weil sie wegen der strengen Zensur in Deutschland nicht mehr gedruckt wurden, auch stumm im Protest dem Beispiel von Karl Kraus folgend, der seine »Fackel« fast ein Dreiviertel Jahr nicht mehr erscheinen ließ. Auf dieser Liste standen Kriegsgegner in der wahren Tradition von Goethe und Schiller: Johannes R. Becher, Annette Kolb, Ricarda Huch, Arthur Schnitzler, Leonhard Frank und Heinrich Mann.

Kurz vor Weihnachten 1915 aber, nach einem weiteren Jahr des gar nicht heroischen Alltags, waren auch die strammen Wortsoldaten stumm geworden. Das eigentlich unbeschreiblich Grauenvolle war unbeschreibbar geworden. Nun schrieben nur noch die Unbelehrbaren. Noch nie hatten die ein so großes Publikum, denn Zeitungen und Magazine gaben sich die Ehre, unter der Rubrik »Kriegspoesie« ihre unsäglichen Texte für Volk und Vaterland und Kaiser zu drucken, ein paar hohlwortige Polemiken gegen die Franzosen und die Engländer – und falls sich aus solchem Gedankengut ein Gedicht ergab, also Zeugnisse höherer deutscher Kultur, war das den Redakteuren am liebsten. Zum Beispiel denen des »Berliner Tageblatts«, wo sich Hermann Sudermann im Rahmen seiner Möglichkeiten einen Reim aufs große Ganze machte:

Was wir sind?
Wir sind Geweihte!
Jedem ward sein Ritterschlag!
Wir sind Qual- und Todbereite,
Wenn das Vaterland uns mag.

Es schwirrten in ähnlich dünner Luft Stilblüten und Leerfloskeln wie »Legionen eiserner Lerchen« und die »Wiedergeburt des deutschen Wesens«, ein gewaltiger »Aufbruch der Jugend« und ein dem Volk »aufgezwungener schwerer Daseinskampf«, die Sehnsucht nach einer »tieferen, dunkleren und heißeren Welt« und die Hoffnung auf Reinigung von »Dekadenz und Unkultur«. Wer trotz der Einschränkung durch Zensur in einem ansonsten nicht beachteten Kunstmagazin zum Beispiel eine Lücke zur Gegenrede fand und sich damit als ein vaterlandsloser Geselle offenbarte, im Widerspruch zur »treuen und entschlossenen vaterländischen Stimmung und Haltung des deutschen Volkes«, wurde bestraft. Entweder an die Front geschickt oder zu Gefängnis verurteilt oder in eine der zahlreichen Irrenanstalten eingewiesen.

Es gab aber Beispiele, wie sich überzeugte Frontkämpfer durch das Erlebte zu überzeugten Antimilitaristen wandelten und sich freischrieben vom preußischen Militarismus und so den patriotischen Qualm vertrieben, der sie so lange umnebelt hatte. Arnold Vieth von Golßenau hatte als Oberleutnant in der vordersten Front gelegen, war nach Flandern gezogen in freudiger Erregung. »Ein Mann lehnte an der Tür, die Mütze tief ins Gesicht gezogen, und stierte uns an. Der Mann hasste uns. Weshalb muss man sich hassen, wenn man gegeneinander Krieg führt?«

Der Adlige kehrte geheilt zurück. Sein in unpathetischem Ton geschriebener Tatsachenbericht, den er in die Form eines Romans packte und für den er sich als Pseudonym den Namen seines Antihelden gab, erschien erst zehn Jahre nach Kriegsende. Ludwig Renns »*Krieg*« verkaufte sich hundertsechzigtausendmal und wurde in zehn Sprachen übersetzt. Von Golßenau alias Renn stand wie der Pazifist Ernst Friedrich, wie Erich Maria Remarque auf der schwarzen Liste der Nazis deshalb ganz oben, floh 1936 ins Exil.

Jene Todessehnsucht, die eine Generation auf die Felder Flanderns und Frankreichs trieb, war eine aus heutiger Sicht lächerliche Kombination von nationalistischer Verblendung, pubertärer Lust auf Abenteuer, christlichem Fundamentalismus. Aber damals entsprach diese krude Mischung dem Zeitgeist. Der herrschte nicht nur im Deutschen Reich. Mit Kreuzzugsparolen zogen junge Männer wie einst Ritter in einen Kampf der Guten gegen die Bösen. Ein »Heiliger Krieg« werde geführt, weil es »der Kampf freier Menschen ist, sich von Militarismus und Imperialismus zu befreien«, tönte Victor Bosch, und der Franzose war kein rechter Nationalist, kein reaktionärer Katholik, sondern bekennender Atheist, Freimaurer und aktiv in der Liga für Menschenrechte.

Die Bösen hausten im Hinterland und regierten in den Hauptstädten der Krieg führenden Nationen. In einem Fall in diesem, im anderen Fall in jenem Vaterland, in allen Fällen jedoch weit entfernt vom Niemandsland. Da aber, an der Front, da starben im Feuer die Illusionen, und da versanken im Schlamm die Parolen, und da endeten im Stacheldraht die Träume vom Heldentum. Wer das Unsagbare überlebte, dem verschlug es die Sprache. Depressionen machten stumm. Mit denen, die zu Hause geblieben waren, war beim seltenen Heimaturlaub eine normale Kommunikation nicht mehr möglich. Zu verschieden bereits nach wenigen Monaten Krieg die erlebten Welten.

Robert Graves wurde nach dem Krieg über die Ursachen solcher Sprachlosigkeit befragt, und er fand nur eine schlichte Erklärung: »Das war ja das Verrückte. Man hatte also Heimaturlaub, sechs Tage oder so, und anstatt sich zu freuen, war das eine schreckliche Vorstellung, mit Leuten zusammen sein zu müssen, die überhaupt nicht verstanden, worum es an der Front eigentlich ging. Und erklären konnte man es ihnen nicht. Man kann nicht die Geräusche von der Front kommunizieren. Die hörten ja niemals auf, nicht für einen Moment, niemals.« Und die hatten sie im Kopf auch dann, wenn es wie in der Heimat oder wie Weihnachten in Flandern friedlich still war. Es war die Front niemals ein Platz für Soldaten mit schwachem Herzen, *no place for soldiers with weak hearts*, wie Edmund Blunden schrieb.

Eher fanden die Feinde vor Ort zu einer gemeinsamen Sprache. Sentimentale Stimmungen wie die zu Weihnachten üblichen förderten das Verständnis. »Unsere Soldaten haben eigentlich keinen Streit mit den Fritzens«, bestätigte Colonel W.N. Nicholson vom Suffolk Regiment, man müsse sich vielmehr Sorgen machen, dass die Frontkämpfer, außer natürlich in der Hitze eines Gefechts, zu freundlich miteinander umgingen. Ein Gegner, gleichfalls ein hochrangiger Militär, sah diese Gefahr auch, drückte sich allerdings gut deutsch aus: »Manchmal schwächt sich nach einigen Tagen die feindliche Gesinnung zwischen den Wachposten ab. Es kommt sogar vor, dass diese miteinander sprechen. Solche Sitten dürfen bei einem so arglistigen Feind wie dem jetzigen nicht einreißen, die Wachposten müssen auf jeden Feind schießen, den sie in Schussweite sehen.«

Aber falls es so war, dass sich die »feindliche Gesinnung« abschwächte aufgrund der Realität – warum wurde aus dem kleinen dann kein großer Frieden? Hatte das Gemetzel allein an der Westfront nicht schon eine halbe Million Männer das Leben gekostet? Hatten nicht auch die disziplinierten britischen Soldaten längst begriffen, dass die Taktik ihrer Generäle, sie in Reihen marschieren zu lassen, einem Massenselbstmord gleichkam? Hatten nicht selbst die tapferen Poilus längst nur noch Angst im Nacken und den unvermeidbaren Tod vor sich? Hatten nicht sogar die kriegstrunkenen Deutschen längst den

Tag verflucht, an dem sie ihre sichere Heimat verlassen hatten? Waren nicht Schlamm und Nässe und Kälte die eigentlichen Todfeinde und damit die gemeinsamen?

Nur wenn es den Soldaten gelungen wäre, zum Beispiel nach der Schlacht an der Somme, einen Waffenstillstand länger als ein paar Tage durchzuhalten, wenn sich ganze Armeen so verhalten hätten wie zeitweise die Truppen an der Westfront, dann wäre den Politikern aller Länder »nichts anderes mehr übrig geblieben«, als Frieden zu schließen. Stanley Weintraub fügt hinzu, dass es 1914 für einen dauerhaften Frieden nie eine echte Chance gab, weil als Folge davon »die Regierungen auf beiden Seiten gestürzt worden wären«, was die natürlich gewusst hätten, aber er stimmt dem britischen Offizier Nicholson im Prinzip zu: »Später im Krieg, nach weiteren Millionen Toten, hätte es ganz anders ausgehen können.«

Das schienen die Herren des Krieges zumindest geahnt zu haben. Deutsche und britische und französische Heeresleitungen gaben ihren Offizieren an der Front nicht nur Anweisungen, wie sie sich am zweiten Kriegsweihnachten zu verhalten hätten, sie verlangten Vollzugsmeldungen. Jeden Einzelnen wollten sie persönlich dafür verantwortlich machen, falls 1915 erneut fraternisiert werden sollte. Jeder einzelne Zugführer, Kompaniechef, Regimentskommandeur wurde verpflichtet, die geringsten Versuche von Verbrüderungen zu verhindern. Die Warnung vor einer Degradierung und damit vor dem Ende einer militärischen Karriere waren dabei noch das Wenigste. Sie hatten andere Mittel parat. Es gab schließlich Kriegsgerichte und die ausgesprochene Drohung von harten Strafen bis hin zur Exekution.

Wie tödlich ernst gemeint solche Drohungen in der Tat waren, haben nach dem Krieg Historiker belegt. Franzosen und Briten verurteilten an der Westfront Hunderte ihrer Soldaten wegen Feigheit vor dem Feind usw. und ließen sie standrechtlich erschießen – und als Feigheit vor dem Feind hätte sich eine Verbrüderung ja durchaus interpretieren lassen. Die Deutschen

Die Geschichte vom Christmas Truce und dem Fußballspiel zwischen Deutschen und Briten an der Front 1914 ist Engländern bis heute geläufig. Karikaturisten können sie ohne große Worte zu verlieren politisch benützen. Hier beim Fußballspiel zwischen dem damaligen britischen Premier John Major und Bundeskanzler Helmut Kohl 1993, misstrauisch beobachtet von einem Zeppelin mit den Gesichtszügen der Anti-Europäerin Margaret Thatcher.

vollstreckten zwischen 1914 und 1918 insgesamt knapp über fünfzig Todesurteile und die Belgier dreizehn.

Dass es unter den belgischen Soldaten nicht mehr waren, hatten sie auch Albert I. zu verdanken, ihrem König. Dieser kluge Mann empfand es als abartig, das Blut von anderen zu vergießen. So unterschied er sich von allen anderen Oberbefehlshabern, die genau das für ihre Pflicht hielten. Wirklich von allen. Deshalb wurde er damals von den Verbündeten insgeheim als Feigling verachtet, was ihm egal war, deshalb wurde er von seinen Soldaten geliebt, weil er sie nicht verheizen ließ, deshalb wird er von seinem Volk bis heute verehrt.

Die auf totalen Krieg eingestimmten und durch Drohungen eingeschüchterten Offiziere lasen ihren Männern die Befehle vor und machten sich, obwohl viele von ihnen im Jahr zuvor noch den Frieden mitgemacht und den Feinden die Hand gereicht hatten, zu Handlangern. Im nächsten Krieg wurde solches Verhalten als Befehlsnotstand bezeichnet, und deutsche Mörder in Uniform, die sich im Falle eines Prozesses nach 1945 darauf beriefen, fühlten sich frei von Schuld an den Verbrechen gegen die Menschlichkeit, die aufgrund ihrer Befehle passiert waren.

Historiker halten dagegen, man dürfe Völkerschlachten nicht vergleichen mit dem befohlenen Schlachten ganzer Völker. Aber die meisten Historiker, unter ihnen so berühmte wie John Keegan, hielten auch zum Beispiel die historisch einmaligen Tage des Waffenstillstandes an der Weihnachtsfront für keiner Zeile wert, als sie die Geschichte des Großen Krieges aufschrieben.

Die martialischen Orders, mit denen eine Wiederholung des Weihnachtswunders von 1914 verhindert werden sollte, glichen sich nicht aufs Wort, aber im Inhalt so sehr, dass man sie als gemeinsamen Aufruf aller Generalstäbler hätte verbreiten können. Die Furcht vor Frieden einte die obersten Militärs, sie verließen sich nicht mehr darauf, dass der in den letzten zwölf

Monaten gestiegene Hass unter den verfeindeten Soldaten stärker war als jedes andere Gefühl. Schon einmal hatten sie sich gewaltig getäuscht, schon einmal war deren Hass auf den furchtbaren Krieg größer gewesen als der auf die furchtbaren Feinde.

Auf jeden Deutschen, der sich auf der Brustwehr zeige, müsse sofort geschossen werden, hatte zum Beispiel Sir Douglas Haig befohlen, der inzwischen den britischen Feldmarschall French abgelöst hatte. Snipers und MG-Schützen hätten an Weihnachten unter erhöhter Alarmbereitschaft zu sein, und alle Soldaten, die mit dem Feind verbal oder auch nur per Zeichensprache kommunizierten, sollten hart bestraft werden. Die meisten hielten sich strikt an seinen Befehl.

Leutnant Gordon Barber vermeldete voller Stolz, an seinem Abschnitt habe es »nicht den geringsten Versuch« einer waffenlosen Bruderschaft gegeben. Die Franzosen rechts von seiner Einheit »sangen die ganze Nacht«, die Deutschen, die er in seinem Bericht Hunnen nannte, ebenso unentwegt, für drei Minuten hätten die sich im Niemandsland auch kurz getroffen, aber nur Weihnachtswünsche per Handschlag ausgetauscht. Danach hörte er nur noch vertraute Geräusche, eine Gewehrsalve nach der anderen. »Es war ein Tag wie jeder andere, außer der Tatsache, dass wir mit Rum flambierten Plumpudding zum Essen hatten.«

Erich von Falkenhayn ließ keine Zweifel aufkommen, dass auch er es im Wortsinne tödlich ernst meinte: Jeder Mann, der seinen Posten im Graben verlasse und in Richtung Feind gehe, egal aus welchen Gründen, solle sofort erschossen werden. Falkenhayn forderte quasi die eigenen Leute auf, eventuelle Friedensboten hinterrücks abzuknallen. Mögliche Annäherungen von der anderen Seite seien ausschließlich als feindliche Handlung zu interpretieren. Auch für solche Fälle sah die Oberste Deutsche Heeresleitung in Mézières nur eine passende Antwort vor, den gezielten Abschuss.

Von diesem Befehl durften die Zeitungen im Deutschen Reich nicht nur berichten, das sollten sie sogar. Es ließ sich allerdings nicht vermeiden, dass erklärt werden musste, was denn die eigentliche Ursache für die strengen Verfügungen sei. So erfuhr dann wenigstens ein Jahr danach auch der letzte Leser, dass an Weihnachten 1914 Unerhörtes geschehen war. Der fürs Wunder in den Unterständen gefundene Begriff lautete abwertend »Schützengrabenfreundschaft« (so die »Münchner Zeitung« vom 13. Januar 1915), und so eine wurde öffentlich gebrandmarkt als bedenklicher Verstoß gegen die im Krieg nötige Moral. Da man »mit Bedauern« habe feststellen müssen, dass diejenigen, die solche »Annäherungsversuche ausführten oder unterstützten, den Ernst der Lage offensichtlich verkannten«, half nur der deutliche Hinweis auf die zu erwartenden Strafen.

Die deutschen Stabsoffiziere wussten genau – wie die folgende Aufzählung zeigt –, was außer Fußball und Gesang und Beerdigungen 1914 noch geschehen war, und stellten im Dezember 1915 alles gleichermaßen unter Strafandrohung: »Jeder Versuch der Verbrüderung mit dem Feind wie zum Beispiel eine stillschweigende Abmachung, nicht aufeinander zu schießen, gegenseitige Besuche, Austausch von Neuigkeiten, wie es letztes Jahr an Weihnachten und Neujahr passierte, ist hiermit streng verboten. Zuwiderhandlungen werden als Hochverrat betrachtet.«

In den Tagesbefehlen aus dem französischen Hauptquartier in Chantilly wurde die Sorge vor einer Wiederholung der Friedensbewegung noch deutlicher. Die Sprache war brutal eindeutig und manchmal eindeutig brutaler als die der Boches. In der Anordnung 4569/3 der 5. Armee vom 23. Dezember 1915 ging es sowohl um die Weihnachtstage als auch um die bevorstehende Silvesternacht. Alles war den Poilus verboten, Lichter, Kerzen, Gesänge. Stattdessen sollten die deutschen Stellungen unter Dauerbeschuss gehalten werden, und falls dennoch einzelne Gruppen der Feinde ihre Gräben verließen, um sich mit

Franzosen zu verbrüdern, galt die Empfehlung: Nahe genug heranlassen und dann unter Sperrfeuer nehmen, *tir de barrage*, während sich parallel die Scharfschützen gezielt ihre Opfer suchten. Um jeden Preis sollte eine Wiederholung der als »Ausschweifungen« umschriebenen Ereignisse von 1914 verhindert werden.

Umso erstaunlicher, dass es trotz solcher massiver Drohungen erneut magische Momente des Friedens gab, Zeugnisse von »schönen menschlichen Dokumenten«, wie sie Leutnant Meinicke vor einem Jahr etwas geschraubt genannt hatte. In seiner Kompanie zum Beispiel wagte sich Unteroffizier Berndt trotz Gewehrfeuer am Heiligen Abend 1915 aus der sicheren Deckung, darauf vertrauend, dass man ihn in der Dunkelheit nicht sofort ausmachen und gezielt ausschalten konnte. Dann begann er zu singen. Das Feuer erstarb augenblicklich, weil niemand auch nur einen Ton versäumen wollte. »Als ich auf die Deckung stieg und ins feindliche Lager das Lied ›Behüt dich Gott‹ ertönen ließ, verstummten die Schüsse.«

Gesungen haben sie, die einen wie die anderen, zu jeder Jahreszeit. An Weihnachten entsprechend mehr, aber auch sonst zu jeder Gelegenheit. Musik weckte Gefühle, die an der Front längst gestorben schienen. Ekel, Trauer, Furcht, Depressionen wichen dann frontenüberwindend dem Zauber einer Melodie. Grenadier Herbert Sulzbach erinnerte sich an eine Augustnacht um den ersten Jahrestag des Krieges herum, als ein Franzose mit »wunderbarer Tenorstimme« eine Arie aus Verdis »*Rigoletto*« sang. Die deutsche Kompanie stand auf ihrem Graben und lauschte, und als der letzte Ton verklang, »applaudierten wir so laut, dass es der Franzose bestimmt gehört hat und vielleicht davon so gerührt war wie wir von seinem wunderbaren Gesang. Was für ein außergewöhnlicher Kontrast! Man feuert aufeinander, man tötet einander, und dann wie aus dem Nichts beginnt ein Franzose zu singen, und die Musik lässt uns den ganzen Krieg vergessen.«

Die musikalischen Laute überwanden für ein paar Augenblicke die lauten Granaten. Auch bei Ramskapelle, scheinbar mitten im Wasser gelegen – doch das sah nur so aus, weil die Landschaft zwischen Nieuwpoort und Diksmuide nach wie vor überflutet war –, sangen die Deutschen 1915 in ihrem Unterstand Weihnachtslieder. Etwa fünfzig Mann mussten es gewesen sein. Ein Feind, mit dem sie sich wie im Jahr zuvor auf Zuruf hätten arrangieren können, war nicht in Sichtweite. Was sie nicht ahnen konnten: Vier Belgier hörten ihnen zu. Urbain Gruwez und drei seiner Männer lauerten in einem der Vorposten, einer Sappe. Dahin führte eine Telefonleitung, die funktionierte. Außer dem mal lauteren, mal leiseren Gesang herrschte Stille in dieser Weihnachtsnacht, abgesehen von den natürlichen Geräuschen, die der Wind machte, und dem glucksenden flachen Wasser, durch das sich die vier Belgier in die Nähe der deutschen Gräben vorgetastet hatten.

Die singenden Deutschen weckten in ihnen Gefühle, friedliche statt kämpferische. Die Musik ging ihnen nah. Sie ergaben sich den Melodien und dachten voller Sehnsucht an ihre Familien statt an den nächsten Waffengang. Ihren Auftrag vergaßen sie dennoch nicht. Ihr Leutnant hatte befohlen, sofort zu melden, wenn ihnen da draußen etwas Besonderes auffiele. Gruwez gab seinen Rapport über die singenden Deutschen durch. Er hatte den Telefonhörer noch in der Hand, als schon die ersten Granaten in den deutschen Unterständen einschlugen. Der Gesang verstummte schlagartig. »Die Toten konnten ja nicht mehr rufen, aber die vielen Verwundeten schrien laut. Von der ganzen deutschen Stellung war nichts mehr übrig geblieben.«

Die Erinnerung an dieses Blutbad zu Weihnachten belastete ihn sein Leben lang, der Selbstvorwurf, sich wie ein Barbar verhalten zu haben, bedrückte ihn. In einem Brief an seinen Enkel Luuk schrieb sich der alte Mann fünfzig Jahre später seine Qualen von der Seele. Die Schreie der Verwundeten hörte er immer noch. Er mochte sich nicht freisprechen von Schuld, obwohl er das leicht hätte machen können, denn er hatte nur auf Befehl gehandelt, und angesichts des unmittelbar noch während seines Anrufs erfolgten Artilleriebeschusses gab es keinen Zweifel daran, dass längst alles dafür vorbereitet und er nur noch Mittel zum Zweck gewesen war.

Ohne seinen Lagebericht aber hätten die Kanoniere nicht todsicher getroffen, weil sie nicht so schnell gewusst hätten, wohin sie schießen sollten. Sie hätten sich erst einschießen müssen, was vielen Deutschen das Leben gerettet hätte. Hätte. Hätte. Hätte. »Erst meine Aktion hat Leben vernichtet, und das in der Weihnachtsnacht, am Höhepunkt des Christfestes. Es war schlimmer als der Krieg selbst, falls man so etwas überhaupt sagen kann, die schlimmste Fehlentscheidung, die ich in meinem Leben getroffen habe. An Weihnachten ist ja jeder Mensch schwächer als sonst. Alles geht tiefer ans Gemüt. Man denkt wirklich mehr an Frieden als ans Töten. Ich habe es danach oft und zutiefst bedauert.«

Bei St. Elooi genügten zwei Pfiffe. Deren Bedeutung war abgesprochen. Falls die Briten pfiffen und von der anderen Seite ein Gegenpfiff ertönte, galt es als Zeichen, dass die Luft rein war. Rein von Wachhunden, also Offizieren. Augenblicklich verließen daraufhin alle Männer ihre Gräben und begaben sich ins Niemandsland. Außer einem Händedruck und dem Austausch von Konserven und Tabak geschah aber nichts. Sie hatten keine Zeit für Verbrüderungen anderer Art. Jeden Moment könnte einer ihrer Vorgesetzten dem spontan herbeigepfiffenen Treffen ein Ende machen. Nach zehn Minuten war der weihnachtliche Spuk wieder vorbei.

Ließ sich aber auf Pfiff wiederholen.

Leutnant Wilfred Ewart hätte ebenfalls als Vorbild für Graves' Captain Pommeroy dienen können. Er war ein Gentleman wie dieser, er war menschlich wie Pommeroy, er gebrauchte seinen Verstand wie der. Ewart befehligte eine Kompanie der

Scots Guards zwischen Armentières und Lille. Die trugen im Gegensatz zu den Gordon Highlanders keine Kilts. Ewart stand an Weihnachten der Sinn nicht nach Krieg, er wollte Ruhe für sich und für seine Leute. Ganz egal, was die oben befohlen hatten. Aber wie für ein Gefecht im Krieg brauchte es zur Umsetzung des Friedens eine Strategie – und den richtigen Augenblick.

Am Boxing Day 1915, kurz vor acht Uhr morgens, genauer: um 7.50 Uhr, schien die Gelegenheit günstig. Um diese Zeit dürften die im Hauptquartier noch angeschlagen sein vom üppigen Christmas Dinner, und so früh würde keiner aus der Etappe hier an der Front auftauchen. Es ging los mit Pfiffen von drüben. Dann erschien ein Deutscher über der Brüstung und wedelte mit beiden Armen. Ein Zweiter folgte, ein Dritter. Alle kamen nach und nach aus den Gräben, aber blieben noch abwartend an ihren Drahtverhauen stehen. Ewart sah das alles, aber reagierte nicht, was seine Schotten richtig interpretierten. Im Nu kletterten auch sie aus ihren Unterständen und rannten los. Die Deutschen setzten sich gleichzeitig in Bewegung. In der Mitte trafen sie sich. Diese »alles überwältigende Sehnsucht nach Menschlichkeit, dieser unwiderstehliche Impuls, geboren aus Hoffnung und aus Furcht, triumphierte und breitete sich aus wie eine Seuche«, notierte Ewart. Aber aus gebotener Vorsicht nur in seinem privaten Tagebuch, nicht etwa im offiziellen des Regiments.

Sie hauten einander auf die Schultern wie Schuljungs, denen es gerade gelungen war, ihre strengen Lehrer reinzulegen. So ähnlich war es – mit dem gewaltigen Unterschied, dass die Lehrer Offiziere waren und die Jungs Soldaten und dass anschließend kein Eintrag ins Klassenbuch drohte, sondern eine Anklage vor dem Kriegsgericht. Das war ihnen allen aber ganz offensichtlich egal. Sie lachten und sie tauschten Kekse gegen Sauerkraut, und wenn es sprachlich nicht reichte, zeigten sie stumm bewundernd auf das, was die anderen hatten und sie nicht. Die Mäntel der Briten hier, die dicken Pullover dort. Ewart schrieb das alles so detailliert erst nach dem Krieg auf, insofern ist der Dialog, an den er sich dann erinnerte, nicht wörtlich zu nehmen:

»Wann hört dieser verdammte Krieg auf?«
»Nach der Frühjahrsoffensive.«
»Yes, nach der Frühjahrsoffensive.«
»Wie sehen eure Gräben aus?«
»Beschissen. Knietief Schlamm und Wasser. Nicht mal für Schweine zu ertragen.«
»Habt ihr nicht auch die Schnauze voll vom Krieg? Wir schon.«

Das alles dauerte nicht lange, schloss Ewart seinen Erlebnisbericht, den er »*Ten Minutes Goodwill – A Happy Memory Of The Second Christmas Armistice*« nannte, eine glückliche Erinnerung an den zweiten Weihnachtsfrieden, denn vom 95. Bayerischen Reserveinfanterieregiment ihnen gegenüber waren plötzlich zwei Offiziere aufgetaucht. Die hatten nichts Böses im Sinn, aber ihre Kameras dabei, und sie wollten Aufnahmen von den Engländern machen, boten Zigarren als Honorar an. Ewart verhinderte es, denn er konnte sich lebhaft ausmalen, was im Falle einer Veröffentlichung solcher Fotos passieren würde, vor allem mit ihm.

Viel Zeit blieb den Schotten und den Bayern nicht, um für den Rest des Boxing Day eine Taktik zu beschließen und ihr Verhalten für die kommenden Tage abzusprechen. Einer der beiden deutschen Offiziere nämlich wandte sich an Ewart und bat ihn, seine Männer wieder in die Gräben zu schicken, gerade habe er erfahren, dass in fünf Minuten die deutsche Artillerie das Feuer eröffnen wolle. So geschah es, aber für die nötigen Absprachen hatte die Zeit gereicht. An diesem Frontabschnitt fielen keine Schüsse mehr, vierundzwanzig Stunden lang, und danach dauerte es noch Tage, bevor der Krieg wieder losging.

Lag es etwa daran, dass »sie im Leid so viele Gemeinsamkeiten hatten«, fragte sich Ewart, oder hatte es Gottes Gnade bewirkt oder nur »die menschliche Neugier auf den anderen Menschen«? Keiner jedenfalls, der jene zehn Minuten erlebt hatte, in denen sich »Engländer und Bayern geeint an einem grauen Weihnachtsmorgen auf dem Schlachtfeld verbrüdert haben«, würde die jemals vergessen können.

Auch Dichter, die sich gegenüber in den Gräben lagen, die sich nie trafen, nichts voneinander wussten, die nicht berühmt waren, sondern Soldaten ihres jeweiligen Landes, hatten ähnliche Gefühle. Und als sie die verdichteten, klangen ihre Verse in verschiedenen Sprachen durchaus ähnlich. Wehmütig.

> *I am the enemy you killed, my friend.*
> *I knew you in this dark: for so you frowned*
> *Yesterday through me as you jabbed and killed.*
> *I parried; but my hands were loath and cold.*
> *Let us sleep now...*

An den imaginären Feind, den Wilfred Owen besang, der ihn getötet hatte, der ihn gestern killte, dessen Hände kalt waren wie die seinen, dachte auf der anderen Seite zum Beispiel Gerrit Engelke. Was der deutsche Gefreite unter dem Titel »*An die Soldaten des Großen Krieges*« reimte, hätte ebenso gut vom englischen *Private* Owen stammen können:

> *Lagst du bei Ypern, dem zertrümmerten? Auch ich lag dort,*
> *Bei Mihiel, dem verkümmerten? Ich war an diesem Ort.*
> *Diksmuide, dem umschwemmten? Ich lag vor deiner Stirn.*
> *In Höllenschluchten Verduns, wie du in Rauch und Klirrn;*
> *Mit dir im Schnee von Dünaburg, frierend, immer trüber.*
> *An der Leichen fressenden Somme lag ich dir gegenüber,*
> *Ich lag dir gegenüber überall, doch wusstest du es nicht!*
> *Feind an Feind, Mensch an Mensch und Leib an Leib, warm*
>   *und dicht.*

Owen wurde kurz vor Kriegsende, im November 1918, bei einem Angriff getötet. Aus einer Nervenklinik war er nach einem Granatenschock als geheilt entlassen und wieder an die Front geschickt worden. »Das erste literarische Genie, das aus dem Proletariat hervorgegangen ist«, wie Engelke posthum gepriesen wurde, starb kurz zuvor am 13. Oktober 1918 in einem britischen Feldlazarett an den Folgen einer Schussverletzung. Das »In Flanders Fields Museum« zitiert beide. So schließt sich der Kreis.

Als beide fielen, war das ganze Land bereits ein einziges großes Massengrab. Das ist Flandern zwar bis heute geblieben, aber sanftes Grün bedeckt die Vergangenheit. Ab und zu nur stülpt sich die Erde noch nach oben, wenn ein Pflug sie aufwirft, und spuckt die Toten wieder aus. Teile von ihnen. Knochen.

Auch anderswo an der Front, trotz aller Drohungen, nahmen sie sich um Weihnachten wie Ewarts Männer eine begrenzte Auszeit vom Krieg. Einige Wochen vor Weihnachten hatten Württemberger vom 235. Reserveinfanterieregiment mit den Proben für einen Auftritt begonnen, der ihnen offiziell erlaubt worden war. Die eigenen Leute wollten sie mit Chorälen erfreuen. Der etwas andere Männergesangsverein übte tagsüber in den Unterständen, wenn es mal nichts zu tun gab, ein paar der gängigen deutschen Weihnachtslieder ein. Es klang trotz aller Mühen hörbar schlecht, aber es war zumindest hörbar.

Als es am 24. Dezember 1915 so weit war, versammelten sich die Sänger in der vordersten Linie, blieben aber in Deckung, bis es wirklich dunkel wurde. Dann kletterten sie in die stille Nacht, stellten sich auf die Brüstung und sangen die achtzig Meter zu den Briten hinüber. Etwa eine halbe Stunde lang. Nichts passierte. Die Engländer lauschten nur. Klatschten nicht wie im vergangenen Jahr und antworteten nicht mit einem Lied. Aber sie schossen auch nicht.

»Feind arbeitet anscheinend wenig. Lautes Singen, Sprechen, Ziehharmonikaspielen. Zurufe wie ›Bayern‹ und ›Kameraden‹

wurden vernommen«, vermerkte Oberst Maximilian Ebermayer von der 10. Bayerischen Feldartilleriebrigade, der im vergangenen Jahr jede unnütze Schießerei untersagt hatte, lapidar am 26. Dezember 1915 in seinem Tagebuch. Gemäß aller Eintragungen in allen Regimentstagebüchern waren es stets Soldaten von der anderen Seite, die begonnen hatten, mit dem Krieg aufzuhören. Bei Ebermayer waren es Briten, bei den Franzosen und Briten Deutsche, doch ob es stimmte oder nur gut erfunden war, um von der eigenen so genannten Schwäche abzulenken, lässt sich nicht mehr überprüfen.

Ernst Jünger machte in seinem Tagebuch nur äußere Umstände für Weihnachtsannäherungen verantwortlich, keine inneren Gefühle: »Die Besatzung beider Gräben war von dem furchtbaren Schlamm auf die Brustwehren getrieben, und schon hatte sich zwischen den Drahtverhauen ein lebhafter Verkehr und Austausch von Schnaps, Zigaretten, Uniformknöpfen und anderen Dingen angebahnt.« Als durch ein Versehen ein Deutscher getötet wird, ganz so wie es bei Graves passierte, beginnt sofort wütendes Geballer, und der Frieden stirbt.

Leider müsse er davon berichten, gab der englische Generalmajor Cavan in einem vertraulichen Rapport an sein Oberkommando zu, dass trotz aller Befehle, trotz aller Warnungen am 25. Dezember 1915 mit den gegenüberliegenden Bayern vom 13. Reserveregiment eine Verbrüderung im Niemandsland stattgefunden hatte. Die sofort alarmierten Kommandeure seien »innerhalb von zwanzig Minuten vor Ort« gewesen und hätten damit begonnen, die Männer in die Gräben zurückzuscheuchen. Das wiederum dauerte weitere dreißig bis vierzig Minuten. »Ich habe eine genaue Untersuchung angeordnet, wie es dazu gekommen ist, dass meine Befehle nicht befolgt worden sind.« Zwar seien es die Deutschen gewesen, die mit dem Fraternisieren begonnen hätten, ganz so wie im vergangenen Jahr, aber »das ist keine Entschuldigung, und ich bedaure den Vorfall mehr, als ich sagen kann«.

Otto Heinebach, Kriegsfreiwilliger aus Berlin, hatte gar geträumt, es könnte »die allgemeine Friedenssehnsucht aller Völker schließlich doch das Ende des Mordens notwendig herbeiführen«, und diesen Traum begründete er damit, dass man »sonst an den menschlichen Dingen verzweifeln« müsste. So schrieb er es nach Hause. Berichtete von einem weihnachtlichen Waffenstillstand an einer anderen Stelle der Front und machte sich selbst Mut:

»Gestern hörte ich glaubwürdig erzählen, dass auf die Gräuel von Loos… eine Zeit völliger, wie verabredeter Waffenruhe folgte, beide Teile bewegten sich unbekümmert auf Deckung unter den Augen des wenige Meter entfernten Gegners, und von beiden Seiten fiel kein Schuss. Ich glaube, solches Verhalten entspricht am besten der Stimmung auf beiden Seiten.« In Loos setzten die Briten zum ersten Mal Gas gegen die Deutschen ein, die mit dieser bisher geächteten Art, Krieg zu führen ein halbes Jahr zuvor bei Ypern begonnen hatten.

Wovon Heinebach gehört hatte, war bei Loos tatsächlich geschehen. Es handelte sich nicht um eines der zahlreichen üblichen Gerüchte. Deutsche und Franzosen hatten Fußball gespielt. »Schnell hatten wir zusammen viel Spaß«, bekannte ein Poilu. Französische Offiziere stoppten den Spaß, bedrohten ihre eigenen Leute mit Maschinengewehren, um sie zurückzuzwingen in die Unterstände. Der anonym bleibende Soldat, der mitgespielt hatte, offenbar ein Mann mit Fantasie, schloss seinen Bericht nach dem Krieg: »Hätte man zehntausend Fußbälle an der gesamten Front verteilt und alle gegeneinander spielen lassen, wäre das nicht eine glückliche Lösung gewesen? Krieg ohne Blutvergießen?«

Der deutsche Philosophiestudent Heinebach wagte die politische Voraussage, dass die »allgemeine Kriegsmüdigkeit«, am Beispiel Weihnachten sichtbar, noch ganz andere Folgen haben würde. Seine Vision einer Entente cordiale der feindlichen Heere, die unter sich »ohne diplomatische Präliminarien« beschließen: Schluss mit dem Morden, war so unwahrscheinlich wie die Geschichte von Coburg und Pommeroy, aber sie klang verheißungsvoll: »Dann endete freilich der Weltkrieg, der mit ungeheuren Sturmfluten nationaler Begeisterung einsetzte, wie eine Farce, aber ich glaube, die Weltgeschichte kennt mehr solcher Tragikomödien.«

Otto Heinebach fiel im Alter von vierundzwanzig Jahren.

Das 139. Sächsische Infanterieregiment und die Gordon Highlanders hatten sich aneinander gewöhnt und alles versucht, Verluste bei den üblichen *raids*, den überfallartigen Attacken, möglichst gering zu halten. Die verdammten *raids*, egal nun, wie man sie in der anderen Sprache nannte, waren im Grunde nichts anderes als Selbstmordkommandos. Dagegen hatten sich die Betroffenen ja bereits die passende Taktik einfallen lassen: lautes Reden und Husten, deutlich hörbares Einschnappen des Gewehrschlosses. Immer dann, wenn solche Geräusche von einer Seite ertönten, fing die andere Seite sofort an, die Stellungen des Gegners mit Sperrfeuer zu belegen, und in das mochten selbst die stursten Offiziere dann keinen mehr jagen.

Oder hatten sie vielleicht ein wenig Angst? Auch die Offiziere dürften von den Gerüchten gehört haben, dass mancher scharfe Hund höheren Ranges aufgrund seiner männermordenden Befehle bei dieser oder jener Gelegenheit einen finalen Schuss in den Rücken erhalten hatte. Nicht vom Gegner, sondern vom Feind im eigenen Lager. Und ob das stimmte oder erfunden war, wussten sie nicht.

Major McKenzie Wood gehörte zu den 6th Gordon Highlanders. Was er 1914 erlebte und was 1915 trotz aller Drohungen immer noch gelang, nämlich einen Frieden zu machen, hat er nie vergessen. Im britischen Parlament, dem House of Commons, gab er dem unvergesslichen Weihnachtswunder noch einmal eine Stimme. Seine.

Es ertönt im Hohen Haus am 31. März 1930 gegen achtzehn Uhr keine der üblichen sentimentalen Kriegserinnerungen, von Veteranen vorgetragen, mit denen patriotische Grundhaltung demonstriert werden soll. Der Abgeordnete Murdoch McKenzie Wood von den Liberalen hat eine eigene Haltung. Es geht vordergründig in der Debatte darum, ob es für öffentliche Bedienstete hinzunehmen sei oder nicht, dass sie ihre Stellen, die sie vor einem Krieg innehatten, nach ihrer Rückkehr von anderen besetzt finden, die aus welchen Gründen auch immer nicht in den Krieg ziehen mussten.

Ganz schön kompliziert.

Tatsächlich aber geht es bei dieser Sitzung um Grundsätzliches. Um das Recht auf Kriegsdienstverweigerung, *the rights of conscientious objectors*. In dieser Debatte wird der einstige Major der Gordon Highlanders grundsätzlich. McKenzie Wood überrascht Parteifreunde und -gegner mit einem persönlichen Bekenntnis. Er habe »größte Hochachtung« vor Verweigerern aus Gewissensgründen, weil es »gewaltigen persönlichen Mut« erfordert hätte, sich in Zeiten des begeistert gefeierten Krieges gegen die veröffentlichte Meinung und die britische Militärmaschine zu stellen.

Was meint er?

Zunächst hatten die Briten genügend Männer für die Front. Erst die *Old Contemptibles*, dann die Freiwilligen von Lord Kitchener. Doch die täglichen Verluste dünnten die Reihen aus. Wehrpflicht war die Folge. Mitglieder der »No Conscription Fellowship«, eine Art Verband der Wehrdienstverweigerer, wurden vor Gericht gestellt. Gewissensfreiheit gab es nicht. Ihr größter Fürsprecher war bekannt, aber noch nicht berühmt: Bertrand Russell. Eintausendfünfhundertvierzig Pazifisten wurden zu je zwei Jahren Zwangsarbeit verurteilt. Das übliche Strafmaß. Um aber endlich mal zur Abschreckung ein paar Todesurteile vollstrecken zu können, war das Kriegsministerium auf die aberwitzige Idee gekommen, vierunddreißig

Männer, die den Dienst an der Waffe verweigert hatten, gegen ihren Willen nach Frankreich zu schaffen und dort vor ein Standgericht zu stellen. Denn da galt Kriegsrecht. Erst nach öffentlichen Protesten wurden die Todesurteile in Haftstrafen umgewandelt.

Es gab in England zwar gesetzliche Regelungen für das grundsätzliche Recht auf Kriegsdienstverweigerung, wie sie weder in Frankreich noch in Deutschland festgeschrieben waren. Das Nein zum Kriegsdienst konnte beantragt werden, aber das nützte in den seltensten Fällen etwas, denn bei einem ablehnenden Urteil der Richter blieb nur eine Konsequenz: entweder sich zu fügen und in den Krieg zu ziehen oder ins Gefängnis zu gehen. Selbst simple Proteste gegen den Krieg blieben nicht ungestraft. Ein Mann, der in London ein Flugblatt verteilt hatte mit dem Hinweis auf die Bergpredigt und sich so gegen den Krieg ausgesprochen hatte, bekam sechs Monate Gefängnis. In Deutschland waren alle pazifistischen Vereine und Verbände natürlich längst verboten.

Schlimmer noch als eine Verurteilung wirkte im englischen Klassensystem die Verachtung, der gesellschaftliche Tod im Falle einer totalen Verweigerung. Robert Graves unterhält sich darüber mit Siegfried Sassoon, der in einer Nervenheilanstalt auf seinen Geisteszustand untersucht wird. Falls dem hoch dekorierten Kriegshelden eine momentane Verwirrung attestiert werden sollte, hervorgerufen angeblich durch einen Nervenschock, dann muss er nicht vor Gericht. Besteht er darauf, aus Gewissensgründen nunmehr gegen den Krieg zu sein, denn aufgrund seiner ersten Antikriegsgedichte ist er im Juni 1917 als ein Fall von Kriegsneurose eingeliefert worden, wartet ein Prozess auf ihn. Den wollen sowohl die Generäle als auch seine Freunde vermeiden, denn Sassoon ist als Dichter prominent, und wenn er vor Gericht erscheinen muss, würden ihm die Frontpages der Zeitungen gehören. Alle Titelseiten. Eine öffentliche Debatte könnte nur ihm nutzen.

Siegfried Sassoon war ein hoch dekorierter Kriegsheld. Der Horror des Stellungskrieges ernüchterte ihn. Er dichtete gegen den Krieg und wurde daraufhin auf seinen Geisteszustand untersucht.

Pat Barker hat in ihrem Roman »*Niemandsland*« die Geschichte von Siegfried Sassoon zwar als Fiction verpackt und sich die Dialoge ausgedacht, so wie es Graves mit Pommeroy und Coburg gemacht hat, aber auch hier gilt: Die Tatsachen stimmen, *facts* füttern *fiction*. Sassoon war mit Graves befreundet. Der hat ihn tatsächlich in der Anstalt besucht. Dort traf er Wilfred Owen, den anderen jungen Poeten, eingeliefert mit der Diagnose *shell shock*, aber auch bei dem hat der eigentliche Beschuss an der Front einen ganz anderen Schock ausgelöst, hat ihn befreit von allen Illusionen.

Sassoon war zu Beginn des Krieges in seinem Wahn, sich für ein größeres Ziel opfern zu dürfen, noch so verklemmt, dass er schwor, auf jegliche sexuelle Betätigung zu verzichten, um sich für den kommenden Tod jungfräulich aufzubewahren. Inzwischen hatte er ganz andere Gedanken. Sein Gedicht »*Glory of Women*« besingt zwar die Kraft der Frauen, die ihn und seinesgleichen innig lieben, wenn sie auf Heimaturlaub sind oder in einigermaßen erträglichen Lazaretten liegen und sich voll leidenschaftlicher Trauer an sie erinnern, wenn sie als Helden gefallen sind. Er beschreibt, wie die Frauen mit erregtem Schauder den spannenden Erzählungen lauschen vom dreckigen Krieg und immer noch glauben, angeborene männliche Ritterlichkeit würde die Schande des Krieges vergessen machen. Dass sie – »*you make us shells*« – diesen Helden zuliebe in den Munitionsfabriken die Granaten herstellen, mit denen dann an der Front jene Hölle erzeugt wird, die blind voll Blut die Soldaten über schrecklich zugerichtete Körper stürmen lassen.*

---

* You love us when we're heroes, home on leave,
Or wounded in a mentionable place,
You worship decorations; you believe
That chivalry redeems the war's disgrace.
You make us shells. You listen with delight,
By tales of dirt and danger fondy thrilled.

Aber die bitteren Schlusszeilen widmet er dem Tod. Der sie alle trifft:

> *O German mother dreaming by the fire,*
> *While you are knitting socks to send your son*
> *His face is trodden deeper in the mud.*

Die Mutter, die am Kaminfeuer sitzend noch Socken strickt für ihren Sohn, der längst im Schlamm verrottet, ist nur zufällig deutsch. Sie kann auch Belgierin sein, Französin sein oder Engländerin, und in ihrem Schmerz sind sich alle Mütter gleich. Sassoon protestiert nicht wie die Pazifisten gegen den Krieg an sich, sondern »gegen die politischen Irrtümer und die Verlogenheit, der die kämpfenden Männer geopfert werden. Im Namen von denen, die leiden, protestiere ich dagegen, wie sie getäuscht werden. Und ich will helfen, diese Selbstzufriedenheit zu zerstören, mit der von denen, die Zuhause sind, diese fortgesetzten Qualen, die sie nicht teilen müssen und die sie sich nicht vorstellen können, einfach hingenommen werden.«

Diese Aussage des Dichters, gültig für diesen und für alle kommenden Kriege, ist im »In Flanders Fields Museum» als Menetekel an einer Wand zu lesen. Poeten und Künstler haben ihre Nische im Museum. Paul Nash, der sich mal bitter wünschte, seine Botschaft möge die Seelen der alten Männer verbrennen, die Heerscharen von Jungen in den Tod geschickt haben, war sogar offizieller Schlachtenmaler im Großen Krieg gewesen, war begeistert von seiner Aufgabe, erfüllt von seiner Berufung, das Heldentum an der Front mit den Mitteln des Künstlers festzuhalten.

Als Maler zart-heiterer englischer Landschaften war Paul Nash bekannt vor dem Krieg, und heute wäre er längst vergessen. Doch als der Maler, der die kaputten Landschaften Flanderns malte, wurde er berühmt und ist es bis heute geblieben. Sein 1919 entstandenes Gemälde *»The Menin Road«* zeigt einen apokalyptischen Albtraum – Wolken aus getrocknetem Blut, fahle Sonnenstrahlen auf Baumstümpfen, verrosteten Stacheldraht, Stahlplatten, Stahlhelm, treibend auf wassergefüllten Granattrichtern, zwei verlorene Soldaten im Schlamm –, und diesen Albtraum hatte auch Siegfried Sassoon im Kopf, als er im Krankenhaus Craiglockhart bei Edinburgh auf seinen Geisteszustand untersucht wurde.

Robert Graves redet auf ihn ein, er möge nicht seine Zukunft verspielen und zum Kriegsdienstverweigerer werden, er dürfe nach ein paar Leichen und dem unvergesslichen Anblick einer Totenlandschaft nicht den Mut verlieren. Siegfried Sassoon unterbricht: »Es geht darum: Hundertzweitausend Tote allein im letzten Monat. Du hast Recht, es ist eine fixe Idee. Ich kann es nicht eine Sekunde vergessen. Und du solltest das auch nicht, Robert, wenn du wirklich Mut hättest, würdest du nicht stillschweigend mitmachen.«

Der antwortet, niemand würde es verstehen, wenn Sassoon, der sich freiwillig gemeldet hatte, nun einfach kehrtmachen würde, tut mir Leid, Jungs, ich habe es mir anders überlegt. »Für die ist das einfach schlechter Stil. Sie werden sagen, du benimmst dich nicht wie ein Gentleman – und das ist das Schlimmste, was sie überhaupt sagen können.«

Was Murdoch McKenzie Wood im englischen Parlament sagt, hat in genau diesem Sinne auch keinen Stil. Der ehemalige Major hält stattdessen eine große Rede, und die ist es wert, wörtlich zitiert zu werden. Er hatte sich im Großen Krieg freiwillig an die Front gemeldet, und schon deshalb war jedes Argument hinfällig, hier spreche einer der abfällig gerne Drückeberger genannten Verweigerer, von denen keiner die Front erlebt habe. »Wenn mein ehrenwerter Vorredner sagt, dass Männer zur Armee eingezogen werden, um zu töten, dann denke ich, dass er seine Sache schlecht vertritt und ihr schadet. Ich ging sehr früh zur Armee, aber ich weiß ganz genau, dass ich nicht etwa zur Armee ging, um zu töten. Tatsächlich könnte

Das 1919 entstandene Gemälde »The Menin Road« *von Paul Nash gehört zu den großen Werken der britischen Kunstgeschichte: das Niemandsland als Dantes Inferno.*

man eher im Gegenteil sagen, dass wir, die zur Armee gingen, dies in der Absicht taten, das Töten zu verhindern. Je früher wir uns so entscheiden, desto besser. Ich wollte lieber Menschen verteidigen als andere killen. Während der ganzen Zeit, in der ich in der Armee war, und während des ganzen Krieges hatte ich, ganz ehrlich gesagt, niemals etwas gegen irgendjemanden, auch nicht gegen die, die uns im Krieg gegenüberstanden.«

Diese Passage allein, rhetorisch verschlungen in den vor dem hohen Hause üblichen Floskeln, aber deutlich in ihrer Konsequenz, hätte schon genügt, um ihn zum Außenseiter zu machen, aber McKenzie Wood ist noch lange nicht fertig. Er nimmt einen Gedanken auf, den schon kurz nach dem historischen Weihnachtsfrieden ein Leitartikler in England formulierte, als er schrieb, wie schade es sei, dass nicht die Soldaten von der Front in Europa etwas zu sagen hatten, sondern diese verdammten Diplomaten und Potentaten. Der kleine Mann, so die Botschaft nach dem *Christmas truce*, habe mit Krieg nichts mehr im Sinn. Der wolle leben.

So wie McKenzie Wood.

Und der war schließlich dabei: »In den frühen Stadien des Krieges, an Weihnachten 1914, lag ich in den Frontgräben und nahm teil an dem damals allseits bekannten Waffenstillstand. Wir verließen unsere Stellungen und drückten unseren deutschen Feinden die Hand. Viele Leute denken ja, wir hätten etwas Unwürdiges getan, uns erniedrigt. Ich will das jetzt hier gar nicht diskutieren. Tatsache ist, dass wir es taten, und ich kam damals zu der Einsicht, die sich seitdem eher verfestigt hat, dass nämlich kein weiterer Schuss gefallen wäre, falls wir uns selbst überlassen worden wären. Vierzehn Tage lang dauerte dieser Waffenstillstand. Wir standen untereinander auf freundschaftlichem Fuß, und es lag nur daran, dass wir von anderen kontrolliert worden sind, dass wir gezwungen waren, wieder zu versuchen, einander zu erschießen. Tatsächlich waren wir alle im Griff eines politischen Systems, das schlicht schlecht war. So wie ich haben auch andere, die das erlebten, sich in diesen Tagen entschieden, mal alles nur Mögliche zu tun, um ein solches System zu ändern. Ich hoffe, es fällt uns immer noch etwas ein, doch ich glaube, zuerst müssen wir die Gefühle loswerden, die genau das erzeugen, was wir hier und heute diskutieren. Wir müssen den Krieg vergessen, soweit wir das können. Die Kriegsdienstgegner aus Gewissensgründen sind bereits genug bestraft worden, falls sie überhaupt je eine Strafe verdient haben. Ich hoffe, dass wir in Zukunft davon so wenig wie nur irgend möglich hören werden.«

Verhaltener, sehr verhaltener Beifall aus seiner eigenen Fraktion. Widerspruch von Konservativen wie Earl Winterton, Commander Southby. Was McKenzie Wood beschworen hatte, das Weihnachtswunder 1914, war eigentlich längst vergessen. War doch eh nur einmalig gewesen.

Von wegen. Vor allem die Schotten und die Sachsen an der Westfront ließen sich sogar ein Jahr danach, Ende Dezember 1915, kaum beeindrucken durch die angekündigten Strafmaßnahmen. Sie lernten von ihren Heerführern. Die hatten alle zwischenmenschlichen Begegnungen totgeschwiegen, und diese Schweigetaktik machten ihnen die Soldaten nach. Ihren selbst verhandelten kleinen Frieden bei Armentières totzuschweigen schien den Soldaten die richtige Idee.

Die spontan verabredete Waffenruhe war deshalb den jeweiligen Befehlshabern vorsichtshalber gar nicht erst gemeldet worden, um sich keinen ihrer üblichen Befehle einzuhandeln. Sie bauten auf ihr Glück und täuschten bei Bedarf vor, der Krieg fände statt. Als der deutsche Kommandeur zur Inspektion in die vordersten Linien kam, schien deshalb alles wie im ganz normalen Krieg zu sein. Nein, das war kein Wunder, das war erklärbar. Das Feldtelefon hatte funktioniert, die Vorwarnung geklappt, Zeit genug war geblieben, sich auf Vordermann zu bringen. Die Wachen standen in Hab-Acht-Stellung auf Posten und blickten grimmig entschlossen, eine vergammelte Steckrübe, auf einem Stock zuvor über die Brüstung gehalten für das weihnachtliche Wettschießen, durften sich jetzt die Ratten teilen, doch einen Fehler hatten die lebensklugen Sachsen gemacht: Der Engländer, der gerade drüben mit dem Spaten auf seiner Brustwehr arbeitete, war nicht informiert worden.

Nun musste er wohl dran glauben, denn der soeben eingetroffene Kommandeur befahl einem Landser, den offenbar irrsinnig gewordenen Feind abzuschießen. Genau so lautete die Anweisung. »In damaliger Zeit… war das Verhältnis des Landsers zu dem Abschnittskommandeur ungefähr das gleiche wie das eines Rekruten zum Kommandierenden General gelegentlich der Rekrutenbesichtigung: mehr Angst als Vaterlandsliebe.« In den Erinnerungsblättern des 11. Königlich-Sächsischen Infanterieregiments Nr. 139 wurde auch der Rest der Geschichte erzählt. Der mutige Sachse schoss vorbei.

»In den Dreck« habe er geschossen, rügte der Kommandeur, doch als nun auch noch der Brite mit dem Spaten winkte, bevor er sich von der Brüstung in seinen Graben begab, glaubte der Oberst nicht mehr an einen Zufall. Es blieb dem Leutnant vor Ort nichts anderes übrig, als seinen Vorgesetzten aufzuklären. Man habe sich, meldete er, mit den Feinden aber nur darauf geeinigt, die Gräben auszubessern und in dieser Zeit nicht aufeinander zu schießen. Dann würde man umso besser morgen wieder Krieg führen können. Diese Notlüge war ziemlich gut und klang überzeugend. Der Chronist des Regiments notiert, es hätte dem Kommandeur daraufhin »nicht das volle Verständnis für das Bedürfnis seiner Leute gefehlt«.

Die Soldaten hatten noch ganz andere Bedürfnisse entwickelt. Ein irischer Kriegsfreiwilliger schreibt an »*dear old Winnie*«, dass es leider nicht mehr so sei, wie es vor einem Jahr an Weihnachten gewesen war. »Pingpong zwischen den Fronten ist gestoppt worden«, stattdessen wieder dieses Ping, Ping, Ping der Schüsse. Wahrscheinlich würden »sie uns auch noch untersagen, uns gegenseitig zum Tee einzuladen«, beschwere er sich ironisch. Die deutschen Spione seien aber nach wie vor ganz hervorragend informiert und hätten gewusst, wann wieder diese von Winnie so einmalig gut gebackenen Roggenkekse angekommen waren. Er hat ihnen diesmal nichts davon abgegeben: »Die Kekse hatten zwar ein kurzes Leben, aber ein erfülltes. Ich werde bis zum letzten Blutstropfen die letzten Krümel verteidigen«, scherzte er und schloss mit Good-bye und *love to everybody*, dein dich liebender Freund Ivor.

Lance Corporal George Ashurst von den 2nd Lancashire Fusiliers war damals knapp zwanzig Jahre alt und hatte an Weihnachten 1915 den üblichen Dienst in den englischen Stellungen nahe Le Touquet. Fast zweiundsiebzig Jahre danach, ein Menschenalter später, wurde der Zweiundneunzigjährige für das Soundarchiv des Imperial War Museum interviewt. Seine Stimme vom Band klingt brüchig wie aus einer anderen Welt, aber seine Erinnerung scheint ungebrochen klar. Ashurst hat jene zwei Stunden Waffenstillstand – denn länger durfte der Frieden nicht dauern – noch immer als lebendige Bilder im Kopf, und die holte er beim Besuch des Historikers vom IWM aus der Vergangenheit zurück.

Begonnen hatte es in der Nacht mit einem Konzert. Ein Deutscher habe auf dem Horn ein paar Weihnachtsweisen gespielt, und »verdammt gut, Jerry, encore, encore«, hätten sie gerufen und anschließend für den Rest der Nacht das Feuer eingestellt. »Der Deutsche, der am anderen Morgen mit dem Vorschlag eines Waffenstillstands übers Niemandsland kam, ließ als Zeichen seiner friedlichen Absichten ein weißes Tuch an einem Stock flattern, dennoch mussten wir ihn leider gefangen nehmen.« Nach Meinung ihres Offiziers hatte der Bote zu viel von den britischen Stellungen gesehen, bevor ihm die Augen verbunden wurden, also konnten sie ihn nicht zurückgehen lassen. »Besseres hätte dem Mann nicht passieren können, die Kriegsgefangenschaft hat ihm wahrscheinlich das Leben gerettet«, fügte Ashurst trocken hinzu.

Die Botschaft aber nahmen sie an und schickten per Zuruf

ihr Okay rüber, Waffenstillstand zwischen elf und dreizehn Uhr, abgemacht. Kurz vor elf Uhr am Vormittag des Christmas Day gingen alle raus ins Niemandsland, die hier und die dort, doch blieben alle auf ihrer Seite, also vor ihren Gräben. Es kam nicht wie im Jahr zuvor zu diesen spontanen Verbrüderungen und zum Austausch von Geschenken. Fraternisieren war streng verboten, es gab sogar Gerüchte, und die wurden für bare Münze genommen wie so viele andere, dass bei Zuwiderhandlungen die Todesstrafe verhängt und der Delinquent standrechtlich erschossen würde. »Wir standen erst auf den Gräben, vertraten uns die Füße, rutschten dann ein bisschen auf dem Feld herum wie auf einer Eisbahn und schließlich spielten wir Fußball. Die Deutschen machten es uns nach. Aber wir spielten nur untereinander, nicht gegeneinander.« Das Wetter war frostig, der Boden hart, der Ball unberechenbar.

Zeitungen warfen sie einander zu, die Deutschen hatten ihre »Liller Kriegszeitung«, die Briten ihren üblichen Nachschub aus London. »Ich hatte nicht etwa Angst, dass die Deutschen den Frieden brechen würden. Ich hatte nur das eine Gefühl: Es möge so bleiben, es sollte dauern. Es war wie im Himmel.« Am nächsten Tag aber mussten die Briten auf Befehl ihrer Oberen wieder schießen. »*Bloody generals, hate them all after the war started*«, ergänzt Ashurst, diese Scheißgeneräle hasste er schon von Kriegsbeginn an und im hohen Alter bei laufendem Tonband in deutlich werdender Sprache immer noch. Sie schossen tagelang denen zum Trotz in die Luft über den feindlichen Gräben.

Sein Landsmann William Tate erinnert sich, dass es zu seiner großen Überraschung ausgerechnet die gefürchteten, verhassten Preußen waren, genauer die vom 14. Regiment, die aus ihren Gräben stiegen und sich einen Waffenstillstand erbaten und den sogar einhielten. Und ein deutscher Offizier gab dem Imperial War Museum bei einem Interview 1976 zu Protokoll, dass auch ohne die von den Generälen gefürchtete Weihnachtsstimmung im alltäglichen Krieg vieles möglich war, was längst unmöglich schien: Bei einem Gasangriff der Briten im Herbst 1915 überlebten die meisten seiner Männer aus der 6. Kompanie, weil sie rechtzeitig ihre Masken aufgesetzt hatten. Die Briten dachten wohl, alle Deutschen seien tot, und schickten ihre Infanterie ins Niemandsland. Sie lief ungeschützt ins Feuer, und viele fielen. »Wir begruben sie in der kommenden Nacht unter Lebensgefahr. Nachdem wir fertig waren, stellten wir ein weißes Kreuz auf die Deckung. Zwei Tage später zum Anbruch des Tageslichtes wurde drüben ein weißes Tuch entrollt und erhoben, an zwei Pfosten festgemacht: ›*We thank you for burying our comrades*‹, stand da drauf, und den ganzen Tag fiel kein einziger Schuss mehr.«

Nach dem Weihnachtsfrieden 1914 erschienen viele nachdenkliche, fast wehmütige Artikel in vielen englischen Zeitungen, nicht vergleichbar mit dem sprachlosen Gewaltpathos in deutschen und französischen Blättern. Aber Ende 1915 war mit der Zahl der Toten die Wut gewachsen auf die offenkundig Schuldigen, die Deutschen. Und Volkes Meinung drückten die Redakteure entsprechend sprachgewaltig dann aus. Als die Geschichte der Fusiliers bekannt wurde, wie üblich durch den Brief eines Schützen nach Hause, wurden die der unwürdigen Verbrüderung mit Hunnen bezichtigt. Zwei Offiziere, die sich beteiligt hatten, kamen später vors Kriegsgericht, aber sie kamen wie Barne und Colquhoun davon. Unbeirrt hält Ashurst noch Jahrzehnte später dagegen: »Es war alles nur menschlich, es war Christmas.«

Das geschah in jenen Tagen, an Weihnachten 1915, und danach war es wohl endgültig vorbei mit kleinem Frieden in einem Großen Krieg. Damit könnte die Geschichte vom Wunder an der Westfront, als deutsche, britische, französische und belgische Soldaten gemeinsam ein unglaubliches Weihnachtsfest feierten, also abgeschlossen werden.

Es gibt aber zwei andere Möglichkeiten, die Geschichte zu beenden. Die eine klingt fast wie jene, als mit dem Lied »Stille

Nacht, heilige Nacht« alles begann. Fast. Am ersten Weihnachtstag des Jahres 1916, an einem kalten, klaren Wintermorgen, scheint ein wenig die Sonne. Gegenüber dem 5th King's Liverpool Regiment bei Ypres steigen einige deutsche Soldaten auf ihre Brustwehr, wünschen den Briten *Merry Christmas* und schlagen ihnen vor, sich auf halbem Weg im Niemandsland zu treffen. Major Gordon schaut kurz hin und befiehlt dann zwei seiner Scharfschützen, die Deutschen abzuknallen. Sie gehorchen. Private Walter Hoskyn hat es erlebt. In seinem Tagebuch steht: »Dieser dreckige Hund. Es war eine unbritische Tat.«

Und die andere?

In Messines lernt 1997 Rudolf Zehmisch, Sohn des deutschen Leutnants, der an Weihnachten 1914 am Ploegsteert-Wald für ein paar Tage den Krieg beerdigte, einen gleichaltrigen Belgier kennen, Albert Ghekiere. Der erzählt ihm vom Glockenspiel der Kirche des Ortes, die im Großen Krieg zerstört worden war. Ghekiere hat aus allen Ländern, deren Soldaten damals in Flandern kämpften und starben, Glocken bekommen, größere und kleinere. Ausgerechnet eine Glocke fehlte im Spiel, eine aus Deutschland.

Dafür setzt sich Rudolf Zehmisch ein. Er sammelt Geld. Ein mühsames Unternehmen. Und einige Zeit später macht ein Oberst a. D. der Bundeswehr dasselbe, dem es zunächst gelingt, eine Glocke vom Deutschen Bundeswehr-Verband zu bekommen, die am 7. 11. 1999 geweiht wird. Danach bemühen sich beide gemeinsam um eine größere Glocke. Diese wird am 13. Januar 2002, versehen mit den Inschriften der hauptsächlichsten Spender, feierlich in Messines geweiht. Sie ist über anderthalb Meter hoch, wiegt eintausendvierhundertfünfzig Kilogramm, und wegen ihres Gewichts kann sie beim Läuten nicht geschwungen werden. Ein elektrisch betriebener Klöppel weckt die programmierten Töne. Sie erklingen dann gemeinsam mit denen der Glocken aus den anderen Ländern. Eine höchst eigene

Melodie, zu hören fern und nah über Flanderns Feldern. Je nach Richtung und Stärke des Windes mal leiser, mal lauter.

Mal für die Toten und mal für die Lebenden.

NACHGETRAGEN

Es war der britische Außenminister Sir Edward Grey, der bereits drei Tage nach Kriegsbeginn, am 3. August 1914, den Satz prägte, der bis heute als Überschrift – in dem Fall besser übersetzt als DEADLINE – für die Urkatastophe des 20. Jahrhunderts dient: »In ganz Europa gehen die Lichter aus, wir werden sie in unserem Leben nie wieder leuchten sehen.«

Bereits in den ersten Monaten des Großen Krieges, noch vor dem in diesem Buch beschriebenen Weihnachtsfrieden 1914, gingen in Europa für eine Million junger Männer die Lebenslichter aus. Am Ende des Mordens waren es dann fast zehn Millionen Soldaten, die in den Tod gejagt worden waren, ebensoviele Zivilisten kamen ums Leben. Allein beim so sinnlosen Gemetzel von Verdun 1916 – aber welcher Krieg war und ist nicht schon immer sinnlos gewesen? – starben 300 000 Franzosen und Deutsche. Die durchschnittliche Lebenserwartung eines beim Kampf um die Festung Verduns eingesetzten Soldaten betrug vierzehn Tage. Nicht nur auf den von oben betrachtet wie abstrakte surrealistische Gemälde wirkenden Killing Fields der Westfront, wo sich Schützengräben und Granattrichter in Landschaften und Dörfer gefressen hatten, auch an der Ostfront oder im fernen Gallipoli, gab es fürchterliche Verluste. Das Osmanische Reich, verbündet mit den Mittelmächten Deutschland und Österreich-Ungarn, wehrte die von See und auf dem Land angreifenden Engländer und Australier auf die Halbinsel zwar ab, aber in der Schlacht um Gallipoli fielen 100 000 Soldaten, etwa gleich viel auf jeder Seite.

Hundert Jahre nach dem Ende des Großen Krieges sind die

Zahlen über Verluste für nachgeborene Enkel und Urenkel der einstigen Todfeinde, die an jenen Weihnachtstagen 1914 kurzzeitig zu Freunden wurden, nur eine Statistik aus der Vergangenheit. Wie andere auch. Die von den 25 Millionen, die weltweit 1918 und 1919 an der Spanischen Grippe starben, wie die von den 700000 Deutschen, die an Unterernährung starben im sogenannten Steckrübenwinter 1916/1917, wie die von Hunderttausenden der vom Krieg Versehrten, physisch wie psychisch, die zwar überlebt hatten, aber kein Leben mehr hatten.

In Europa waren aber mit Beginn des Krieges nicht nur die Lichter ausgegangen. Als am 11. November 1918 in Compiegne der Waffenstillstand unterschrieben wurde, lag als Folge des ersten totalen globalen vom brutalen Einsatz neuer Waffen geprägten Krieges der Geschichte, auch die politische Staatsordnung in Trümmern. Nach vier Jahre der Völkerschlachten war nichts mehr so, wie es einmal war: In Russland gab es nach der Oktoberrevolution von 1917 keinen Zaren mehr, es hatte die Blutherrschaft der Bolschewiken begonnen. Der deutsche Kaiser, trotz vom Volk gewählter Abgeordneter in Wahrheit Herrscher über eine Militärdiktatur, bar jeder Einsicht an seiner auch persönlichen Kriegsschuld im Exil. In Berlin war eine Republik gleich zweimal proklamiert worden, einmal vom Sozialdemokraten Philipp Scheidemann, einmal vom Chef des Spartakusbundes Karl Liebknecht. Die Donaumonarchie Österreich-Ungarn existierte bald nicht mehr, das Osmanische Reich zerbröckelte.

Die Sieger, da vor allen anderen US-Präsident Wilson, schworen sich, nie wieder Krieg zu beginnen und die Hunde des Krieges für immer in die Käfige zu sperren. Ihr Schwur hielt 21 Jahre. Aus der Niederlage, die sie nach dem als Diktat empfundenen Versailler Friedensvertrag 1919 als ungerecht empfanden – weshalb Historiker in der Tat heute den Vertrag als Unrechtsfrieden bezeichnen – aus der von reaktionären Militärs wie Ludendorff und Hindenburg geförderten Dolchstoßlegende, wonach der Reichswehr die Politiker, von den Feinden der Demokratie als Novemberverbrecher verleumdet, in den Rücken gefallen war, wuchsen die Revanchegelüste der Deutschen, die Sehnsucht nach Rache, die Lust auf einen zweiten Waffengang. Das Feld für die Schreckensherrschaft der Nazis wurde so gedüngt, und die Hunde des Krieges, befreit aus ihren Käfigen wieder mal von den Deutschen, gingen am 1. September 1939 erneut auf Menschenjagd. Da begann mit dem Überfall auf Polen der Zweite Weltkrieg. In dem verloren fast achtzig Millionen ihr Leben – auf den Schlachtfeldern Europas oder von der SS ermordet, weil sie Jude waren, in Russland verhungert oder verbrannt im Bombenhagel der Alliierten.

Für die Deutschen erst beendet am 9. November 1989, als in Berlin die Mauer fiel.

DANK

an
Malcolm Brown, Historiker in London, und
Dominiek Dendooven, Historiker am In Flanders Fields Museum in
Ieper:
Ohne ihre – gedruckten und persönlichen – Informationen, ihre Hilfe
bei Fragen wäre dieses Buch nicht entstanden.

und an
Stanley Weintraub
Piet Chielens vom In Flanders Fields Museum in Ieper
Roderick Suddaby und John Stopford-Pickering und Stephen Walton
vom Imperial War Museum, London
Georg Biada und Dr. Bernd Achim Fuchs vom Bayerischen Hauptstaatsarchiv – Kriegsarchiv
Gerd Schirok vom Sächsischen Hauptstaatsarchiv
Dr. Franz J. Moegle-Hofacker vom Hauptstaatsarchiv Stuttgart
Rudolf Zehmisch
Oberstleutnant Dr. Gerhard P. Groß vom Militärgeschichtlichen
Forschungsamt in Potsdam
Desirée Horbach, Sittard

und an
meine Schwester Gabriele Jürgs

und besonders an
Georg Althammer, der beim Lesen von Manuskripten keine Freunde
und keine Gnade kennt

QUELLEN

The Imperial War Museum, London
In Flanders Fields Museum, Ieper
Dokumentationszentrum des In Flanders Fields Museum
The Parliamentary Archives, Record Office, London
Militärgeschichtliches Forschungsamt Potsdam
Bayerisches Hauptstaatsarchiv – Kriegsarchiv, München
Hauptstaatsarchiv Stuttgart – Militärarchiv
Sächsisches Hauptstaatsarchiv Dresden
Niedersächsische Landesbibliothek Hannover

Institut für Zeitungsforschung der Stadt Dortmund:
Kölnische Volkszeitung und Handelsblatt vom 13.1.1915
Vossische Zeitung vom 7.1.1915
Münchner Zeitung vom 13.1.1915
Görlitzer Nachrichten vom 8.1.1915
Reclam Universum vom 21.1.1915
Frankfurter Zeitung vom 31.12.1914 und 6.1.1915
Vorwärts vom 8.1.1915
Plauener Sonntagszeitung vom 15.1.1915
Jenaer Volksblatt vom 15.1.1915
Jenaische Zeitung vom 8.1., 9.1. und 16.1.1915
Magdeburgische Zeitung vom 6.1.1915
Tägliche Rundschau vom 8.1.1915
Berliner Tageblatt vom 8.1.1915

The British Library Newspaper Library, London:
The London Evening News vom 2.1.1915
The Glasgow News vom 2.1.1915
London Morning Post vom 2.1.1915
The Times vom 30.12.1914, vom 1., 2., 5., 8., 11., 28. und 30.12.1915
Daily Mail vom 1. und 2.1.1915
Manchester Guardian vom 1., 6., 12., 14. und 15.1.1915
Yorkshire Post vom 7.1.1915
Daily Telegraph vom 31.12.1914, vom 2., 6., 7. und 9.1.1915 sowie 31.12.1915

South Wales Echo vom 4.1.1915
Norfolk News vom 9.1.1915
Cornish Guardian vom 8.1.1915
The Scotsman vom 2.1.1915
Leicester Mail vom 6.1.1915
Sheffield Daily Telegraph vom 4.1.1915
Cheshire Observer vom 9.1.1915
Edinburgh Evening News vom 12.1.1915
Liverpool Daily Post and Mercury vom 4.1.1915
Birkenhead News vom 4.1.1915
Daily News vom 30. und 31.12.1914
Glasgow Herald vom 26.12.1914 und 1.1.1915
The Sphere vom 9.1.1915
The Graphic vom 2. und 30.1.1915
Belfast Evening Telegraph vom 1.1.1915
Bristol Times vom 2.1.1915
The Saturday Review vom 25.12.1915
Daily Scetch vom 24.12.1914 und 5.1.1915
The Illustrated London News vom 26.12.1914 und 8.1.1915
The Daily Mirror vom 8.1.1915

Außerdem

Regimentstagebücher und Chroniken von einzelnen Truppen/Einheiten/Kompanien/Corps/Armeen in England, Frankreich, Deutschland, Belgien
Briefe von Frontsoldaten an ihre Angehörigen
Aussagen von Augenzeugen, gesammelt auf Tonbändern im Imperial War Museum, London
Interviews mit Kindern/Enkeln der damaligen Gegner
Recherchen vor Ort in Flandern an der ehemaligen Westfront

BIBLIOGRAFIE (Auswahl)

Adam, Hans Christian, und Rainer Fabian: Bilder vom Krieg, Hamburg 1983
Afflerbach, Holger: Falkenhayn, München 1994
Audoin-Rouzeau, Stéphane, und Annette Becker: 1914–1918. Retrouver la Guerre, Paris 2000
Barker, Pat: Niemandsland/Das Auge in der Tür/Die Straße der Geister [Romantrilogie], München 1997–2000
Barlow, Adrian (Hrsg.): Six Poets Of The Great War, Cambridge 1995
Berghahn, Volker: Der Erste Weltkrieg, München 2003
Brown, Malcolm, und Shirley Seaton: Christmas Truce, London 1984
Dendooven, Dominiek: Menin Gate & Last Post, Koksijde 2002
Einstein, Albert, und Sigmund Freud: Warum Krieg? Briefwechsel mit einem Essay von Isaac Asimov, Zürich 1996
Eksteins, Modris: Tanz über Gräben, Die Geburt der Moderne und der Erste Weltkrieg, Reinbek 1990
Ferguson, Niall: Der falsche Krieg. Der Erste Weltkrieg und das 20. Jahrhundert, München 2001
Ferro, Marc: La Grande Guerre 1914–1918, Paris 1969
Fest, Joachim: Hitler. Eine Biographie, Berlin/München 2002
Fischer, Fritz: Griff nach der Weltmacht, Düsseldorf 2000
Friedrich, Ernst: Krieg dem Kriege, Frankfurt 1980
Fries, Helmut: Die große Katharsis. Der Erste Weltkrieg in der Sicht deutscher Dichter und Denker, Band 1 und 2, Konstanz 1994
Graves, Robert: Complete Short Stories, New York 1996
Groom, Winston: A Storm in Flanders, New York 2001
Haffner, Sebastian: Die sieben Todsünden des Deutschen Reiches, Bergisch Gladbach 2001
Hirschfeld, Gerhard, Gerd Krumeich und Irina Renz (Hrsg.): »Keiner fühlt sich hier als Mensch«. Erlebnis und Wirkung des Ersten Weltkriegs, Frankfurt 1996
Jünger, Ernst: In Stahlgewittern, Stuttgart 1978
Keegan, John: Der Erste Weltkrieg. Eine europäische Tragödie, Reinbek 2001
Keegan, John: Die Kultur des Krieges, Reinbek 1997
Kershaw, Ian: Hitler. 1889–1936, Stuttgart 1998

Kraus, Karl: Die letzten Tage der Menschheit, Frankfurt 1986
Kronprinz Wilhelm: Meine Erinnerungen an Deutschlands Heldenkampf, Berlin 1923
Kunstamt Kreuzberg und Institut für Theaterwissenschaft Köln (Hrsg.): Weimarer Republik, Berlin 1977
Macdonald, Lyn: Voices and Images of the Great War, London 1988
Meyer, Jacques: Les soldats de la Grande Guerre, Paris 1966
Miquel, Pierre: La Grande Guerre au jour le jour, Paris 1998
Mommsen, Wolfgang J.: War der Kaiser an allem schuld?, München 2003
Offenstadt, Nicolas: Les Fusillés de la Grande Guerre et la mémoire collective (1914–1999), Paris 1999
Osburg, Wolf-Rüdiger: »Und plötzlich bist du mitten im Krieg ...«. Zeitzeugen des Ersten Weltkriegs erinnern sich, Münster 2000
Renn, Ludwig: Krieg, Berlin 2001
Salewski, Michael: Der Erste Weltkrieg, Paderborn 2003
Schubert, Dietrich: Otto Dix, Reinbek 2001
Sontag, Susan: Das Leiden anderer betrachten, München 2003
Tardi, Jacques: Grabenkrieg, Zürich 2002
Tuchman, Barbara: August 1914, Frankfurt 2001
Walkinton, M.L.: Twice in a Lifetime, London 1980
Weintraub, Stanley: Silent Night, New York 2002
Winter, Denis: Death's Men. Soldiers of the Great War, London 1978
Witkop, Philipp (Hrsg.): Kriegsbriefe gefallener Studenten, München 1929
Wohl, Robert: The Generation of 1914, London 1980
Zweig, Arnold: Erziehung vor Verdun, Berlin 2001

CDs, Filme/Videos

Guéno, Jean-Pierre, und Yves Laplume (Hrsg.): Paroles de Poilus. Lettres et carnets du front 1914–1918, 3 CDs, Paris 1998
Lang, Thomas (Hrsg.): Feldpostbriefe/Lettres de Poilus 1914–1918, 2 CDs, München 1999
Im Westen nichts Neues von Lewis Milestone (USA 1930)
Westfront 1918 von Georg Wilhelm Papst (D 1930)
Niemandsland von Victor Trivas (D 1931)
Die andere Seite von Heinz Paul (D 1931)
Die Große Illusion von Jean Renoir (F 1937)
Wege zum Ruhm von Stanley Kubrick (USA 1957)
14/18 – Der Erste Weltkrieg von Georges Alepée (F 1987)

PERSONENREGISTER

Kursive Seitenangaben verweisen auf Abbildungen.

Adams, J. Esslemont 143f., 148f.
Albert I., König 36, 61, 312
Aldag, Karl 60, 126, 158
Anderson, Hubertus 248
Anderson, John William 244, 245, 246
Andrew, Edward Joseph 136, 139
Ashurst, George 335ff.
Asquith, Herbert Henry 26, 30, 266
Asquith, Raymond 266

Bairnsfather, Bruce 88, 89, 90, 104, 114f., 117, 132, 134, 136, 140, 209f., 212, 214, 265
Balck, Generalleutnant 40
Barber, Gordon 313
Barker, Pat 326
Barlach, Ernst 282, 283
Barne, Miles 125, 265f., 337
Barnett, Richard 90f.
Barrington-Brown, Harold 101, 110
Bartlett, Asmead 292
Becher, Johannes R. 306
Beckmann, Max 305
Beethoven, Ludwig van 24
Benedikt XV., Papst 68, 294f.
Berghahn, Volker 287
Berndt, Unteroffizier 315
Berthler, Gustave 118
Binding, Rudolf G(eorg) 59, 194f.
Binyon, Laurence 15
Blunden, Edmund 261, 309
Bosch, Victor 308
Brewer, C.H. 174
Brooke, Rupert 261
Brown, Malcolm 52, 74, 126, 142, 146, 166, 169, 202, 222, 229, 281, 292
Bryan, Harold 174
Buchanan-Dunlop, Archibald 224, 225, 265, 269

Casson, Stanley 162
Cavan, Generalmajor 322
Cendrars, Blaise 97
Chamberlain, Neville 30
Chielens, Piet 95, 190
Churchill, Winston 14, 16, 50
Clemenceau, Georges 24, 295
Cogge, Karel 38
Collins, Frank 101
Colquhoun, Iain 125, 265f., 337
Cooper, Caroline Ethel 188
Creel, Leanna 178
Cruysberghs, Karel 191f.

Dante Alighieri 331
Dehmel, Richard 304
Dendooven, Dominiek 71, 124, 209
Dix, Otto 92, 305
Doyle, Arthur Conan 288f.
Drummond, Cyril F. 66, 227, 228, 270

Ebermayer, Maximilian 63, 65, 322
Edward VII., König 17
Einstein, Albert 25, 192
Eksteins, Modris 38
Engelke, Gerrit 320f.
Ewart, Wilfred 317ff.

Fabian, Rainer 222, 238
Falkenhayn, Erich von 206f., 216, 275, 313
Farmer, G.A. 201
Felstead, Bertie 182f.
Ferguson, Niall 35, 304
Ferrers, E.F. 73
Field, Laurie 48
Fischer, Rudolf 152
Foreman, Michael 175, 177f.
Frank, Leonhard 306
Franz Ferdinand, Erzherzog 17
French, Sir John 119f., 200, 313
Freud, Sigmund 192
Friedrich Wilhelm, Kronprinz (späterer Kaiser Friedrich III.) 60
Friedrich, Ernst 212, 236ff., 308
Fuchs, Hauptmann 63
Fussell, Paul 193

Gabcke, General 54
Geeraert, Hendrik 38
Gelbhaar, Alfred 94
Genevoix, Maurice 206
George V., König 338
Gleichen, Edward Graf 63
Goethe, Johann Wolfgang von 24, 305f.
Goldschmidt, Kriegsfreiwilliger 34
Golßenau, Arnold Vieth von
  siehe Renn, Ludwig
Gordon, Major 338
Graves, Robert (von Ranke) 182, 197, 261,
  263, 264ff., 293, 308f., 317, 322, 326, 328,
  330
Grenfell, Julian 31, 105
Grey, Sir Edward 36
Grigg, J. Selby 131, 136ff., 139, 205
Gruwez, Urbain 316
Gumbrecht, Emil Curt 138

Haig, Sir Douglas 11, 119, 266, 313
Haldane, J.A.L. 189f., 192, 196, 198, 271
Hauptmann, Gerhart 305
Heinebach, Otto 323f.
Heinrich, Kronprinz 59ff.
Hellepute, Joris 14
Helmer, Alexis 298
Henderson, Kenneth 118ff.
Hering, Fleischermeister 102
Herkenrath, Unteroffiziersanwärter 33
Herold, Max 217, 219
Hesse, Hermann 305
Hitchcock, Burnett 299
Hitler, Adolf 21, 57, 91f., 171, 211,
  240, 284
Hofmannsthal, Hugo von 305
Holland, Unteroffizier 131f., 134
Horaz 302
Hoskyn, Walter 338
Huch, Ricarda 306
Hugenberg, Alfred 218
Hulse, Edward 144ff., 150, 153, 174, 279
Hussein, Saddam 218, 267

Jack, J.L. 241
Jacobsohn, Siegfried 211
Jolly, Reverend 253f.
Jones, Blackwood 100
Jones, P.H. 141
Jünger, Ernst 301f., 304, 322

Kant, Immanuel 24
Keegan, John 312
Kenny, W.G.S. 119f.
Kerr, Alfred 305
Kitchener, Herbert Horatio 27, 42, 91, 222,
  236, 325

Klabund (d.i. Alfred Henschke) 305
Klemm, Wilhelm 152, 157f.
Kohl, Helmut 311
Kokoschka, Oskar 305
Kolb, Annette 306
Kollwitz, Karl 93
Kollwitz, Käthe 93f.
Kollwitz, Peter 93f.
Kraus, Karl 223, 306
Kunze, Wilhelm 198ff., 230

Lange, Unterfeldwebel 188
Laurentin, Maurice 7, 74
Lauwers, Karel 283f., 285
Lemaire, Willelm 184, 244, 246
Leroy, Jules 112
Lersch, Heinrich 67
Letter, J.C. 179
Lichtenstein, Alfred 146, 274f.
Liebknecht, Karl 24
Lissauer, Ernst 21
Littlejohn, Barbara 212
Lloyd Burch, David 163
Lloyd George, David 11
Lucy, John 216
Ludendorff, Erich von 296
Lugauer, Heinrich 91f.
Lynch, Jessica 218

Macke, August 275
Major, John 311
Mann, Heinrich 306
Mann, Thomas 304
Marc, Franz 305
Mary, Prinzessin 58, 60f., 111
Mascall, Maurice 150, 209
Matania, Kriegszeichner 10
McCrae, John 166, 168, 298
McCutcheon, John 185
McEwan, Sergeant 154
McKenzie Wood, Murdoch 324f.,
  330, 332
McKinnell, Bryden 10
McLean, Colonel 143
Megarry, Sergeant 10
Meinicke, Leutnant 202f., 265, 315
Möckel, Soldat 84
Moren, Albert 280f.
Morillon, Gervais 71f.
Morley, Ernest 115f.
Mühlegg, Carl 52, 63, 170f., 265
Murdoch, Rupert 218

Nash, Paul 164, 251, 329, 331
Naviau, Leutnant 79
Nelson, Horatio Lord 17
Nicholson, W.N. 309f.

Niemann, Johannes 128, 130, 154, 174, 176, 179, 265
Northcliffe, Alfred Lord 218

Oertel, Walter 49f.
Oldham, Marsden 217, 219
Orwell, George 165
Owen, Wilfred 261, 302, 303, 320f., 328

Pearse, Captain 120
Pelham-Burn, Arthur 147
Pil, René 246, 248f.
Planck, Max 24
Prince, Jimmy 179

Quinton, W.A. 42, 111, 154, 271, 280

Ranke, Leopold von 261
Reagan, Jack 99, 114
Reim, Georg 43, 77
Reinhardt, Max 24
Remarque, Erich Maria 31, 32, 59, 70, 172, 212, 308
Renn, Ludwig 308
Repington, Charles à Court 169
Retzlow, Müllkutscher 81
Reynaerts, Rik 242
Rickmer, Student 41
Riebensahm, Gustav 272
Rilke, Rainer Maria 305
Röntgen, Wilhelm 24
Rought, Leutnant 209
Rumsfeld, Donald 268
Rupprecht, Kronprinz 35f.
Russell, Bertrand 325
Ryckeghem, Jozef van 184, 243

Sassoon, Siegfried 261, 264, 305, 326, 327, 328ff.
Schiller, Friedrich 305f.
Schnitzler, Arthur 306
Sewald, Josef 99
Shaw, George Bernard 30f.
Singleton, J. 173
Slevogt, Max 305, 329
Smith-Dorrien, Horace 119, 200, 203f.
Sophie, Gräfin Chotek von Chotkova, Gattin von Erzherzog Franz Ferdinand 17
Sorley, Charles Hamilton 76f., 261f.
Southby, Commander 333
Spengler, Wilhelm 152
Stadler, Ernst 275, 306
Startin, Harold 203
Stennes, Walther 56, 62

Sudermann, Hermann 306f.
Sulzbach, Herbert 315

Tapp, William 214
Tardi, Jacques 70, 156, 287
Tate, William 336
Thatcher, Margaret 311
Thimian, Grenadier 207
Thomas, Major 146f., 150
Thomas, Reginald 41
Tilley, Oswald 229f.
Tölke, Eduard 51, 149
Tolkien, John Ronald Reuel 76
Trakl, Georg 275, 305
Tucholsky, Kurt 211, 239
Turner, Schütze und Fotograf 43, 84, 129, 131f., 133, 136ff., 139, 184, 205, 217, 227, 229, 272

Ulrich, Korporal 286
Uweson, Uwe 49

Vandermeiren, Sabin 244, 246, 248
Vandewalle, Georges 242
Verdi, Giuseppe 315
Volz, Albrecht Ludwig 46, 75
Vriendt, Samuel de 247, 248

Walkinton, Leslie 36, 183
Walmisley, Leutnant 209
Wedderburn-Maxwell, John 145
Wegener, Paul 81
Weintraub, Stanley 215f., 229, 287, 310
Welchman, Offizier 119f.
Wells, H.G. 18, 203, 288
Wenzl, Josef 86f.
Wieland, Christoph Martin 306
Wilde, Robert de 184
Wilhelm II., Kaiser 17ff., 64
Williams, Ernie 176
Wilson, Albert 196
Winterton, Earl 333
Witkop, Philipp 150
Wray, Frank 73, 140
Wray, Maurice 73, 140
Wyatt, J.D. 276, 279

Zehmisch, Alfred 135
Zehmisch, Kurt 82ff., 85, 86, 88, 89, 90, 104, 131f., 134ff., 183f., 209f., 212ff.
Zehmisch, Rudolf 83f., 134, 210, 212f., 338
Zuckmayer, Carl 28, 29

BILDNACHWEIS

Vorsatz vorne: Adolf Böhm/ Fritz Dulas
Vorsatz hinten: BPK
9   Adolf Böhm/Fritz Dulas
12 British Newspaper Library Colindale
29 Ullstein
32 Ullstein
37 Michael Jürgs
47 ILN (Illustrated London News Picture Library)
55 The Sphere
65 Bayerisches Hauptstaatsarchiv, Kriegsarchiv München
69 IWM Co 849
85 Privatbesitz
89 ur Privatbesitz
117 The Bystander
133 o IWM (Q 11719)
133 u ILN (Illustrated London News Picture Library)
139 o IWM (Q 70075)
139 u IWM (Q 11718)
151 IWM (Q 50720)
167 IWM (Q 37361)
175 Pavilion, 1995
219 o Max Herold/Privatbesitz
219 u IWM (Q 2040)
225 Daily Sketch, 5. Januar 1915, Titelblatt
228 o Collection Jean-Pierre Verney
228 u IWM (HU 35801)
231 John Frost Historical Newspaper Library
235 South Wales Echo, 4. Januar 1914
245 u IJzer Tower, Diksmuide
247 IJzer Tower, Diksmuide
263 The St John's College Robert Graves Trust.
282 Ernst Barlach Lizenzverwaltung, Ratzeburg, Ernst Barlach Stiftung Güstrow, Photoaufnahme: Uwe Seemann, Güstrow
285 In Flanders Fields Museum, Ieper (Ypern), Belgien. Mit freundlicher Genehmigung der Familie Lauwers.
303 IWM (Q 79045)
311 The Spectator, 30. Oktober 1993
327 IWM (Q 101 780)
331 The Art Archive/ Imperial War Museum, Ref: AA332884

Die Rechteinhaber der Abbildungen auf Seite 58, 89 o, 89 ul, 245 o konnten nicht ermittelt werden. Der Verlag bittet Personen oder Institutionen, welche die Rechte an diesen Fotos haben, sich zwecks angemessener Vergütung zu melden.